Reinhard Radke
Anup und Manoj Shah

SERENGETI

Reinhard Radke

Serengeti

Fenster zur Schöpfung

Mit Bildern von Anup und Manoj Shah

Gustav Lübbe Verlag

Meinem Vater

Originalausgabe

Lektorat: Helmut Feller

Alle Bilder von Anup und Manoj Shah mit Ausnahme der Abbildungen
10, 11 12, 14, 39, 47, 48, 70, 71, 91 (Reinhard Radke)
und 18 (Peter Glaub)

Textredaktion: Ulrike Brandt-Schwarze, Bonn
Schutzumschlag, Layout und Satz:
KOMBO KommunikationsDesign GmbH, Köln
Lithografie: NovaConcept, Berlin
Druck und Einband: Franz Spiegel Buch GmbH, Ulm

Printed in Germany
ISBN 3-7857-0990-0

Sie finden die Verlagsgruppe Lübbe im Internet unter:
http://www.luebbe.de

2 4 5 3 1

INHALT

»... In fünfzig Jahren wird sich niemand mehr für das Ergebnis der Konferenzen interessieren, die heute die Zeitungsschlagzeilen füllen.

Aber wenn ein Löwe im rötlichen Morgenlicht aus dem Gebüsch tritt und dröhnend brüllt, dann wird auch Menschen in fünfzig Jahren das Herz weit werden. Ganz gleich, ob diese Menschen dann Bolschewisten oder Demokraten sind, ob sie englisch oder russisch, suaheli oder deutsch sprechen. Und sie werden stumm dastehen und ihren Nachbarn an der Hand fassen, wenn sie zum ersten Male in ihrem Leben zwanzigtausend Tigerpferde über die endlose Steppe ziehen sehen.«

Bernhard Grzimek
»Serengeti darf nicht sterben«, 1959

VORWORT

Ein weiteres Buch über afrikanische Tiere? Noch mehr Filme über Löwen, Hyänen und Geparde? Auf den ersten Blick scheint der Bedarf mehr als gedeckt. Aber viele neue Erkenntnisse über das afrikanische Tierleben, die in den letzten Jahren erarbeitet wurden, fließen nur am Rande in Tierfilme ein, und erstaunlicherweise wurde seit 1959 kein deutschsprachiges, allgemeinverständliches und zusammenfassendes Buch über die Serengeti veröffentlicht. In diesem Begleitbuch zu meiner Filmtrilogie über die Serengeti möchte ich die Chance nutzen, die vielfältigen und spannenden Wechselbeziehungen in dem Ökosystem für ein interessiertes, nicht unbedingt wissenschaftlich vorgebildetes Publikum ein wenig eingehender darzustellen, als es in einem bildbetonten Fernsehbeitrag möglich ist.

Meine persönliche Beziehung zur Serengeti reicht bis in meine Jugend zurück, aber erst 1983 kam ich endlich für längere Zeit in das Land meiner Sehnsüchte. Die ehrenvolle Aufgabe, das Sozialleben der Warzenschweine zu untersuchen, mag nicht besonders reizvoll klingen. Doch ich war schier hingerissen von der Aussicht, ein ganzes Jahr im Masai-Mara-Reservat ganz im Norden der Serengeti leben und arbeiten zu können.

Die Serengeti selbst, das riesige Land, das ich jeden Tag von meinem Arbeitsgebiet im milchigen Dunst am südlichen Horizont schimmern sah, übte eine unwiderstehliche Anziehungskraft auf mich aus. Begonnen hatte dieser Sog mit einem Buch, das ich als Zwölfjähriger in die Hände bekam. Der Name des Verfassers sagte mir nichts, abgesehen davon, daß er mir völlig unaussprechlich vorkam. Aber der zebragestreifte Einband fiel mir auf, und beim Durchblättern faszinierten mich die Fotos derart, daß ich mich an Ort und Stelle festlas: »Serengeti darf nicht sterben« – Bernhard Grzimek hatte einen neuen Anhänger.

Die Schilderungen Grzimeks prägten mein Afrika-Bild, das ich fortan immer vor mir sehen sollte, wenn es um den schwarzen Kontinent ging.

Bis dahin hatte ich mir Afrika als einen üppigen, palmenbestandenen Dschungel vorgestellt. Nun waren es gelbbraune, tischebene Weiden, dornige, flachkronige Bäume, die glänzenden Felsdome der *kopjes* und vor allem die überwältigenden Herden von Huftieren, deren Namen ich bald wieder vergaß, deren Bilder aber in mir lebendig blieben.

Ich gehöre zu den Menschen, deren Lebens- und Berufsweg nicht geradlinig verlaufen ist, was ich eher als Glücksfall betrachte. Auf dem Umweg über ein Studium der Elektrotechnik brachte mich meine Leidenschaft für Naturzusammenhänge schließlich doch zur Biologie. Vorbei war es mit einer planbaren beruflichen Karriere: Damals machte das Gespenst der Akademikerschwemme schon die Runde, und außerdem hatte ich nicht vor, ein Maschinenlabor mit einem Biolabor zu tauschen. Es gehört für mich zu den Mysterien meines Lebens, daß es mir tatsächlich gelang, exakt dorthin zu kommen, wohin es mich seit den Sommertagen 1961 zog, als mir Grzimeks Buch in die Hände gefallen war: in die Wildreservate Afrikas.

Die Bilder, die ich so lange vor meinem geistigen Auge hatte, kamen erstmals 1978 mit der Realität in Deckung. Ich sah endlich die Flamingoscharen von Nakuru, die Elefanten am Kilimanjaro, die Löwen Masai Maras, die Hippos von Mzima Springs – und es war um mich geschehen. Früher schon hatten mich die Wälder und Orang-Utans von Sumatra beeindruckt, die Schildkrötenstrände in Malaysia, die Riesenechsen auf Komodo, die Elefanten in den Vorbergen des Himalaya. Hier aber hatte man das pralle Leben hautnah vor sich, hier mußte man nicht tagelang suchen, um einen Großsäuger zu finden, hier verschwanden die Tiere nicht nach Sekunden hinter dichter Vegetation, hier ging es nicht um Käfer, Spinnen oder Ameisen – sondern um Antilopen, Elefanten und Großkatzen, die sich zudem wie auf freier Bühne bewegten!

Die ungewöhnlich ausdrucksstarken Fotos in diesem Band stammen von den beiden zur Zeit wohl besten Tierfotografen aus Ostafrika, den Brüdern Anup und Manoj Shah. Seit vielen Jahren schaffen sie anrührende, dramatische und überwältigend schöne Bilder, wie es nur Künstlern möglich ist, die mit der Natur ihrer Heimat tief verwoben sind und die seit Jahren immer wieder monatelang unter den Tieren der Savanne leben.

Ihre Arbeiten haben ihnen weltweit Auszeichnungen auf den anerkanntesten Fotowettbewerben eingetragen und sind in mehreren Büchern und führenden Zeitschriften veröffentlicht worden. Ihre Bilder in diesem Buch entstanden zum Teil parallel zu den Dreharbeiten, über sechs Monate in der Serengeti und im Masai-Mara-Nationalreservat in Kenia.

Manche Schilderung meiner Erlebnisse mit Wildtieren in diesem Buch mag den Eindruck erwecken, daß man von Mord und Totschlag umgeben ist, sobald man in die Grasländer der Serengeti oder Masai Maras kommt. Dem ist aber nicht so: Erst im siebten Monat meiner Warzenschwein-Studie sah ich zum erstenmal, wie ein Tier gerissen wurde. Es traf mich unvorbereitet, fast wie ein Schock, weil ich dabei eines »meiner« Tiere verlor. Der Besucher wird im allgemeinen eine recht friedliche Serengeti vorfinden, und ich wünsche ihm, daß er darüber nicht enttäuscht ist.

Für einen Autoren und Filmemacher ist die Verdichtung des Geschehens allerdings nun einmal die Grundlage seiner Arbeit. Denn wer interessiert sich schon für das dröge Alltagsleben, sei es das einer Antilope oder eines Büroangestellten? Bei meinen Drehaufenthalten lege ich meine Arbeitsweise deshalb bewußt darauf an, möglichst viele der manchmal hochdramatischen Wechselbeziehungen zwischen den Arten zu erleben, was übrigens trotzdem mit einer meist langweiligen und ermüdenden Alltagsroutine verbunden ist. Alle in diesem Buch geschilderten Interaktionen zwischen Tieren sind nicht erfunden. Ich habe eigene Beobachtungen – oder die von Freunden und Bekannten – aus einem Zeitraum von zwanzig Jahren zusammengestellt und versucht, sie in den jeweils biologischpassenden Kontext einzubinden.

Freiheiten habe ich mir dagegen genommen bei den Einführungen zu den vier großen Teilen dieses Buches, wobei allerdings das, was wir über die Wahrnehmung und die Verhaltensweisen der jeweiligen Art wissen, mit eingeflossen ist. Mir ist aber bewußt, daß der Versuch, sich in die Lebenswelt eines Wildtieres hineinzuversetzen, immer ein Versuch bleiben muß: Ein fremdes Gehirn – sei es das eines Gnus, eines Löwen, einer Hyäne oder eines Warzenschweins – hat völlig andere und uns noch längst nicht nachvollziehbare Reizverarbeitungsmuster als unser »Zentralcomputer«. Davon abgesehen, beruhen diese Schilderungen aber immer auf konkreten eigenen Beobachtungen. Ich habe versucht, diese Erlebnisse auf die andere Seite des Wahrnehmungszauns, der alle Arten trennt, zu transzendieren. Wie oft hat es mich in zahllosen Beobachtungsstunden gereizt, diesen Zaun zu überspringen – der Leser möge mir die Freude nachsehen, die es mir bereitet hat, es hier einmal zu versuchen.

ERSTER TEIL

SIRINKET – DAS ENDLOSE LAND

Dumpf wehte der rauhe Ruf des Knochenbrechers herüber: ein langgezogener grollender Laut, der höher wurde und dann abrupt abbrach. Der Klang weckte Bilder von nächtlichem Tumult in ihr, hetzende Schatten zwischen den Umrissen der Artgenossen, keuchende Atemzüge, polternde Hufe. Und manchmal verzweifeltes Blöken, Stöhnen, Geruch von Blut und Eingeweiden. In all den Jahren hatte nie eine Hyäne sie selbst angegriffen, aber sie hatte eine klare Assoziation von Gefahr, wenn sie die Kontaktlaute der Jäger oder ihr aufgeregtes Brummen und Kichern hörte. Zu oft hatte sie die Reaktion ihrer Herdenmitglieder erlebt und war ein Teil dieser Reaktion geworden.

Sie warf den Kopf hoch und schüttelte sich, der Impuls, sich zu bewegen, sich umzudrehen, zu sichern, war kaum zu unterdrücken. Es blieb aber bei dem Kopfwerfen. Die Rufe kamen von fern, der Wind modellierte sie, die Obertöne waren fast völlig herausgefiltert. Keine Bedrohung. Geruhsam zog sie tief die Luft durch die Nüstern. Der angenehme Duft von Artgenossen erfüllte sie mit wohligem Behagen. Neben ihr entspannte Kühe, behäbiges Schnaufen, mahlende Kaugeräusche. Über allem das würzige Aroma von zerriebenem, saftigem Gras und süßlichen Blütenpollen. Zu erahnen Spuren der scharfen Ausdünstungen der Kurzbeiner mit den spitzen Schnauzen, aber es waren nur kleine Einsprengsel im Gemälde der Gerüche. Das jeweils kurze Aufblitzen der Signale ließ sie die Quelle als weit entfernt einordnen, und die Spitzschnauzen gab es so und so fast überall. Der Morgen roch gut.

Der Wind war kalt und scharf, er ließ die kurzen Blütenstiele des Grases wippen und aufgeregt zappeln. Kein Vergleich mit den rollenden Wogen der Ähren auf den Hochgrasebenen, die sie bald wieder durchwandern würde. Aber dies war gutes Gras, wenige harte Stiele, dafür viele saftige grüne Blätter ohne scharfe Kanten, kaum Bitterstoffe. Kurz verspürte sie den Drang, ein paar Maulvoll zu nehmen, ließ es aber wieder und tat unentschlossen einige Schritte. Heute war ein besonderer Tag. Etwas würde mit ihr passieren. Sie hatte Schmerzen. Das irritierte sie, aber trotzdem war sie euphorisch. Sie hatte keine Angst, ihre Sinne waren jetzt nur besonders scharf. Schon kleinste Veränderungen um sie herum weckten ihre Aufmerksamkeit.

Sie sah in einem fast perfekten Vollkreis nahezu den gesamten Horizont. Dunkel wuchsen hinter ihr wuchtige Blöcke aus dem flachen Gras, Äste und

Zweige vibrierten dort, deutlich hörte sie die Baumkronen im Wind, wenn sie ihre Ohrmuscheln drehte. Gewohnheitsmäßig hatte ihre Gruppe nach dem Grasen einen Sicherheitsabstand zu den massigen, schwarzen Schatten gelassen, aber die Blöcke waren sicher. Kein Artgenosse hatte einen Warnruf von dort gegeben, auch im Windschatten weiter ab nur ruhige Kontaktlaute. Der Wind kam aus der Richtung, die jetzt deutlich hell wurde. Sie hatte auch vorher gut gesehen, das diffuse Sternenlicht genügte ihr völlig, um sich ein Bild von der Umgebung zu machen. Das greller werdende Licht am Horizont störte deshalb zunächst mehr, als es willkommen war. Die Umrisse der Kühe wurden klarer, kleine Details im Gras erkennbar, aber der Kontrast zwischen dem strahlenden Punkt auf der einen Seite und den dunklen, tiefhängenden Wolken auf der anderen war lästig. Die Pupillen verengten sich, die langen Schatten wurden tiefschwarz. Bewegungen in ihnen waren in diesen Minuten kaum auszumachen. Die Farbenpracht des Morgenhimmels existierte für sie nicht. In wunderbar feiner Abstufung nahm sie winzigste Schattierungen und Nuancen des Grases wahr, aber das Farbspiel der Wolken lieferte keine für sie bedeutsamen Informationen.

Die Schmerzen kamen wieder. Krampfartige Wellen liefen über sie. Sie trippelte ein paar Schritte, drehte sich, reflexartig bog sie den Hals, fuhr mit den Schneidezähnen durch das Fell. Es gab aber keine Erleichterung. Der Chor der Artgenossen um sie herum schwoll an. Vor ihr erstreckte sich ein flaches, gerade eben zu erahnendes Tal, und überall waren die ihr so harmonisch erscheinenden Formen von Gnus zu erkennen. Zwischen den ruhig wiederkäuenden Kühen begannen die ersten Bullen zu traben. Ihre prahlerischen Rufe spornten die Nachbarn an, Jährlinge fielen ein, und bald vibrierte die kalte Morgenluft unter Abertausenden von Gnu-Rufen. Der Chor steigerte sich, bis einzelne Laute nicht mehr auszumachen waren, ein gleichmäßiges tiefes Brummen hüllte sie ein, und begeistert trug sie dazu bei. Es war ein guter Morgen und ein guter Platz! Ort und Zeit waren genau richtig für ihre kommende Aufgabe! Versunken spürte sie die Bewegungen in ihrem schweren Leib. Ein wonniger Schauer lief über sie, aber die Schmerzen waren bald wieder da, und sie wurden von Mal zu Mal heftiger, schneidender, drängender.

Nach einer dieser Schmerzwellen spürte sie etwas Feuchtes, Weiches an ihren Hinterläufen. Nervös drehte sie sich um und schaute hinter sich. Sie wußte nicht, was mit ihr geschah, aber die Schmerzen waren jetzt ständig da, und sie konnte nicht mehr normal laufen. Sie brauchte Deckung! Trotzdem blieb sie äußerlich völlig ruhig. Nur nicht auffallen – das Lebensprinzip eines Gnus. Sie drängte sich zwischen die anderen Kühe. Hier würde sie kaum zu sehen sein in ihrem unbeholfenen Zustand, der sie bei einem Angriff hilflos machte.

Ein neues Geräusch hing in der Luft. Anders als alle Laute, die sie von Raubfeinden oder anderen Grasfressern kannte. Sie hatte es schon oft gehört, deshalb beunruhigte es sie nicht besonders. Auch der durchdringende Geruch, der sich bald zu einem penetranten Gestank entwickelte, war ihr vertraut. Es war eines dieser seltsamen großen Dinge, die in der Sonne glitzern wie Wasser, manchmal sehr großen Lärm machen und sich unberechenbar bewegen. Sie scheinen nicht gefährlich zu sein, die Herde reagierte meist nur schwach auf sie, und im allgemeinen zogen sie weit entfernt vorbei. Aber in ihrem jetzigen Zustand konnte sie keine Störung brauchen.

Die Kühe neben ihr drehten sich dem Ding zu. Es kam näher! Sie wollte fort, aber die Schmerzen bei jedem Schritt nahmen zu, sie konnte nicht mehr flüchten. Bloß jetzt nicht fern von Artgenossen mit diesen auffälligen, unbeholfenen Bewegungen! Ein starker Drang, sich hinzulegen, erfüllte sie – sie mußte diesen Schmerz loswerden, drücken, pressen. Das grollende Geräusch erstarb, beißende Schwaden zogen an ihr vorbei. Der Schmerz wurde stärker. Sie senkte den Kopf, knickte in den Vorderläufen ein, schwer sank sie auf die Seite.

Pressen, pressen! Sie nahm von der Umgebung nicht mehr viel wahr, der schneidende Druck in ihrem Hinterleib wurde übermächtig, bis er endlich ruckartig nachließ. Heftig atmend erholte sie sich. Im nassen Gras hinter sich spürte sie eine zappelnde Bewegung, und erschöpft drehte sie den Kopf zurück. Es war da!

KAPITEL I

DIE EBENEN DES LEBENS

Frustriert nahm ich das Auge vom Sucher: nur Beine, glänzende Rümpfe, geschwungene Hörner. Die Kuh war in den entscheidenden Minuten wieder einmal verdeckt gewesen, kaum zu erahnen hinter der Wand von gleichmütigen Gnus, die sich nach der ersten neugierigen Reaktion auf unseren Geländewagen erneut ihrer üblichen Morgenbeschäftigung zuwandten: grasen oder wiederkäuen. Auch wenn die Geburt eines Gnus nicht gerade ein besonders seltenes Ereignis darstellt, ist sie dennoch relativ schwierig zu filmen. Das liegt in der Natur der Sache. Es geht hier schließlich um die entscheidenden Minuten im Jahr eines Gnus – ganz »private« Augenblicke, in denen Zeugen nicht willkommen sind. Viele Wochen waren wir unterwegs, um diese Momente überzeugend darzustellen.

UNTER GNUS Es ist ein für die Jahreszeit typischer, klammkalter Morgen. Die Zeltplane ist innen klatschnaß vom Tau, als ich mich fröstelnd in die Finsternis schiebe. Ein Schwall Kondenswasser vom Zelttuch in den Kragen trägt zum allgemeinen Wohlbefinden bei. Das Gras steht knöchelhoch und durchnäßt Schuhe und Hosen nach wenigen Schritten. Aber ich habe auch keine langen Spaziergänge vor. Es ist gegen sechs Uhr, Peter hat seinen Schlafsack im Wagen schon eingerollt, und im Schein der Taschenlampe gieße ich mir meine Wasserration ein: Ein Becher Wasser muß für die morgendliche Wäsche reichen. Wegen der großen Entfernungen verzichten wir darauf, jeden Abend zurück ins Hotel zu fahren, und nehmen jeweils für einige Tage Lebensmittel und Wasser mit. Der Hauptzweck der ganzen Angelegenheit ist, mit einem möglichst leichten Wagen und viel Bewegungsfreiheit darin zu filmen, wo jede Kamera, jedes Magazin oder Objektiv sowie die diversen technischen Spielzeuge, die man heutzutage so zum Filmen für unverzichtbar hält, ohne langes

Herumwühlen sofort greifbar sind. Deshalb finden neben solchen unbedingten Notwendigkeiten nur die wirklich elementaren persönlichen Bedürfnisse Gnade vor unseren Augen. Wir hatten mit der Parkverwaltung vereinbart, keine Camps einzurichten, denn dies führt – gewollt oder ungewollt – leicht zu Nachahmern. Wir verzichten also auch auf Feuerstellen und Vorratslager. Alle drei Tage gibt es eine heiße Dusche weit oben im Norden in unserem Hotel, der »Seronera Lodge«. Wir sind in diesen Tagen sicher keine feine Gesellschaft, aber ich hatte auch nicht vor, in diesem Aufzug etwa den Damen aus meiner Redaktion gegenüberzutreten.

Schaudernd schlagen wir uns in unsere Jacken. Ringsum wattiger Nebel, eine Andeutung von Helligkeit zeigt den östlichen Horizont an. Peter legt allgemein keinen Wert auf ein Frühstück, einen heißen Kaffee hätte ich jetzt allerdings schon ganz gern gehabt. Der Wagen wühlt sich durch den Schlamm, das Gebläse kämpft röhrend gegen die beschlagenen Scheiben an. Eigentlich albern, so früh unterwegs zu sein, aber ringsum tönt das Muhen der Gnus aus dem Dunst. Und jeder Morgen hat seine eigene Stimmung, seinen besonderen Reiz. Man kann es sich nicht leisten, einen einzigen davon leichtfertig zu verschenken. Dafür ist jeder Filmtag einfach zu teuer. Die Herde muß nah sein – eigentlich sind wir mittendrin.

Nach zehn Minuten ist der Nebel grau, Schemen zeichnen sich darin ab, Rücken an Rücken stehen um uns Gnus, Zebras recken ihre Köpfe über sie, ihre Streifen noch nicht sichtbar. Vorsichtig rollen wir im Schrittempo durch die Massen. Gibt es irgendwo Löwen oder Hyänen, zeichnet sich eine fotogene Morgenszenerie ab?

Der Nebel wird farbig: Ein zarter Schimmer von Orange mischt sich unter das Weißgrau, die Tierkörper um uns bekommen schärfere Konturen. Und da, fast genau vor uns, ein dampfendes Bündel am Boden! Ich setze zurück, Peter hat mit wenigen Handgriffen die schwere Kamera mit dem wuchtigen, fest montierten Teleobjektiv aus der ersten Kiste hinter den Sitzen hervorgeholt und drehbereit gemacht, während ich schon die Dachluke öffne und die Kanvasabdeckung des Stativkopfes herunternehme. Auch mit dem empfindlichen Film bleibt der Belichtungsmesser am Rand des Arbeitsbereichs, aber einem Negativ kann man schon einiges zumuten.

Im Sucher kommt das kleine Gnu auf seine dünnen, viel zu lang wirkenden Beinchen und wackelt vertrauensvoll seiner Mutter nach, die vor dem Wagen einige Schritte ausgewichen war. Die dünne, blutige Nabelschnur pendelt unter seinem schlanken Bauch, das warme Fruchtwasser hüllt es in einen Hauch von Dampf. Ich bin überrascht, so früh am Tag eine Geburt zu erleben – gemäß Lehrbuch hätte dies gefälligst erst gegen acht bis elf Uhr zu geschehen. Versunken beobachten wir das Paar, das, umgeben von gleichmütig blökenden Tieren, seine ersten, besonders wichtigen Kontakte zueinander aufnimmt. Sanft beleckt die Mutter das Kalb, und die Massage scheint ihm bei der Kälte gutzutun, zitternd drängt es sich an ihren warmen Leib.

Der Wind frischt auf, die Nebel lichten sich ein wenig, und die Kälte fährt mir durch die vielen Schichten der Kleidung. Meine Finger sind so klamm, daß es mir schwerfällt, die Kamera zu bedienen. Aber viel einzustellen ist bei der guten alten »Arri« ja ohnehin nicht. Der Dunst ist jetzt strahlend golden. Ein unwirkliches Licht läßt die Silhouetten der Tiere um uns schweben, sie scheinen keinen Bodenkontakt zu haben. Die nahen Umrisse sind nun tiefschwarz, Linie um Linie hinter ihnen bekommen sie Pastelltöne zugemischt, werden blasser – und werden immer mehr: ein endloser wogender Ozean von Rücken, Hörnern und Köpfen. Unter dem aufgeregten Bellen der Zebras das sonore tiefe Grunzen und Brummen der Gnus, das mit dem Licht zu einem gewaltigen Chor anschwillt.

Die Sonne erscheint als verschleierter Ball über dem Gewirr der Leiber. Wir haben die Kuh mit dem Kalb schon längst verloren und machen auch keine Anstalten, sie zu suchen. Im Nebel waren wir eigentlich zu dicht an sie herangekommen und waren froh, daß die Gnumutter nicht nervös geworden und der Kontakt zum Kalb nicht gefährdet war. Ich vergesse die Kamera und sauge den Anblick urtümlichen, wilden Afrikas in mich ein. Die Ansammlungen der Grasfresser hier unten im Süden der Serengeti sind heutzutage eines der letzten großen Weltwunder des Tierreichs. Die überquellende Vitalität erfüllt mich mit Ehrfurcht, nicht nur die Kälte läßt mich erzittern. Dabei haben wir nur einen winzig kleinen Bruchteil der Gnu-Massen vor uns, eine eher unbedeutende Teilherde!

DIE KUNST ZU ÜBERLEBEN Wenn man manche Schilderungen über die Wurfzeit der Gnus liest, erwartet man, daß man zu dieser Jahreszeit in der Serengeti von Tausenden Gnu-Kühen umgeben ist, die serienweise Kälber in die Welt setzen. Die Wirklichkeit sieht aber anders aus: An den Herden ist auf den ersten Blick nichts Auffälliges zu entdecken. Man muß sich schon auf einzelne Gruppen konzentrieren und sie mit dem Fernglas Tier für Tier durchmustern, um die ersten Kälber zu entdecken. Dabei sind die Kleinen überhaupt nicht getarnt: Im Gegenteil, ihr fahles, gelbbraunes Fell sticht deutlich aus dem Grauschwarz der Alttiere heraus. Dadurch fallen sie aber auch den Raubtieren – von Schakalen bis hin zu Löwen – leicht ins Auge.

Dem Verlust von allzu vielen Kälbern versuchen die Gnus dadurch entgegenzuwirken, daß die Kühe alle etwa um die gleiche Zeit werfen. Viele Jungtiere bleiben dadurch verschont, weil die Raubtiere zeitweise »überfüttert« sind. Das ist seit langem wohlbekannt, aber wie die Gnus dies eigentlich anstellen, ist alles andere als klar. Damit ihr Sprößling möglichst zu den Überlebenden zählt, sollte die angehende Gnu-Mutter sich wenige Fehler erlauben. So wäre es äußerst ungünstig, es mit der Geburt zu eilig zu haben, denn von den unglücklichen ersten Kälbern überleben kaum welche. Erst wenn schon Dutzende anderer Jungtiere herumtollen, hat der eigene Nachwuchs gute Chancen durchzukommen. Dies dürfte einer der Hauptgründe dafür sein, daß Gnus die Geburt um bis zu zwei Wochen verzögern können. Es scheint also ein allgemeines gegenseitiges Abschätzen zu geben: Wer wagt es als erste?

Aber die Niederkunft ist nicht beliebig lange hinauszuzögern, und irgendwann können die ersten Kühe nicht mehr warten. Viele Umstände mögen dazu beitragen, daß ein Kalb zu den gefährdeten ersten gehört: ungewöhnlich frühe Paarungen, Krankheiten, Unerfahrenheit. Wenn es dann soweit ist, kann die Kuh die Bedingungen aber immer noch ein wenig zu ihren Gunsten beeinflussen: Zunächst sorgt sie dafür, daß sie sich tatsächlich in einer Herde mit hochschwangeren Weibchen befindet. Vielleicht kann sie ja eine Kettenreaktion unter den anderen Weibchen auslösen? Dies geht soweit, daß in den Wochen vor der Wurfzeit fast reine Bullen- und Weibchenherden gebildet werden. Selbst die Halbwüchsigen werden nun nicht mehr in der Nähe geduldet und bilden bald selbst große Gemeinschaften.

Der Zusammenschluß von schwangeren Kühen hat noch weitere Konsequenzen, die nicht auf den ersten Blick zu erkennen sind: Die Konzentration von Beutetieren auf eine vergleichsweise kleine Fläche wird dadurch verstärkt. Die meisten Raubtiere haben es deshalb selbst Wochen nach der Wurfzeit immer noch nur mit ausgewachsenen, starken Tieren zu tun, während die Kälber nur den Nachstellungen der lokalen Räuber ausgesetzt sind. Dies paßt zu einem generell bei Gnus zu beobachtenden Phänomen: Die Herden konzentrieren das Futterangebot für die Jäger nur auf jeweils kleine Bereiche der Serengeti – die anderen Fleischfresser ringsum werden ausgehungert.

Natürlich befinden sich niemals alle Weibchen der Serengeti-Gnus gleichzeitig in einer Herde. Derartige Zusammenballungen wären durch ihre schiere Masse zu vielen »Nebenwirkungen« ausgesetzt. Vielmehr wandern die Gnus in mehreren Teilherden – die dann aber auch schon einmal an die 100 000 Tiere umfassen können. Anfang März 1998 gab es beispielsweise derartige Herden in der Umgebung der Olduvai-Schlucht, auf den Ebenen bei den Gol Mountains, am Ndutu-See und eben hier bei den Gol-Kopjes, wo wir sie filmten.

Jede dieser Teilherden hat ihre ganz eigene Wurfzeit, die sich um Wochen von der anderer Herden unterscheiden kann. Selbst im relativ kleinen Ngorongoro-Krater wurden unterschiedliche Wurfzeiten bei oft nur wenige Kilometer voneinander entfernten Ansammlungen festgestellt. Anders als an dem naßkalten Morgen stellen die Kühe allerdings meist sicher, daß das große Ereignis möglichst dann stattfindet, wenn die Gilde mit den Reißzähnen es sich gerade gemütlich gemacht hat: also am frühen Vormittag, wenn es langsam heiß wird. Das Junge hat dann einen ganzen Tag lang Zeit, um Kraft zu sammeln für die erste kalte und gefährliche Nacht.

Die Mütter haben durchaus Möglichkeiten, ihre Sprößlinge selbst in völlig freiem Grasland zu verbergen, was zu den Vorzügen des Herdenlebens gehört. Solange sie mit den kleinen gelben, grotesk langbeinigen Wesen im Schutz dichter Gruppen bleiben, sind die Jungen kaum zu entdecken.

Denn Gnus sind nicht nur einheitlich dunkelgrau gefärbt: Ihre langen, gelbweißen bis honigfarbenen Halsmähnen bilden in gedrängten Herden ein tanzendes Mosaik heller Flecken, in dem so manches Kalb unsichtbar wird. Jedenfalls für unsere Augen, denn wie eine Hyäne in mondloser Nacht eine Herde mit Kälbern wahrnimmt, sei dahingestellt. Was die menschliche Wahrnehmung betrifft, so funktioniert diese Tarnung aber ganz offensichtlich. Mehrere Feldbiologen kamen zu diesem Schluß, und auch uns spielten bei der Suche nach Kälbern die leuchtenden Bärte der Alttiere immer wieder einen Streich.

Für eine angehende Gnu-Mutter ist die Überlebenschance ihres Kalbes ein sehr bedeutsames Problem. Aber auch sie selbst geht bei der Geburt ein großes Risiko ein: Sie ist dann stark gehandikapt und wäre jedem Angriff hilflos ausgesetzt. Fühlen Gnu-Kühe sich nicht sicher, können sie deshalb eine Geburt selbst dann noch ohne Schaden für das Kalb um Stunden verzögern, wenn die Fruchtblase bereits ausgetreten ist.

In der Serengeti beachten Gnus Autos im allgemeinen nur, wenn man sich ihnen wirklich aufdringlich nähert. Eine werdende Mutter reagiert in den entscheidenden Minuten aber ganz anders. Sie hält wesentlich größeren Abstand und sucht außerdem ständig die Nähe anderer Kühe, wodurch sie meist von einem Ring von Artgenossen umgeben ist. Aus all diesen Gründen ist es gar nicht so einfach, auch tatsächlich eine vollständige Gnu-Geburt zu beobachten. Eine Kuh kurz vor der Geburt finden zu wollen, ist die sprichwörtliche Suche nach der Nadel im Heuhaufen. Es bringt nichts, dabei aufgeregt in der Gegend herumzufahren – unsere Augen nähmen dann die entscheidenden Einzelheiten ohnehin nicht mehr wahr.

Wir suchten uns also einen günstigen Platz und gingen mit Ferngläsern systematisch Gruppe für Gruppe durch. Waren alle Tiere »abgegrast« – was nie sicher war bei dem Getümmel –, ging es zum nächsten Aussichtsplatz. Wieder angestrengtes Starren, bis die Augen schmerzten. Um uns tanzten Unzahlen von kleinen schwarzen Fliegen. Nicht etwa, weil unsere knappe Waschwasserration uns derart attraktiv für sie gemacht hätte – bitte keine voreiligen Schlüsse! Diese Fliegen sind das übliche Gefolge der Herden, wie Hyänen, Löwen und Schakale, allerdings auf einer bescheideneren Ebene. Ihre Larven haben die ehrenvolle Aufgabe mitzuhelfen, die enormen Mengen an Dung zu verarbeiten und für weiteres Pflanzenwachstum wieder »unter die Erde zu bringen«.

Das nahmen wir ihnen auch nicht weiter übel, aber es konnte selbst den gelassensten Menschen an den Rand des Wahnsinns treiben, wenn beim Suchen oder Filmen jedesmal im entscheidenden Augenblick ein paar von diesen Tierchen unbedingt einen Schluck Tränenflüssigkeit haben wollten, wenn sie es sich gerade dann in einem Nasenloch gemütlich machten, als die Kamera für eine Teleeinstellung ganz besonders ruhig gehalten werden mußte, oder wenn sie unbedingt den Windschatten zwischen Okular und Wange bevorzugten, während man gerade mit möglichst ruhiger Hand versuchte, im Fernglas die Gestalt einer offensichtlich hochschwangeren Kuh abzuchecken.

Was wir suchten, waren die typischen weißlichen Hautsäcke der Fruchtblase, die circa eine halbe Stunde vor der Geburt erkennbar sind. Nur dann hat man eine halbwegs realistische Chance, die entscheidenden Minuten auch wirklich filmen zu können. Wenn die Kuh dann durch unseren Geländewagen nervös wurde und sich in einer der großen Herden versteckte, war meist nichts mehr zu machen: Es wäre völlig unsinnig, in derartige Herden hineinzufahren, um ein Einzeltier zu verfolgen. Es gäbe nur einen Riesentumult, und die angehende Mutter wäre garantiert nicht mehr zu finden – abgesehen von dem Streß, den man dem Tier zufügte. Immer wieder tauchten um uns herum zwischen behäbig wiederkäuenden Gnus die staksigen, vom Fruchtwasser noch nassen Gestalten im Gras auf und versuchten taumelnd ihre ersten Schritte. So manchen Morgen überlisteten uns mehrere Kühe, die bis zuletzt ihren Zustand vor uns verborgen gehalten hatten.

Glücklicherweise bringen Gnus ihre Jungen offenbar nicht gern in wirklich großen Herden zur Welt. Lieber suchen sie sich kleine Gruppen von zehn bis dreißig Tieren, die ausreichend Deckung bieten, ohne daß ein gefährliches Gedränge zu befürchten ist. Bevorzugt werden dabei natürlich Gruppen, in denen es schon Kälber gibt. Wir konzentrierten uns also auf solche vielversprechenden Ansammlungen und bekamen so die gewünschten Aufnahmen schließlich doch in den Kasten.

DIE ERSTEN SCHRITTE Wohl für jeden Beobachter hat die Geburt eines Tieres etwas Anrührendes. Man muß dabei gar nicht in schwelgerisch-philosophische Ergüsse über das »ewige Werden und Vergehen« ausbrechen: Wenn das naß glänzende Bündel sich zu einem zittrigen, tapsigen Wesen wandelt, drollig-energisch von der ersten Minute darum kämpft, auf die Beine zu kommen, vertrauensvoll seinen Kopf dem ersten Wesen entgegenstreckt, das ihm nahe kommt, spüren wir intuitiv die Formen und Bewegungen eines Kleinkindes. Der Schutz des (eigenen) hilflosen Neugeborenen ist einer der lebenswichtigsten Triebe aller höheren Lebewesen, und er ist mit starken, geradezu übermächtigen Reaktionen verbunden. Es ist eine uralte Aufgabe aller Mütter, die zurückreicht in die Anfänge höherer Nervensysteme, die ein Erkennen des eigenen Jungen überhaupt erst ermöglicht haben. Genauso alt dürften die Signale sein, die von Jungtieren ausgehen und sie für ihre Mütter so »unwiderstehlich« machen. Und wenn beide Eltern für die Aufzucht benötigt werden, gilt das ebenso für die Väter.

Es gibt sicher eine Menge »praktischer« Gründe für das Aussehen von Jungtieren: So ist ihr immer etwas groß wirkender Kopf mit der vorgewölbten Stirn die Folge eines möglichst weit entwickelten Gehirns im Mutterleib – was hilfreich ist, wenn man auf die Welt kommt. Die Kauwerkzeuge spielen in den ersten Wochen bei vielen Arten – und durchgängig bei den Säugetieren – noch keine große Rolle, und dementsprechend sind die Kiefer deutlich kürzer als beim Erwachsenen. Diese recht einfache Merkmalskombination von hoher Stirn und fliehendem Kinn, oft noch verbunden mit groß wirkenden Augen, ist universell. Andere Körpermerkmale mögen sich von Art zu Art stärker unterscheiden – so sind Junge manchmal deutlich gerundeter und kurzbeiniger als Alttiere. Sie können jedoch auch extrem dünn und langbeinig wirken. Die Gesamtheit des Eindrucks ist aber durch die Kopfproportionen und die »niedlich« wirkenden, noch nicht sicher koordinierten Bewegungen gegeben.

Der Anblick von Neugeborenen ist für mich jedesmal eine der schönsten Erinnerungen an unser gemeinsames Erbe, das wir mit allen Wirbeltieren teilen. Genaugenommen verbindet uns natürlich schon seit den

Anfängen höheren Lebens mit allen Lebewesen der Welt ein viel größeres Erbe, denn alle wesentlichen »Erfindungen« stammen aus den Anfängen der Evolution und wurden allen überlebenden Kreaturen gewissermaßen mitgegeben. Aber gemeinsame Brutinstinkte verbinden nun einmal anschaulicher als, sagen wir, gemeinsame Enzyme. Über alle trennenden Barrieren hinweg wirken jedenfalls die Signale der Babys auf uns in ähnlich wonniger Intensität, als sähen wir eigenen Nachwuchs.

Auch wenn wir uns manchmal im Geländewagen hinter der aufgebauten Kamera mit rauhen Scherzen die Rührung fernhalten wollten: Das gemeinsam mit der Mutter durchlebte Ereignis der Geburt führte auch bei uns zu nicht zu verleugnenden »Prägungen«. »Unsere« Kälber sollten überleben, ihnen sollte es gutgehen.

Bezeichnenderweise hatten wir genau gleiche Empfindungen, wenn wir eine Bindung zu den Jungen »der anderen Seite« aufgebaut hatten. Natürlich sollten die kleinen Geparde satt werden, nachdem sie uns wochenlang zu ihren Quasi-Ziehvätern gemacht hatten, selbstverständlich hofften wir mit den kleinen Hyänen auf die Rückkehr ihrer Mutter zur Höhle; auch wenn klar war, daß sowohl die Geparden-Mutter als auch die Hyäne einen beachtlichen Teil ihrer Nahrung gerade aus diesen hilflosen, staksigen Geschöpfen ziehen.

Gnu-Kälber gehören zu den »Nachfolgern«, das heißt, sie folgen ihren Müttern von der ersten Lebensstunde an. Dies ist bei den afrikanischen Antilopen und Gazellen eher eine Ausnahme, die nur bei besonders ausgeprägtem Herdenleben funktioniert. Bei den weitaus meisten Huftieren gibt es nach der Geburt zunächst eine Phase, in der sie sich verstecken. Solche »Ablieger« sehen ihr Mütter in den ersten Tagen oder Wochen nur für wenige kurze Besuche zum Säugen und sind sonst völlig von ihrer Kunst, sich unsichtbar zu machen, abhängig. Ihre noch schwach entwickelten Lauffähigkeiten würden ihnen ohnehin keine erfolgreiche Flucht ermöglichen, und ihre Mütter könnten sie gegen die meisten Räuber nicht verteidigen. Da hilft nur unerschütterliches Vertrauen in den Versteckplatz, der oft nur ein Büschel Gras wie Tausende andere ist. Selbst wenn Löwen oder Hyänen nur wenige Schritte entfernt vorbeigehen, bleiben sie eisern liegen.

Gnu-Kälber sind dagegen von Anfang an mobil. Bei einer Geburt, die wir filmten, machte das Kalb schon Gehversuche, als es noch zur Hälfte in dem Weibchen steckte! Es wirkte, als wolle es den mühsamen Prozeß der Geburt unterstützen, indem es mit seinen dünnen Vorderläufen Halt suchte, um sich herauszuziehen. Wenn ein Kalb nach drei Minuten nicht schon wenigstens für Sekunden auf den Beinen gewesen war, stimmte etwas nicht mit ihm.

Als an einem grauen Morgen im Ngorongoro-Krater ein Junges nach einer halben Stunde immer noch dalag und kaum Bemühungen zeigte, sich aufzurichten, begannen wir, uns ernstlich Sorgen zu machen. Die irritierte Mutter versuchte immer wieder, es zum Aufstehen zu ermuntern, aber die Reaktion blieb aus. Für die Kuh eine Situation, für die sie kein passendes Programm hatte. Normalerweise sollten sich beide wenige Minuten nach der Geburt fortbewegen, den Platz mit dem auffällig riechenden fruchtwassergetränkten Boden, den Embryonalhäuten und dem Blut verlassen. Um sie herum standen andere Mütter, lagen wiederkäuende Kühe. Also legte sie sich zunächst dicht neben das Kalb, aber es gab nun kaum noch Kontakte zwischen ihr und dem Kleinen, das ab und zu wackelnd den Kopf hob. Sie beleckte es nicht und schien sich ganz ihrer Erschöpfung hinzugeben. Als die Gruppe allmählich weiterwanderte, stand sie auf und verließ nach kurzem Zögern das Kalb. Sie blieb aber in der Nähe und schien unentschlossen zwischen Anschluß an die Gruppe und Fürsorge für das Kalb zu schwanken.

Ein lebloses Bündel bleibt in afrikanischem Grasland nicht lange unbeachtet. Ein Weißrückengeier landete. Er kam flach angesegelt und weckte damit zunächst nicht viel Aufmerksamkeit. Das Kalb rührte sich nicht. Der Geier hüpfte näher, beäugte es kurz und kniff wie probeweise mit seinem Krummschnabel in einen Hinterlauf. Mit einem schwachen Laut hob das kleine Gnu den Kopf und schaute auf seinen Peiniger. Der Weißrückengeier fuhr zurück. Lebende Beute ist ihm nicht völlig fremd, aber doch sehr ungewohnt. Außerdem suchte er etwas anderes. Der nächste Geier kam herunter, steil, angelockt von seinem Artgenossen am Boden. Das rief schnell die Schakale auf den Plan, die in Sturzflügen von Geiern sofort einen Hinweis auf Futter sehen. Es zeigte sich schnell, wonach alle suchten: Der Platz war von mehreren Kühen am frühen Morgen für Geburten genutzt worden, und in den kniehohen Kräutern lagen einige Nachgeburten. Diese schleimigen Beutel werden meist Stunden nach der Niederkunft ausgestoßen und stellen in der Zeit, in der die Geburten besonders häufig sind, eine beträchtliche Nahrungsmenge dar. Vor allem Geier, aber auch die Schabracken- und die Goldschakale bedienen sich, selbst Hyänen lassen sich herbei. So machten die beiden Schabrackenschakale sich nicht die Mühe mit dem Kalb, sondern jagten zunächst den Geiern die Häute ab.

Die Mutter war besorgt zurückgekommen und griff ohne Zögern die Schakale und Geier, die sich dem Kalb genähert hatten, energisch an. Ihre Bindung an das Junge wurde offenbar aufgefrischt, als sie es verteidigen mußte. Jedenfalls stand sie wieder neben dem Kleinen und beleckte es fürsorglich. Bis auf einige schwache Versuche machte es aber immer noch keine energischen Anstalten aufzustehen. Vermutlich hatte das Kalb einen angeborenen Kreislauffehler, denn die Geburt war zügig und ohne jegliche Komplikation verlaufen. Doch durch die anfängliche Unterbrechung der Kommunikation zwischen den beiden gab es offensichtlich keinen Anreiz für das Kleine, sich wirklich aufzuraffen. Die Kuh driftete langsam wieder zurück zur Herde, die mittlerweile über 200 Meter weit entfernt war.

Nun wurde es ernst für das Kalb. Mächtige Schwingen rauschten, in einem fauchenden Luftwirbel landete mit einem eleganten Knicks ein Ohrengeier, Sekunden später der zweite. Ohrengeier sind die größten afrikanischen Geier. Sie leben in Dauerehe und erscheinen oft zu zweit oder sogar mit dem Nachwuchs. Vor allem aber: Mit ihren gewaltigen Schnäbeln können sie auch selbst Beute reißen. Einen Lauf grotesk steif vorgestreckt, zögerte der erste Vogel kurz, dann ging er entschlossen auf das Kalb zu. Der Schnabel fuhr herunter, und fast mühelos hob der schwarze Greif das Kalb an und zerrte es über den Boden. Empört blökte es auf, und wie von allein stemmten die wackligen Beinchen den Körper nun hoch. Der Geier ließ leicht irritiert los, aber er war seiner Sache sicher. Kaum sackte das Kalb wieder zusammen, hackte der Krummschnabel wieder zu. Die Kuh rettete erneut die Situation, und die Geier brachten sich zunächst außer Reichweite von Hörnern und Hufen. Der Schock hatte das Kalb nun aber doch zurück ins Leben gerufen. Mit aller Kraft drückte es die Gelenke durch, taumelte an der Seite der Mutter ein paar Schritte und fand dann endlich den Rhythmus. Staksig folgte es ihr. Wir atmeten erleichtert auf, aber es war klar, daß die Zeichen für das Kalb nicht gut standen. Selbst sechs Stunden nach der Geburt fand es immer noch nicht die Zitzen. Wie alle Kälber und Kitze hatte es nur eine vage Vorstellung davon, wo es suchen sollte: irgendwo in einem Winkel am Körper der Mutter. So tastete sein Mund an allen möglichen Körperteilen. Es begann, an den Gelenken zu nuckeln und wurde immer wieder rüde zur Seite geschubst, wenn die Kuh ein paar Schritte machte. Kam es endlich in die Weichen mit dem prallen Euter, schob sie es schon einmal ermunternd ein bißchen weiter, aber jedesmal glitten die Lippen wieder ab, bevor der Milchfluß einsetzte. Ich glaube nicht, daß es die nächsten Tage überlebte.

Für Gnu-Kälber sind die ersten Tage besonders rauh. Nicht nur die vielen Raubfeinde machen ihnen zu schaffen. Auch die Herden selbst sind nicht gerade eine sanfte Kinderstube. So erregten die ersten Kälber der Saison Jährlinge, Bullen und einige Weibchen derart, daß die Mütter kaum zur Ruhe kamen. Noch schlimmer: Die neugierigen Jährlinge waren von den tapsigen, auffälligen Geschöpfen manchmal so fasziniert, daß sie auch trotz der Verteidigung durch die Mutter mit ihnen spielen wollten. Nun sind allerdings die Spiele von fast ausgewachsenen Gnus nicht unbedingt der Entwicklung von stundenalten Kälbern förderlich. Die ersten leichten Hornstöße verwirren es, das Kalb beginnt zu laufen, der Jährling hinterher. Weitere Jährlinge kommen dazu, die Mutter versucht sie abzudrängen. Der Bulle wird auf den Tumult aufmerksam, und sein Ziel ist es, alle Weibchen möglichst lange auf seinem Gebiet zu halten. Also prescht er dazwischen, um wieder alle zurückzutreiben. Bald laufen über ein Dutzend Gnus wild herum, das Kleine in Panik dazwischen, und die Jährlinge werden immer erregter. Die Hörner fahren nun wild hinunter, das Kalb überschlägt sich, die Mutter stößt wütend nach den Jährlingen, die ausweichen und ihrerseits drohen. In Minuten herrscht wilder Tumult, die Herde rast über die Ebene, als sei eine Bande blutdürstiger Hyänen hinter ihr her. Schließlich flüchtet sich die Mutter mit dem ausgepumpten Kalb zwischen einige der wenigen Büsche. Die Atmosphäre ist jetzt so aufgeheizt, daß ernsthafte Kämpfe zwischen Jährlingen und Weibchen drohen.

Es gibt Hunderte von Gründen, die dazu führen, daß ein Kalb den lebenswichtigen Kontakt zur Mutter verliert. Für mich war immer wieder erstaunlich, wie scheinbar achtlos die Mütter mit ihren Jungen umgehen. Diese haben zu folgen, egal, was sie selbst unternehmen: ob sie einen ausgedehnten See durchqueren, der die Jungen an die Grenze ihrer Möglichkeiten bringt, ob sie im Herdengetümmel aufdringlichen Bullen ausweichen oder ob sie als Teil der Fluchtreaktion der Herde davonstieben. Wehe den Kleinen, wenn sie dabei die Mutter aus den Augen verlieren! Sie sind unweigerlich verloren, denn keine andere Mutter wird sie säugen. Wenn große Herden ein Gebiet durchquert haben und währenddessen häufig von Raubtieren herumgescheucht wurden, findet man immer wieder verwaiste Kälber, die ziellos durch das Gras irren. Zwar laufen theoretisch genauso viele vereinsamte Mütter auf der Suche nach ihren Sprößlingen im Gelände umher, so daß in den ersten Minuten nach einem Getümmel durchaus gute Chancen bestehen, einander wiederzufinden. Wenn dies aber nicht gelingt und die Herde weiterzieht, wird es für die Kälber auf den riesigen Flächen hoffnungslos. Zunächst laufen sie in freudiger Erwartung auf jedes Gnu zu, aber nach mehr und mehr Zurückweisungen werden sie immer unkritischer in der Auswahl der Ersatzmütter und nähern sich schließlich vertrauensvoll jedem größeren Wesen – und sei es ein Geländewagen.

Es schnürte uns so manches Mal die Kehle zu, wenn wieder eines der dünnen, langbeinigen Geschöpfe schwer atmend neben uns auftauchte, die großen glänzenden Augen über der schwarzen Gesichtsmaske eine Mischung von Hoffnung und Verwirrung. In aller Unschuld legten sie sich manchmal direkt neben uns in den Schatten des Wagens, wie sie es im Schatten der Mutter auch tun. Außer dem schwachen Trost einer wenigstens kurzen Anlehnung und einem erfrischenden Guß aus der Wasserflasche hatten wir ihnen aber nichts zu bieten.

Ich bin gelegentlich gefragt worden, was ich denn so unternehme, wenn ich auf hilflose Tiere im Feld stoße. Auch auf die Gefahr, hier als herzlos zu gelten: Im allgemeinen mache ich nichts! Nur wenn erkennbar die

Notsituation des Tieres durch menschliche Eingriffe ausgelöst wurde, ist es unsere Pflicht, diesen Eingriff – so gut es geht – abzumildern oder gar rückgängig zu machen. Ansonsten gilt in einem Naturpark strikt die Regel: Wir sind Gäste; wir dürfen schauen, sollten uns aber nie einmischen. Es steht uns nicht zu, über das Lebensrecht des einen oder des anderen Tieres zu entscheiden. Die Artenvielfalt, die wir als Besucher so beeindruckend finden, besteht zu einem großen Teil eben deshalb, weil diese Arten nun einmal auch *voneinander* leben und das Sterben von einigen das Leben von anderen ist. Dies schockiert immer wieder Besucher, die auf der Suche nach den »letzten Paradiesen« in Schutzgebiete kommen und dabei anscheinend vor allem die »paradiesischen« Aspekte zu wörtlich nehmen. Simon Ole Makallah, damals *warden* (Aufseher) im Masai-Mara-Reservat, wurde noch Anfang der achtziger Jahre von empörten Besuchern aufgefordert, Hyänen zu schießen, nachdem diese es gewagt hatten, sich ein Mahl zu verschaffen, wie es eben ihre Art ist. »Soll ich sie etwa mit *ugali* füttern?« fragte er mich amüsiert.

Ich schreibe dies nicht, um mich darüber lustig zu machen. Auch engagierte Naturschützer haben bis vor gar nicht langer Zeit ein derartiges Verständnis von »Tierreservaten« gehabt. So wurden noch in den Siebzigern in einigen afrikanischen Schutzgebieten Wildhunde geschossen, weil sie angeblich die Wildbestände gefährdeten. Afrikanische Wildhunde sind tüchtige und erfolgreiche Jäger. Außerdem jagen sie fast immer bei Tageslicht. Sie sind also relativ häufig dabei zu beobachten – und sie zerreißen ihre Beute bei lebendigem Leib. Nicht gerade eine Sympathiewerbung für die Rudeljäger. So galten sie lange aus Sicht gutmeinender Tierschützer als »Schädlinge«, die auszurotten waren. Man muß dabei nicht mit dem Finger auf Afrika zeigen: Schließlich wurde auch bei uns das Artengefüge durch Ausrottung der meisten Raubtiere völlig durcheinandergebracht. Erst seit wenigen Jahren konnten zum Beispiel in nordamerikanischen Reservaten wieder Wölfe angesiedelt werden, die dort ebenfalls vorher als »Schädlinge« systematisch vernichtet worden waren.

Dies alles versuche ich mir immer wieder bewußt zu machen, wenn ich Tiere in Not erlebe oder filme. Dennoch spüre ich die Wirkung der persönlichen Beziehung, die sich manchmal dabei ergibt. Individualisiertes

Leid direkt vor einem ist etwas anderes als abstrakte Zahlen von Jungenverlusten oder Überlebensraten. Immer wieder konnten selbst Wissenschaftler sich dieser Wirkung nicht entziehen, und so gab es zahlreiche Tiere in so manchem Forschungscamp, die mit der Hand aufgezogen wurden: von Warzenschweinen über Gazellen bis hin zu den legendären Löwen der Adamsons im nordkenianischen Busch. Ich respektiere durchaus die Gefühle, die hinter solchen Aktionen stecken. Diese beruhigen jedoch nur das Gemüt; mit Naturschutz oder gar Arterhaltung hat das nichts zu tun (es sei denn, man nutzt sie zur allgemeinen Sympathiewerbung – damit wurden schon Millionen an Spenden für Schutzprojekte eingenommen). In den ersten Jahren der afrikanischen Feldforschung stellten solche Tiere manchmal auch durchaus interessante Studienobjekte dar, an denen man Verhaltensweisen aus nächster Nähe beobachten konnte, aber dabei blieb immer die Frage, welche Verhaltensmuster durch die Beziehung zum Menschen verändert worden waren. Und oft genug wurden aus diesen Findelkindern Problemfälle, spätestens, wenn sie ausgewachsen waren und irgendwie »untergebracht« werden mußten.

So vermieden wir bald, in allzu engen Kontakt mit den Jungen zu kommen und wichen ihnen schon von weitem aus, wenn wieder einmal eines zu prüfen versuchte, ob der weiße Kasten dahinten nicht vielleicht doch seine Mutter wäre. Auch wenn in Tierfilmen solche Episoden des Publikumgeschmacks wegen meist mit einem versöhnlichen Ende geschnitten werden (indem man ein völlig anderes Kalb ins Bild zu seiner Mutter kommen läßt), haben die Kleinen in der Realität nur eine winzige Chance der Rettung. Wir haben das jedenfalls nie erlebt.

Man könnte also meinen, daß Gnus verschwenderisch und achtlos mit ihren Jungen umgehen und daß ihr Lebensstil generell ein gefährlicher sei. Schließlich leben viele große Raubtiere zumindest zeitweise vor allem von Gnu-Fleisch. Aber warum sind Gnus dann die nach Zahlen eindeutig erfolgreichsten Großtiere des gesamten Ökosystems der Serengeti?

KAPITEL 2

DIE GROSSE WANDERUNG

Die Frage nach dem Erfolgsrezept der Gnus ist nicht gerade einfach zu beantworten, außer man gibt sich mit sehr allgemeinen Aussagen zufrieden. Dann lautet die Auskunft schlicht: weil sie mit den Lebensbedingungen in der Serengeti offenbar am besten zurechtkommen. Unermüdlich ziehen sie von Weide zu Weide und suchen sich je nach Jahreszeit und Futterangebot das Beste heraus. Das klingt recht simpel, ist jedoch im Detail kompliziert und mühsam: Die Wanderung birgt Risiken und kostet Kraft, die an anderer Stelle fehlt. Im Vergleich zu Gnu-Herden, die weniger umherziehen, liegt die jährliche Sterblichkeit bei wandernden Gnus um drei Prozent höher; außerdem beginnt die Geschlechtsreife wandernder Kühe oft später. Einige Herden machen sich deshalb erst gar nicht auf den Weg oder legen nur kurze Strecken zwischen den Weiden der Trocken- und der Regenzeit zurück, wie beispielsweise in den Buschländern der westlichen Serengeti oder auf den Loita-Ebenen in Kenia. Diese Seßhaftigkeit scheint sich aber nicht sonderlich auszuzahlen. So leben in Kirawira oder dem Western Corridor, wie die Landschaft um den Grumeti-Fluß in der westlichen Serengeti auch heißt, nur etwa 25 000 Gnus das ganze Jahr über. Verglichen mit den 1,3 Millionen Tieren der wandernden Herden fällt diese Zahl kaum ins Gewicht. Auch die mit über 300 000 Tieren zweithäufigste Art im Ökosystem der Serengeti, die Thomson-Gazelle, wandert über weite Strecken zwischen den Ebenen im Südosten und den Buschländern des westlichen Korridors. Die 200 000 Zebras, die dritthäufigsten Großsäugetiere, stehen den Gnus in der Ausdehnung ihrer Wanderrouten ohnehin in nichts nach.

FEINSCHMECKER UNTERWEGS Man braucht kein Wissenschaftler zu sein, um zu erkennen, daß ein Gebiet, das nur für wenige

Wochen oder Monate im Jahr Futter bietet, in dieser Zeit natürlich auch von wandernden Tieren genutzt wird; andernfalls würden die Ressourcen dieser Region völlig verschenkt. So scheint es auf den ersten Blick selbstverständlich, daß die Kurzgrasländer im Südosten der Serengeti, in denen nur in der Regenzeit frisches Gras wächst, zu eben dieser Zeit von den Herden aufgesucht werden. Allerdings gibt es gerade dann überall in der Serengeti Nahrung für Pflanzenfresser im Überfluß. Vor allem in den frühen Jahren des Schutzgebiets, als die Zahl der Gnus noch weit unter einer halben Million lag, war es sicher nicht der bloße Hunger, der die Herden auf die flachen Ebenen trieb.

Was war es dann? Jahrzehntelange Arbeiten in der Serengeti ergaben nach und nach ein facettenreiches Bild der Wechselwirkungen zwischen Boden, Klima, Pflanzen und Tieren. Es hat mich sehr beeindruckt, daß in einer Zeit, in der man gerne alles als erklärt und gesichert ansieht, ein Wissenschaftler wie A.R.E. Sinclair – weltweit einer der führenden Ökologen afrikanischer Schutzgebiete – noch 1995 schrieb, die zugrunde liegenden Faktoren der Gnu-Wanderung seien noch immer nicht in allen Einzelheiten geklärt.

Natürlich hängen die Wanderungen mit dem Niederschlag zusammen: Wo Regen fällt, wächst frisches Gras. Aber erstaunlicherweise ziehen die Herden in der feuchten Jahreszeit gerade in die Gebiete mit dem geringsten Niederschlag im Südosten der Serengeti und lassen dabei die üppigen Weiden der Buschländer hinter sich! Es mußte noch andere Gründe als nur die Nahrungsmenge geben. Man fand heraus, daß Gnus in sumpfigem Gelände leicht Hufkrankheiten durch Pilzinfektionen bekommen. Schon deshalb sollten sie Gebiete, in denen besonders viel Regen fällt, verlassen. Außerdem ist das Buschland stark mit Tsetse-Fliegen verseucht – wenn es irgendwo Futter ohne diese lästigen Plagegeister gibt, sollten Huftiere sich auch aus diesem Grund dorthin aufmachen. Nicht zuletzt kann man auf den weiten Flächen der Kurzgrasweiden jedes Raubtier schon auf große Entfernung ausmachen. Hier ist man also vor Raubfeinden wesentlich besser geschützt als in den unübersichtlichen Buschländern der zentralen Serengeti mit den oft meterhohen Gräsern – andererseits lassen sich hilflose Kitze oder Kälber dort auch leichter verbergen.

1 *Einige Blöcke der Gol-Kopjes vor der im Dunst verschwimmenden Wand des Kraterhochlandes. Kopjes sind Inseln der Vielfalt im Grasland, die Verstecke, Wasser und Nahrung bieten.*

2 *(nachfolgende Doppelseite) Gnus können auf dem Zug härteste Strapazen ertragen und erschließen sich damit ein riesiges Gebiet. In der Serengeti-Mara-Region durchwandern sie jährlich etwa 25 000 Quadratkilometer.*

3–6 (vorhergehende Doppelseite) In nur zwei Wochen werden fast 80 Prozent der Gnu-Kälber geboren. Schon nach drei Minuten sind sie auf den Beinen und suchen nach der Milchquelle.

7 (oben) Zwei Löwinnen greifen Gnus an. Die Kälber der Herdentiere müssen von Anfang an mit den Müttern mithalten.

8 (rechts) Viele kleine Gnus werden in den ersten Wochen gerissen, aber durch das überreichliche Beuteangebot bleiben die weitaus meisten unbehelligt.

9 Im Juni ziehen die Herden in die Buschländer der zentralen Serengeti. Die Fähigkeit, völlig unterschiedliche Lebensräume zu bewältigen, macht einen Großteil des Erfolges dieser Grasfresser aus.

Vor allem aber: Gras ist nicht gleich Gras! Nicht nur die Menge des Futters spielt eine Rolle, sondern auch dessen Qualität, das heißt der Gehalt an Eiweiß und Mineralstoffen. Man hat schon früh versucht, die Zusammensetzung der Pflanzen zu analysieren, und fand zunächst heraus, daß die Kurzgrasarten viel Kalzium enthalten: ein Mineral, auf das Gnu-Kühe in den späten Phasen ihrer Schwangerschaft oder wenn sie Milch für die Kälber produzieren besonders angewiesen sind. Außerdem zeigte sich, daß die hoch austreibenden Gräser in den feuchteren Gebieten der zentralen Serengeti deutlich weniger Nährstoffe und mehr harte Fasern im Gewebe hatten als Gräser, die ständig abgeweidet werden. Sie bilden deshalb immer wieder zarte junge Sprößlinge, deren Wachstum durch den Speichel der Tiere sogar noch angeregt wird. Die Herden schaffen sich gewissermaßen die richtige Futterqualität selbst, indem sie das Gras im für sie günstigsten Wachstumsstadium halten. Bis zu dreißig Gramm Nährstoffe können auf den Kurzgrasebenen in der Regenzeit pro Tag und Quadratmeter geerntet werden! Diese Form der Grasnutzung ist Weidetieren eher auf den trockeneren Ebenen möglich als in den Buschländern, wo sie gegen das schnelle Wachstum nicht in der »optimalen« Form ankämen. All dies bot sich als Erklärung dafür an, warum es die Herden gerade zu dieser Zeit hierher auf die Ebenen zog.

In den letzten Jahren jedoch haben genauere Untersuchungen ergeben, daß es fast überall in der Serengeti ausreichend Kalzium für die Tiermütter gäbe. Von größerer Bedeutung ist offenbar der Phosphor, den die Kühe in der Wurfzeit ebenfalls benötigen. Anders als in den Gräsern der Buschländer ist Phosphor in den Gräsern der Kurzgrasebenen ausreichend vorhanden. Gnu-Mütter können hier ihre Kälber gebären und versorgen, ohne in höherem Maße auf ihre Phosphorvorräte in den Knochen zurückgreifen zu müssen.

Wie oben schon angedeutet, wandern allerdings längst nicht alle Huftiere der Serengeti: In den Zonen mit ausreichendem Niederschlag gibt es große Ansammlungen seßhafter Büffel, Giraffen, Schwarzfersen-Antilopen, Leier-Antilopen, Kuhantilopen, Wasserböcke und zahlreicher weniger auffälliger, versteckt lebender kleinerer Antilopen. Wie schaffen es diese Tiere, mit dem oft eiweißarmen Futter und dem Mineralmangel fertig zu werden? Hierzu hat man in den letzten Jahren ebenfalls faszinierende Entdeckungen gemacht.

Schon früh fiel auf, daß die seßhaften, sogenannten residenten Arten nicht gleichmäßig verteilt waren, sondern sich in bestimmten Gebieten konzentrierten, die man – wie amerikanische Trendlokale – *hot spots* nannte. Untersuchungen zeigten, daß die Gräser hier ebenfalls besonders kurz gegrast und reich an Nährstoffen und Mineralien waren. Vor allem Natrium und Phosphor machten den Unterschied zur weiteren Umgebung aus. Beide sind wichtig in der Schwangerschaft und während des Stillens. Besonders verblüffend waren Hinweise darauf, daß die Herden mit ihrem Dung und Harn bei entsprechender Mineralisationsfähigkeit des Bodens diese *spots* anscheinend selbst schaffen. Wie dies im einzelnen geschieht, wird zur Zeit noch untersucht. Möglicherweise beginnt eine derartige Tierkonzentration als saisonaler Zusammenschluß zur besseren Feindvermeidung – beispielsweise in den Pufferzonen zwischen Raubtierterritorien. Wenn sich die Verhältnisse über mehrere Jahre wiederholen, bildet sich dort schließlich auch die optimale Weide für die Pflanzenfresser.

Eine andere Möglichkeit, mit Phosphormangel umzugehen, besteht darin, auf körpereigenen Phosphor zurückzugreifen. Dadurch werden allerdings die Mütter erheblich geschwächt, und sie benötigen nach der Schwangerschaft und Stillzeit lange Erholungsphasen, um ihren Mineralhaushalt allmählich wieder auszugleichen. Auf diese Weise scheinen beispielsweise Wasserböcke über die Runden zu kommen – allerdings um den Preis, daß sie nicht jedes Jahr zur günstigsten Jahreszeit ein Kalb zur Welt bringen können. Sie haben keine spezielle Wurfzeit und werden erst nach langen Erholungspausen wieder schwanger. Es gibt viele Wege, den Herausforderungen der Umwelt zu begegnen – im Fall der Wasserböcke eben mit weniger Jungen, die ein Weibchen in ihrem Leben gebären kann.

Wie man sieht, ist schon der scheinbar einfache Versuch, die Wanderung der Gnus zu erklären, mit einem gewissen Aufwand verbunden. Und es gibt viele weitere Ebenen, auf denen sich die Frage nach dem Erfolgsgeheimnis der unscheinbaren Grasfresser stellen ließe. Dabei kann man leicht zu Zirkelschlüssen gelangen, nach dem Muster: Weil Gnus weit wandern, werden sie zahlreich, und weil sie so zahlreich sind, müssen sie noch weiter wandern. Vertrackterweise ist da sogar etwas dran: Es gibt sicher eine positive Rückkoppelung, die dazu führt, daß immer mehr Tiere immer weiter umherziehen.

SIEGERTYPEN Nach den Fossilfunden in der Serengeti gehörten altertümliche Gnus schon vor etwa zwei Millionen Jahren in diesem Gebiet zu den besonders häufigen Tieren. Diese Urahnen unterschieden sich von ihren heutigen Artgenossen hauptsächlich durch weniger ausgeprägte Nasengänge. Der Grund dafür lag in dem damals feuchteren, kühleren Klima, denn Gnus schwitzen nicht, sondern regulieren ihre Körpertemperatur über die Schleimhäute der Nase. Als das Land im Laufe der Zeit immer mehr austrocknete, brauchten die Tiere eine größere Schleimhautfläche. Vor etwa 1,3 Millionen Jahren war diese Entwicklung abgeschlossen, und es gab kaum noch Unterschiede zu den heutigen Gnus. Seither haben sich Klima und Vegetation im Gebiet der Serengeti nur wenig verändert, und insgesamt kann man davon ausgehen, daß schon seit fast zwei Millionen Jahren Herden von Grasfressern – vor allem Gnus – in ganz ähnlicher Weise wie heute durch die Steppe zogen.

Das bedeutet, daß der »Bauplan« der Gnus offensichtlich eine hervorragende Lösung für die Ansprüche dieses Lebensraums darstellt. Wenn man allerdings nachschaut, was diese »optimalen« Anpassungen ausmacht, ist man eher enttäuscht: In vieler Hinsicht sind Gnus ausgesprochene »Kompromißtiere«. Sie vollbringen wenige Leistungen, die andere Antilopen nicht ebenfalls vollbringen könnten. In erster Linie sind sie besonders effiziente Äser, die mit ihrem breiten Maul sehr gut kurze und halblange Grasbüschel abweiden können. Außerdem haben sie eine ausgesprochen energiesparende Art der Fortbewegung: In einem raumgreifenden, leichten Galopp können sie stundenlang mit nahezu zwanzig Stundenkilometern dahinschaukeln, ohne außer Atem zu kommen. Das machen ihnen unter allen afrikanischen Säugetieren nur die Hyänen nach, auf die ich im dritten Teil dieses Buches näher eingehe. Ansonsten sind Gnus weder außergewöhnlich schnell, noch besonders kampfstark. Sie fallen praktisch allen größeren Raubtieren zum Opfer. Selbst die leichtgebauten Geparde können – wenn sie als Männchen zu zweit jagen –, ein erwachsenes Gnu zur Strecke bringen. Und Gnus müssen fast jeden Tag trinken – ein großer Nachteil in einem so trockenen Land, wie es die Kurzgrassteppen sein können.

Das Erfolgsrezept der Gnus scheint demnach gerade ihr Mangel an speziellen Anpassungen zu sein. So würde ihnen allein ihre gute Futterverwertung der Kurzgräser wenig nutzen. Blieben sie an Ort und Stelle, könnten sie über die Anzahl, die durch die Futtermenge begrenzt wird, nie hinauskommen. Nachdem das Gras verspeist wäre, würden zusätzliche Tiere verhungern. Weil sie es aber schaffen, sich zeitweilig auch in Gebieten durchzuschlagen, die eigentlich nicht ihren Bedürfnissen genügen, erschließen sie sich immer wieder neue Weidegründe, die hinter solchen »Barrieren« mit ungeeignetem Lebensraum liegen. Nur wenige Arten können derart souverän härteste Belastungen auf dem Zug ertragen wie die Gnus. Um diese Strapazen zu meistern, muß zum einen eine gewisse Mindestgröße vorhanden sein. Zum anderen bedarf es eines Sozialsystems, das auch bei ständig wechselnder Umgebung reibungslos funktioniert. Bei den Gnus ist beides vorhanden. Wenn wir uns nun mit ihnen auf ihre jährliche Rundwanderung von etwa 4000 Kilometern begeben, wird sich zeigen, was sie zu den eigentlichen »Siegertypen« dieser Region im Schatten des tansanischen Kraterhochlandes macht.

KAPITEL 3

IM SCHATTEN DER VULKANE

Sebastian Thamm, der aus Schweden stammende Pilot und Mitarbeiter der Frankfurter Zoologischen Gesellschaft in der Serengeti, ist normalerweise nicht übermäßig gesprächig. Auch jetzt hockt er schweigsam über den Steuerknüppel gebeugt, die Augen zusammengekniffen, wie immer in T-Shirt und Shorts, obwohl der Fahrtwind durch die offene Türluke der kleinen Cessna faucht und mir in meiner Lederjacke etwa 2200 Meter über dem Meeresspiegel nicht unbedingt warm ist.

Beim Abflug in Seronera war der Horizont im Südosten fast geschlossen von Wolken bedeckt gewesen, aber wir mußten unsere Chance nutzen: Die Flugzeuge sind meist lange im voraus ausgebucht, und man kann nicht je nach Wetterlage eben mal einen Flug verabreden. Außerdem geht die Regenzeit zu Ende. Bald werden die milchigen Dunstschwaden der Trockenzeit und die Rauchvorhänge der Grasfeuer die Fernsicht wieder so sehr einschränken, daß sich Flüge zum Filmen eigentlich nicht mehr lohnen.

ÜBER ALTEM LAND Vierhundert Meter unter mir ziehen die Wolkenschatten auf dem tischebenen gelbgrünen Grasland vorbei. *Sirinket* heißt es in der Sprache der Masai – »das weite Land«, woraus die Kolonialisten dann »Serengeti« machten. Die Hirten bezeichneten damit die Ebenen am Fuß des zentraltansanischen Kraterhochlandes, die für sie in der Regenzeit wichtige Weiden darstellten. Hier wird das Gras selten mehr als kniehoch, und von Horizont zu Horizont verstellt kein Baum den Blick. Eine monotone Landschaft, üppig in der Regenzeit, gnadenlos in der Trockenheit.

Es ist uraltes Land, glatt poliert von Wind und Wasser in Hunderten von Millionen Jahren. Im Präkambrium, vor etwa 600 bis 500 Millionen Jahren, als in den Urozeanen die ersten komplexeren Lebewesen auftauchten, erstreckte sich hier ein riesiger See. Seine immensen Ablagerungsschichten wurden von den gewaltigen Bewegungen der Erdkruste vielfach verschoben, hochgedrückt und gefaltet. Im Laufe der Erdgeschichte schliffen Wind und Wetter die Oberfläche immer wieder ab, und es bildete sich die flache, sanft gewellte typische Landschaft, die wir noch heute finden.

Tief unten entstanden unter besonders hohen Druckverhältnissen geschmolzene Granitpfropfen. Einige von ihnen wurden später angehoben und durchbrachen schließlich die Oberfläche als mächtige Granitdome, extrem hart und erosionsbeständig: die Kopjes, von dem Burenwort für »Köpfchen«. Sie stehen heute als wuchtige Inselberge in dem wogenden Meer aus Gras, Gestein aus der Anfangszeit höheren Lebens auf der Erde. Sie bildeten die Kulisse für die Entwicklung der am höchsten spezialisierten Säugetiere – der afrikanischen Antilopen. Und in ihrem Schatten suchten seit drei Millionen Jahren jene Wesen Schutz, deren ungewöhnliche Gehirnentwicklung sie bald außerhalb der ökologischen Gemeinschaft dieser Tiergesellschaft stellen sollte: die Hominiden, die Vorläufer des Menschen.

Von hier oben aus dem Flugzeug sehen die Kopjes aus wie ein paar verstreute Murmeln, von Kindern vergessen und halb im Sand verweht. Wir haben die vertrauten Blöcke der langgezogenen Gol-Kette hinter uns gelassen, und vor uns liegt nun eine weite Senke mit eintönigem Gras. Ich mache mir zugegebenermaßen wenig Gedanken über Hominiden und das Geraune von Jahrmillionen. Vielmehr beobachte ich die Wolkenschatten auf dem Boden und die weißen Tupfer um uns herum: Werden sie dichter, lösen sie sich auf?

Unter uns bekommt das Land Furchen, die Spätnachmittagssonne modelliert sie tiefschwarz. Die Sonne! Die Schatten sind nur noch vereinzelt zu erkennen – es klart also doch auf, wie Sebastian in seiner lakonischen Art in Seronera schon angekündigt hatte. Seine Miene scheint auch nicht mehr ganz so grimmig. Peter sitzt anderthalb Meter neben mir, auf den

Boden der Kabine gekauert. Zwischen seinen Beinen Batterien, Filmkassetten und die Fotokamera. Er trägt keine Kopfhörer, da er dort hinten außer Kabelreichweite ist, aber es braucht jetzt keine Worte. Auch er strahlt, und sein Daumen zeigt steil nach oben: Das ist genau das Wetter, das ist exakt die Tageszeit, die wir brauchen!

Die Furchen bilden jetzt unter uns ein dichtes Gewirr von Gullys, Schluchten und bizarren Graten, tiefgrün auf den Sonnenseiten, pechschwarz im Schatten, gemeißelt von Tausenden Sturzbächen, die diese steilen Hänge schon herabgeschossen sind. Der Boden hatte der Wucht des Wassers nicht viel entgegenzusetzen. Es ist relativ frischer Boden, noch nicht lange an der Erdoberfläche, locker und porös. Ich mache die Kamera fertig, im Kopfhörer Sebastians gelassene Stimme, es gibt wenig Kommunikation bei den Aufnahmen. Wir sind schon vorher zusammen geflogen, und er weiß, was ein Kameramann hinter ihm braucht. Die Landeklappen teilweise ausgefahren, hebt er nach meinen Anweisungen die rechte Fläche, bis sie den Horizont freigibt, und trimmt die Maschine durch. Vor mir liegt im strahlenden Licht der tiefen Sonne der perfekte Kegel des Oldonyo Lengai, des Götterbergs der Masai, in seiner ganzen erhabenen Monumentalität und Schönheit. Von blendenden Watteflocken umschwebt, die zerfurchten, steilen Flanken mit weißer Asche gepudert, eine Mischung uriger Erdgewalten und anmutiger, schlichter Großartigkeit. Der Krater ist bis an den Rand gefüllt mit silbriger Asche, Schlote ragen haushoch daraus hervor, an ihren Spitzen kondensieren verwehte Fahnen vulkanischer Gase in der kalten Luft, Schwefelgeruch zieht durch die Kabine.

Ich finde Flüge in kleinen Maschinen im allgemeinen im wahrsten Sinne des Wortes zum Kotzen und reiße mich deshalb nicht um Flugeinstellungen in meinen Drehbüchern. Aber einige Eindrücke sind eben nur aus der Luft zu bekommen. Für mich sind die abgelegenen Landschaften Ostafrikas, mit ihren unverwischten, relativ frischen Spuren von Vulkanismus und Erdbewegung, deshalb vor allem aus der Vogelperspektive reizvoll. Einige der faszinierendsten Erinnerungen in den vielen Monaten, die ich im Norden von Kenia verbracht habe, stammen von den abendlichen Flügen über die Bergwüsten des alten Northern Frontier District, die ich mit einem der wohl erfahrensten Buschpiloten Ostafrikas, dem Dänen Jens Hessel, machen durfte. Es gibt so gut wie keine Anzeichen irgendwelcher Zivilisation, die von dort oben erkennbar wären. Man ist allein mit sich und der Wildnis, während man über den Spuren erdgeschichtlicher Umwälzungen schwebt. In prallem Gold schimmern die Flächen, die am Boden so lebensfeindlich abweisend sind, lange Schatten in tiefem Rotbraun lassen die zerfetzten Grate und Blöcke hart hervortreten, erst der leichte Schleier des Hitzedunstes weicht die Formen am Horizont auf. Ein ungezähmtes Land, rauh und unberührt. Wie damals, als unsere haarigen Vorfahren sich anschickten, dies möglichst weitgehend zu ändern.

Wie gesagt, Fliegen und Filmen, mit dem gähnenden Abgrund der offenen Luke vor den Füßen, ist eigentlich nicht meine Lieblingsbeschäftigung, aber an solchen Tagen scheint das Großhirn das Kleinhirn glatt an die Wand zu spielen. Das Bild vor mir nimmt mich völlig gefangen, auch wenn beim Blick durch den Sucher die Stöße der Maschine in den Turbulenzen schon mal die Schwerkraftempfindung durcheinanderbringen. So kommt keine profane Übelkeit hoch, und ich bedaure eher, nicht einfach nur zurückgelehnt das Panorama in mich aufnehmen zu können – schließlich wird man ja auch dafür bezahlt, solche Eindrücke »im Auftrag« mit nach Hause zu bringen.

Sebastian zieht eisern mit der hängenden Tragfläche seine Bahnen um den Kegel, reitet die Turbulenzen aus und bietet mir die ruhige Arbeitsplattform, die ich brauche. Als wir den Vulkan halb umrundet haben, schiebt sich dahinter das Kraterhochland ins Bild, schon teilweise verdeckt durch die jetzt immer tiefer hängenden Abendwolken. Im Vergleich zu den Vulkanveteranen dort hinten ist der Lengai ein kleiner Nachkömmling.

LEBEN AUS DER ASCHE Die alten Schlote des Kraterlandes reichen etwa 25 Millionen Jahre zurück, in die Zeit der bisher letzten großen Umbruchphase dieser Landschaft. Der afrikanische Kontinent bekam damals Risse. Vom Toten Meer bis nach Simbabwe bildete sich eine Bruchzone, die in ferner Zukunft vermutlich den gesamten östlichen Teil

Afrikas von der restlichen Platte absprengen wird. Vielleicht sind wir mitten in einer der Perioden, die sich im rückwärtigen Zeitrafferblick einer späteren Epoche als unruhig oder besonders turbulent charakterisieren läßt. Was besagt es schon, wenn wir subjektiv den Eindruck eines paradiesischen Friedens in dieser Landschaft haben? Der Große Ostafrikanische Grabenbruch wird an manchen Stellen jährlich um mehrere Millimeter breiter, sein Boden sackt im wahrsten Sinne des Wortes unter unseren Füßen weg. Aber unsere Zeitwahrnehmung ist auf derartige Abläufe nicht eingestellt.

Am Rand der Bruchzone hoben sich die vom Druck befreiten Schollenkanten an und bildeten die Hochländer, die sich entlang des riesigen Tals vom Nahen Osten bis ins südliche Afrika erstrecken. Lava stieg in die porös gewordenen oberen Schichten auf, ergoß sich aus Spalten und formte die Kegel, die noch heute die Landschaft prägen. Zwischen einzelnen Phasen mit besonders aktiver Vulkantätigkeit gab es längere Zeiten relativer Ruhe. Die letzten, sehr starken Eruptionen mit heftigen Asche- und Lavaauswürfen liegen rund zwei Millionen Jahre zurück. Diese Prozesse schufen in dem jetzigen zentralen Teil Tansanias einen massiven Gebirgsblock in direkter Nachbarschaft zu der uralten, flachen Landschaft.

Es war eine Reihe von Feuerbergen, von denen viele noch immer zu erkennen sind und die klangvolle Namen tragen: Satiman, Oldeani, Ngorongoro, Losirua, Lemagrut, Empakai. Heute sind sie erloschen. Einige, wie der bekannte Ngorongoro-Krater, sind nur noch ein Schatten ihrer selbst. Der Ngorongoro dürfte einst etwa 5000 Meter hoch gewesen sein, ein Gigant wie der Kilimanjaro, der weithin die Landschaft beherrschte. Heute bildet sein Kraterrand, von der Serengeti aus gesehen, einen der flachsten Teile des Hochlands. Als sein inneres Feuer verglüht war, brachen große Hohlräume in dem toten Vulkankörper zusammen, und es entstand der weltberühmte riesige, flache Krater.

Für Jahrmillionen spuckten diese Vulkane Lava, Felsbrocken und vor allem Asche weit ins umliegende Land. Dieser Vorgang ist mitnichten beendet: 1940 schleuderte der Lengai seine Asche bis in die zentrale Serengeti. Selbst in der Umgebung von Seronera war die Landschaft noch weiß gepudert. Sein letzter Ausbruch, der allerdings nicht sehr heftig war, liegt erst dreißig Jahre zurück. Diese Vulkane hatten grundlegende Auswirkungen auf das flache Land im Nordwesten – Auswirkungen, die die gesamte Ökologie des Gebietes durchdringen: Sie beeinflußten das Klima, formten Pflanzengesellschaften und schufen Tierarten. Nach Ansicht der meisten Paläontologen hat die Grabenbruchbildung mit den daraus resultierenden weiträumigen klimatischen Änderungen im östlichen Afrika sogar wesentlich zur Entwicklung des Frühmenschen beigetragen.

Wenn im tansanischen Kraterhochland ein Vulkan aktiv war, wirkte sich das besonders im Nordwesten aus. Der Grund dafür sind die stetigen Südostpassate, die in Ostafrika häufig wehen. Emporgeschleuderte Teilchen wurden vom Wind vor allem auf die Ebenen im Nordwesten getragen. Je kleiner und leichter die Teilchen waren, desto weiter flogen sie. Es bildete sich ein Gefälle von zunächst relativ grobkörnigen, porösen Böden in Vulkannähe zu immer feineren, wasserstauenden Böden weiter nordwestlich. Die mitgeführten alkalischen Salze wurden dort, wo viel Wasser versickerte, besonders schnell gelöst und ausgeschwemmt. In solchen Böden bildeten die Salze bald eine dichte, betonharte Schicht aus Kalziumkarbonat, manchmal nur zwanzig bis dreißig Zentimeter unter der Oberfläche. Wenn man vom Kraterhochland in die Serengeti kommt, ist diese Schicht leicht erkennbar: Wo der Boden aufgerissen wurde, um die Piste anzulegen, findet man überall die flachen, weiß schimmernden Brocken, die den Schaufeln der Bulldozer nachgeben mußten.

Für Pflanzen aber stellt diese Schicht eine undurchlässige Barriere dar: Keine Wurzel vermag sie zu durchdringen. Solche Böden bieten deshalb einer tiefer wurzelnden Vegetation keine Chance. Nur Gräser mit sehr flachen Wurzelsystemen können sich hier noch halten, so daß die monotone Landschaft mit einem endlosen Teppich von knöchelhohem Grün bedeckt ist. Mit zunehmender Entfernung von den Vulkanen nimmt die undurchdringliche Schicht ab, immer tiefer wurzelnde und höher wachsende Gräser kommen vor, bis etwa in der Gegend von Seronera wieder Sträucher und Bäume ihre Wurzeln in den Boden schieben können.

Das Kraterhochland hat aber noch eine weitere Auswirkung auf die Ebenen. Die Passatwinde führen in einem großen Teil des Jahres vom Indischen Ozean Feuchtigkeit mit. Auf der dem Wind zugewandten Seite des Hochlandes, wo die Luftmassen aufsteigen und sich dabei abkühlen, kondensiert diese Feuchtigkeit – es regnet. Im Windschatten der Berge dagegen sinkt die Luft an den Hängen herab und erwärmt sich dabei. Sie ist dort ohnehin schon längst nicht mehr so feucht wie auf der anderen Seite, aber nun nimmt sie durch die Erwärmung sogar noch Wasser aus der Umgebung auf. Das Land trocknet aus. Dieses Phänomen ist als Regenschatten bekannt. Alle großen Bergmassive haben einen Regenschatten, der sich um so stärker auswirkt, je gleichmäßiger die Windrichtung ist. Da die große Regenzeit in Ostafrika mit vorherrschendem Südostwind einhergeht, haben deshalb Berge wie der Kilimanjaro, der Mount Kenia, Mount Meru, das Marsabit-Massiv oder der Mount Kulal deutliche Trockenzonen jeweils in ihrem Nordwesten.

Die Vulkane bestimmen also die Rahmenbedingungen für das Leben auf den Ebenen zu ihren Füßen. Bis zu acht Monate lang können die windgepeitschten Flächen staubtrocken sein. Es gibt dann keine Flüsse mehr, die noch Wasser führen, kaum Wasserlöcher, die noch einen Schluck bieten. Nur wenige Tiere schaffen es in dieser Zeit, sich hier zu halten. Für die Masai waren die Ebenen in der Trockenzeit praktisch wertlos, sie mußten sich dann zu den Moru-Kopjes im Westen oder ins Kraterhochland nach Süden zurückziehen. Wenn die Regenzeit aber ergiebig war, konnte das fahlgelbe Land, in dem streckenweise am Ende der Trockenheit kaum noch Grashalme zu erkennen sind, in wenigen Tagen zum Leben erwachen.

Die Regenzeiten in den Tropen folgen einem Tiefdrucksystem, das rund sechs Wochen hinter dem Verlauf des Sonnenhöchststandes über die Äquatorregion pendelt und heftige Niederschläge mit sich bringt. Kommt diese Tiefdruckfront, die sogenannte innertropische Konvergenzzone, im Frühjahr aus dem Süden, fällt der Regen besonders reichlich, da sie dann die Feuchtigkeit des Indischen Ozeans mitbringt. Es herrscht die große Regenzeit. Wenn im November die Front aus dem Norden über das Land zieht, sind die Luftmassen längst nicht so feuchtigkeitsgesättigt und die Niederschläge entsprechend geringer – die kleine Regenzeit hat begonnen. Nun ziehen die Wolken aber großenteils aus dem Norden auf, und dementsprechend regnet es auch halbwegs regelmäßig in dem besonders ausgedörrten Regenschatten nördlich der Vulkane. Deshalb ist die kleine Regenzeit für die Grasländer ähnlich wichtig wie ihre große Schwester.

Die kleine Regenzeit kann manchmal direkt in die große übergehen. Dann regnet es von Anfang November bis in den Mai – mit mehr oder weniger langen Pausen – ununterbrochen, wobei es vor allem im April und Mai heftige Güsse gibt. Die Gräser setzen schon kleine Mengen Niederschlag, der oft nur die ersten Zentimeter der Bodenschichten befeuchtet und bald verdunstet, ohne weiter einzusickern, in Wachstum um. Ihre flachen Wurzeln nehmen dort Wasser auf, das für Bäume und Sträucher nicht erreichbar wäre, weil ihre Wurzeln zum größten Teil zu tief dafür lägen. Obwohl Bäume also mit ihrem riesigen Wurzelnetz winzigste Feuchtigkeitsspuren in mehreren Metern Tiefe nutzen können, sind Gräser ihnen bei leichtem Niederschlag in der Umsetzung des kostbaren Naß in Pflanzenmasse weit überlegen. Zusammen mit dem fruchtbaren vulkanischen Boden macht das die Ebenen zu einem der ergiebigsten Lebensräume der Tropen, in dem sich zeitweise bis zu 1000 Gnus pro Quadratkilometer (!) ohne weiteres ernähren können. Kein Wunder, daß die Zuwanderung der Gnus aus den nördlichen Buschländern mit den ersten Regenfällen beginnt.

Niederschläge in den ostafrikanischen Hochländern sind generell »unzuverlässig«, und die Regenmenge eines Jahres ist praktisch nicht vorherzusagen. Zudem fällt ein großer Teil des Regens in räumlich eng begrenzten heftigen Gewitterstürmen, die oft nur wenige Quadratkilometer benetzen, was die Zuverlässigkeit von Durchschnittswerten noch weiter einschränkt. Wenn also statistisch den Ebenen 500 Millimeter pro Jahr »zustehen«, bedeutet dies für ein gegebenes Jahr an einer gegebenen Stelle nicht besonders viel. Es können dort auch genausogut nur 200 Millimeter werden.

Neben dem nachlassenden Effekt des Regenschattens, der allgemein höhere Niederschläge im Norden ermöglicht, wirkt sich dort zusätzlich das Wettersystem des Victoria-Sees aus. Die gewaltige Wassermasse dieses Binnensees erzeugt ihr eigenes Klima. Dessen Auswirkungen reichen bis weit in die Buschländer der Serengeti und in das Masai-Mara-Reservat in Kenia, so daß dort jährlich bis zu 1200 Millimeter Niederschlag zu verzeichnen sind. Vor allem aber schert sich dieses Wettersystem wenig um Regen- oder Trockenzeiten: Jeden Tag verdampfen dort ungeheure Mengen Wasser und bilden Wolken, die zu jeder Jahreszeit die dürstenden Hochländer laben können – was für zahlreiche Huftiere den Unterschied zwischen Leben und Tod ausmacht. Der Norden der Serengeti erhält deshalb auch in der Trockenzeit immer noch rund 300 Millimeter Regen, während auf den Kurzgrasebenen in der Zeit von Ende Mai bis Anfang November selten mehr als 100 Millimeter fallen. Es ist also nicht nur die allgemein höhere Regenmenge des Nordens, sondern gerade der Regenfall in der Trockenzeit, der diese Gebiete so lebenswichtig für die Herden macht!

In diesem gnadenlosen Land kommt am besten zurecht, wer flexibel auf die jeweiligen Bedingungen reagiert. Wer den Gewittersturm hinter dem Horizont nutzen kann, der mit seinen Sturzfluten für Tage Tümpel und frisches Gras entstehen läßt, und die für Monate unerschöpfliche Nahrung der Regenzeit zügig in Körpermasse umsetzt, wer jährlich Tausende von Kilometer wandern kann und ausgetrocknete, hohe Gräser mit schneidenden Blättern genausogut verkraftet wie brackiges Wasser, wer sich von dornigem, unübersichtlichem Gestrüpp nicht schrecken läßt, sich auch angesichts hungriger Krokodile in die Fluten reißender Flüsse stürzt und dabei noch einen strengen Fortpflanzungskalender einhalten kann – wer mit all diesen Anforderungen zurechtkommt, dem gehört dieses Land.

Und kein großes Säugetier kann dies besser als das Gnu. Für einen Schönheitspreis muß es dann nicht mehr kandidieren.

Alle diese Anforderungen wurden übrigens auch an den Superaffen mit dem ungewöhnlichen Gehirn gestellt. Und sie scheinen ihn mächtig angespornt zu haben, »sich auf die Hinterbeine zu stellen«, im übertragenen wie im konkreten Sinn. Der Frühmensch bekam nach Ansicht vieler Paläontologen seinen endgültigen Entwicklungsschub, indem er den Herden zunächst als Aasfresser und später immer häufiger als Jäger folgte. Auch wenn uns die Vorstellung eines Aasfresserstadiums auf dem Weg zu den Sternen nicht behagt: Völlig unabhängig von der These der Gnu-Wanderung als Auslöser für den aufrechten Gang müssen wir uns wohl ziemlich sicher zu einer Vergangenheit als Konkurrenten von Schakalen,

Hyänen und Geiern bekennen. Fleisch ist eine wertvolle Nahrung, die einem neben der Nahrungsbeschaffung ebenso wertvolle »Freizeit« ermöglicht. Diese kann man dann wiederum mit allerlei kulturellen Großtaten füllen, wenn schon ein großes Gehirn beschäftigt sein will.

Für den gelegentlichen Fleischkonsum sind keine besondere Technologie oder jagdtaktisches Geschick erforderlich: Bei den Riesenherden liegen jeden Morgen nach den nächtlichen Beutezügen der Raubtiere Kadaver im Gelände, die es von anderen Aasfressern zu erobern gilt. Das erfordert noch keine höheren intellektuellen Fähigkeiten, man muß nur selbstbewußt und »groß« genug auftreten. Wenn es nun den Hominiden gelang, mit ihrem Nachwuchs den Herden ständig zu folgen, ist der nächste Schritt zum erkenntnisbegabten Überraubtier nicht mehr weit, ganz gleich, was uns eigentlich ursprünglich auf die Hinterbeine brachte – die Zunft der Paläoanthropologen gehört zu den notorisch zerstrittenen, es gibt da eine ganze Reihe von Theorien.

Überlassen wir diese Diskussion den Gelehrten. Ich habe jedenfalls so manchen Abend im Windschatten eines der wuchtigen Granitdome genossen, die wie vor Urzeiten noch immer aus den Ebenen herausragen. Während ich aus italienischem Tomatenmark und neuseeländischem Corned Beef – wie alt mochte das Fleisch sein? – auf dem französischen Gaskocher zum wiederholten Male versuchte, etwas Genießbares zu köcheln, stellte ich mir vor, daß genau an dieser Stelle vor 450 000 Jahren Homo erectus sich abmühte, ein Feuer in Gang zu bringen, und grunzend Röhrenknochen, die er gerade einer Hyäne abgejagt hatte, zertrümmerte, um an das nahrhafte Mark zu gelangen.

KAPITEL 4

VISION UND VERANTWORTUNG

»Eins ist sicher: Das Ganze war ein großer Schwindel, und so gut wie nichts kam dabei heraus, um der hart geprüften Tierwelt Ostafrikas zu helfen.« Myles Turner hielt mit seiner Meinung nie hinterm Berg, und er scheute sich auch nicht, sie drastisch zu formulieren. Als einer der ersten Warden der Serengeti führte er von 1956 bis 1972 den zermürbenden Kampf zum Schutz des Nationalparks und verdiente sich dabei Respekt bei Freund und Feind. Für ihn waren die Wissenschaftler, die Anfang der sechziger Jahre in die Serengeti kamen, bald nur noch Figuren, die seiner Meinung nach mehr oder weniger abgehobenen Spinnereien nachhingen. Aus seiner Sicht, der des »Buschkriegers«, zu dessen Alltag strapaziöse Fußmärsche und riskante Scharmützel mit Wilderern in unübersichtlichem Dornbusch gehörten und der dabei das Elend des grausamen Schlingentodes Tausender von Tieren ständig vor Augen hatte, war seine Haltung durchaus verständlich. Und wie ertappte Schulbuben zogen die meisten Forscher denn auch beschämt den Kopf ein.

HERAUS AUS DEM ELFENBEINTURM Bei allem Verständnis für Myles Turners Empörung: ganz so unerheblich für den Naturschutz waren die Aktivitäten der vielen Zoologen, Botaniker und Geologen nun doch nicht. Wirklich rar waren allerdings die – geradezu händeringend erwarteten – konkreten, kurzfristig umsetzbaren Erkenntnisse (obwohl jeder Akademiker, der etwas auf sich hielt, im Forschungsantrag seine Arbeit als unverzichtbaren Beitrag zum Schutz des Gebietes darstellte). Schuldbewußt und zaghaft wies man darauf hin, daß es schließlich die Forschung sei, die viele der für den Schutz des Lebensraums wichtigen

Fakten erst zugänglich mache: Wie groß ist das für die jährlichen Wanderungen benötigte Gebiet überhaupt? Welche Flächen brauchen Raubtiere für ihre Reviere? Wie viele Reviere sollte ein Schutzgebiet umfassen, um eine genetisch stabile Anzahl von Tieren zu ermöglichen? Welche Bedingungen begrenzen die Zahl der Tiere zu welcher Jahreszeit? Und so weiter. Die Studien ergaben durchaus konkrete Informationen, die zur langfristigen Sicherung von Nationalparks sehr nützlich sind.

Die Forschung hatte daneben aber auch eine eher indirekte, gesellschaftliche Wirkung, die vielleicht noch mehr zum Erhalt des Lebensraumes Serengeti beitrug. Ich behaupte sogar, daß der Gedanke des Naturschutzes weltweit von den Wissenschaftlern profitierte, die hier tätig waren.

Der Grund liegt in der breiten Öffentlichkeit, die diese Arbeiten zur Kenntnis nahm. Die Serengeti im besonderen hatte einen guten Start, weil sie mit Bernhard Grzimek den wohl besten zeitgenössischen Propagandisten für afrikanisches Tierleben hatte, dessen Einfluß weit über sein »eigentliches« deutsches Publikum hinausreichte. Es war die einmalige Mischung von abenteuerlichen Erlebnisberichten, der erregenden Exotik eines fremdartigen Landes und charismatischen Großtieren, die seine Botschaft auch in Kreise hineintrug, in denen sich sonst wohl niemand um irgendwelche abstrakten ökologischen Wechselbeziehungen welcher Tiere auch immer geschert hätte.

Um nicht mißverstanden zu werden: Derartige Beziehungen sind in allen möglichen Lebensräumen untersucht worden – von dampfenden Regenwäldern bis zu den Wiesen direkt vor den heimischen Instituten. Die Arbeiten in den afrikanischen Schutzgebieten – und dort eben besonders in der Serengeti – versuchten aber, ökologische Fragen am Beispiel von beeindruckenden Großtieren zu klären, und nicht an Käfern oder Bienen, Stichlingen oder Hamstern. Natürlich sagt die untersuchte Tierart nichts über die wissenschaftliche Qualität einer Studie aus, aber die breite Öffentlichkeit interessiert sich nun einmal nur bedingt für unscheinbare Krabbeltiere.

Und das ist eben anders, wenn es um Elefanten oder Löwen geht! Was an biologischem Grundwissen in den letzten Jahrzehnten durch die

10 *Der Oldonyo Lengai ist zur Zeit der einzige aktive Vulkan des Kraterhochlandes. Im Hintergrund der riesige Natronsee und das Hochland um den Ngorongoro-Krater. Die Berge bilden eine wichtige Wetterscheide für die Grasländer der Serengeti.*

11 (links oben) Gewitterturm über dem Grasland. Solche Stürme bringen immer nur Regen für wenige Quadratkilometer.

12 (links unten) Leierantilopen während eines Sturms in Masai Mara. Im Norden des Ökosystems regnet es häufiger und vor allem auch während der Trockenzeit.

13 (oben) Lange Regenperioden können für kleine Löwen gefährlich werden, weil sie rasch auskühlen.

14 (oben) Flugzeug der Frankfurter Zoologischen Gesellschaft über dem Mara-Fluß. Seit den Tagen Bernhard Grzimeks unterstützt die Gesellschaft Forschung und Naturschutz in der Serengeti.

15 (rechts oben) Ein Nektarvogel saugt an einer Aloe. Aus Zeit- und Geldmangel sind bisher so gut wie keine Studien an der Vogelwelt des Parks unternommen worden.

16 (rechts unten) Zebramanguste. Auch über die Schleichkatzen und die anderen kleinen Säugetiere ist nur wenig bekannt, obwohl sie eine wichtige ökologische Rolle spielen.

17 (rechte Seite) Zebras waren die ersten Tiere, die über längere Zeit im Freiland als Einzeltiere studiert wurden.

18 (oben) Grant Hopcraft (links im Bild) untersucht einen betäubten Löwen. Die Löwen-Forschung in der Serengeti ist eine der am längsten durchgeführten Freilandstudien der Welt.

19 (rechte Seite) Kaum jemand kann sich der Wirkung eines prächtigen Mähnenlöwen entziehen.

20 *Elefanten sind im reinen Grasland selten anzutreffen.*

mannigfaltigen gesellschaftlichen Kulturkanäle ins Allgemeinbewußtsein gesickert ist, stammt deshalb zu einem überproportionalen Teil aus den afrikanischen Studien. Die dortige Tierwelt ist schließlich gut zu vermarkten: Spektakuläre Fotos oder Fernsehbeiträge lassen sich hervorragend verkaufen, und das Interesse an Naturthemen kann jedesmal wieder geweckt werden, wenn es neue, manchmal unerwartete Details mitzuteilen gibt, die von Wissenschaftlern in jahrelanger, mühevoller Tüftelei ans Licht gebracht wurden.

Und damit schließt sich der Kreis: Naturschutz in Afrika hatte immer eine gute Presse und entsprechende Unterstützung, weil die Ergebnisse der dortigen Wissenschaftler vergleichsweise interessiert von der Öffentlichkeit in den zahlungskräftigen Industrieländern wahrgenommen wurden. So wie der Pandabär weltweit als Symboltier für den Naturschutz wirbt, werben Elefanten und Löwen für die Erhaltung ihres Lebensraums und stehen stellvertretend für die vielen unscheinbareren Mitglieder der Tiergemeinschaft. Wenn Spenden aus aller Welt mittlerweile in vielen afrikanischen Schutzgebieten – und nicht zuletzt in der Serengeti – Geländewagen, Straßenbaumaschinen, Funkgeräte und Uniformen finanzieren, dann ist Myles Turners Enttäuschung wohl doch nicht so ganz angebracht gewesen.

ZURÜCK ZU DEN ANFÄNGEN Als die Grzimeks 1957 für ihre berühmte Untersuchung der Wanderwege der Gnu-Herden in die Serengeti kamen, hatten sie ein relativ bescheidenes Ziel, aber dennoch eine Aufgabe, an die sich noch nie jemand gewagt hatte. Es war die Zeit, in der das koloniale Schutzgebiet, das seit 1929 mit unterschiedlichen Grenzen im Bereich der jetzigen Serengeti lag, endgültig in Siedlungsgebiete der umliegenden Stämme und in reine Schutzgebiete aufgeteilt wurde. Eine der Vorgaben der mit dieser Aufgabe betrauten Kommission bestand darin, die Wanderungswege der Gnus möglichst vollständig durch die neuen Grenzen des Parks abzudecken. Nur wußte niemand so recht, wie und wo der Zug eigentlich ablief. Mit seinem Sohn Michael, der in den letzten Tagen des Aufenthalts bei einem tragischen Flugzeugabsturz ums Leben kam, versuchte Bernhard Grzimek, das Puzzle der Wanderungen zusammenzusetzen und gleichzeitig abzuschätzen, wie viele Gnus überhaupt über die Ebenen ziehen.

Diese Pionierstudie war der Beginn moderner Forschung in der Serengeti – auch wenn die Ergebnisse keinen Einfluß mehr auf die politischen Entscheidungen hatten und Grzimek seine Vorstellungen von den abzusteckenden Grenzen nicht durchsetzen konnte. Der Ostteil des Schutzgebiets bekam einen Status, der die traditionelle Weidewirtschaft der ansässigen Masai noch zuließ – es wurde die Ngorongoro Conservation Area. Als Ersatz für den Ausschluß dieser Fläche aus dem Park fügte man im Südwesten, nördlich des Grumeti-Flusses und im Norden bis zur kenianischen Grenze, beträchtliche Ländereien ein. Schließlich, nach einer langen und erbitterten Auseinandersetzung mit dem Stamm der Wakuria, gelang es noch zwischen 1966 und 1967, das ökologisch besonders wichtige Dreieck zwischen dem Mara-Fluß und der kenianischen Grenze dem Park zuzuschlagen.

Die Ausweisung der Serengeti als Nationalpark war ein Herkuleswerk, erst recht nach heutigen Maßstäben, wo um jeden Quadratkilometer, der einer wirtschaftlichen Nutzung entzogen werden soll, gerungen wird. Damals wurden nahezu schlagartig rund 15 000 Quadratkilometer Land unter strengen Naturschutz gestellt. Politisch war das nicht unproblematisch, denn 1954 lebten mehr als 7000 Masai, Wakuria, Ndorobo, Waikoma und Wangirimi mit rund 100 000 Rindern im Schutzgebiet und mußten umgesiedelt werden. Bei der nördlichen Erweiterung handelte es sich allerdings um praktisch wertlosen, mit Tsetse-Fliegen verseuchten Busch, um den sich niemand stritt.

Heute ist der vergebliche Kampf Grzimeks gegen die sogenannte Norderweiterung eine noch immer aktuelle Mahnung. Hätte er sich nämlich mit seinen Vorstellungen durchgesetzt, gäbe es heute mit Sicherheit viel weniger Tiere in der Serengeti. Damals konnte aber niemand vorhersehen, daß die Gnu-Zahlen – durch Impfungen der Viehbestände und der daraus folgenden Auslöschung der Rinderpest – derart stark anwachsen würden. Die Auswirkungen dieser Maßnahme und die weitreichenden ökologischen Konsequenzen der steigenden Wildbestände lagen außerhalb der

Vorstellungen damaliger Fachleute. Die zunächst scheinbar nutzlosen Buschflächen im Norden wurden zu lebenswichtigen Durchzugsgebieten für die Herden, um in das relativ regenreiche Masai-Mara-Reservat in Kenia zu gelangen. Dort fanden die stark angewachsenen Herden selbst in der Trockenzeit noch genügend Gras. Die Norderweiterung war also – was ihre Bedeutung für die Herden angeht – ein glücklicher Zufall. Der damalige Streit ging um ganz andere Dinge, und auch heute beschleicht einen gelegentlich das Gefühl, das naturschützerische Glaubenskriege auf der Basis von Wissen ausgetragen werden, das naturgemäß nur als »vorläufig« zu gelten hat.

Die Studie der Grzimeks warf – wie in der Wissenschaft üblich – so viele weitere Fragen auf, und das Beispiel dieser neuen Form von Feldarbeit war derart anregend, daß das Anfang der sechziger Jahre gegründete »Michael Grzimek Memorial Laboratory« vor Aktivitäten bald nur so summte.

Bis in die fünfziger Jahre hatte es kaum längere Freilanduntersuchungen von Großsäugetieren gegeben. Über die afrikanische Tierwelt, immerhin die üppigste Säugetierfauna der Welt, gab es fast nur Erkenntnisse, die aus Jagderzählungen und Untersuchungen toter Tiere abgeleitet waren. Im nachhinein sind Gedanken über frühere Wissenslücken immer billig: Die Zeitgenossen fühlten sich damals – nicht anders als wir heute – durchaus auf der Höhe der Zeit, und vielleicht blickt man in einigen Jahrzehnten auch amüsiert auf unseren Wissensstand zurück. Allerdings waren die sechziger Jahre selbst unter objektiven Gesichtspunkten eine Zeit des Wandels und des Aufbruchs in den biologischen Wissenschaften – speziell in der Freilandbiologie.

Isolierte Studien von Einzeltieren unter möglichst kontrollierten Bedingungen wurden ergänzt durch ganzheitliche Ansätze, in denen die Wechselwirkungen zwischen den Arten stärker berücksichtigt wurden; dem bisher relativ abstrakten Begriff »Ökologie« wurde mit Freilanddaten Leben eingehaucht. Und vor allem: Man gab sich nicht mehr mit der bis dahin oft schlichten Erklärung zufrieden, etwas sei »im Sinne der Arterhaltung«, wenn biologische Phänomene erklärt werden sollten. Auch Freilandstudien wurden nun immer stärker so angelegt, daß sie reproduzierbare

Daten ergaben, die mit statistischen Methoden analysiert werden konnten. Dabei blieb viel biologische Poesie auf der Strecke, die rein sachliche Betrachtung erwies sich aber bald doch als wesentlich ergiebiger.

Dieses Vorgehen, bei dem nüchtern versucht wurde, die Vor- oder Nachteile zu messen, die sich für ein Individuum ergeben, wenn es sich in bestimmter Weise »verhält«, führten in den Siebzigern zu den neuen Ansätzen der genetisch begründeten Evolutionstheorie. Eine der ersten zusammenfassenden Darstellungen unter dem griffigen Stichwort der »egoistischen Gene« rief weltweite Aufmerksamkeit hervor – und der Autor Richard Dawkins bezog reichlich verbale Prügel von Geisteswissenschaftlern. Viele der ersten Annahmen waren, wie immer bei neuen Theorien, verbesserungswürdig. Insgesamt gesehen, ist es aber das zur Zeit wohl tragfähigste Konzept, mit dem man der Entwicklungsgeschichte von Lebewesen nachspürt.

Natürlich wußte kein Wissenschaftler, der in den sechziger Jahren in die Serengeti kam, welche bahnbrechenden Veränderungen in der Biologie bevorstanden, und niemand hatte das Ziel, einen Umbruch herbeizuführen. Aber vor den Forschern lag ein riesiges Feld schier unerschöpflicher Forschungsmöglichkeiten. Neben der auch für einen kühl arbeitenden Akademiker faszinierenden Erfahrung eines exotischen Landes gab es hier vor allem die Chance, in einem weitgehend intakten Lebensraum unverfälschte Grundlagenforschung zu betreiben. Man konnte davon ausgehen, daß hier tatsächlich alle evolutionär bedeutsamen Lebensbedingungen noch auf die untersuchten Tiere einwirkten – was in den meisten europäischen und nordamerikanischen Lebensräumen längst nicht mehr der Fall war.

Die erste Studie von einzelnen bekannten Tieren, denen man im Freiland über längere Zeit folgte, wurde in der Serengeti und im Ngorongoro-Krater von dem deutschen Zoologen Hans Klingel unternommen. Er legte eine Fotokartei von Zebras an, die mit ihren individuellen Streifenmustern auch aus größerer Entfernung sicher wiederzuerkennen waren, und erschloß sich damit Zugang zum Familienleben und der Lebensgeschichte von Einzeltieren: ein Verfahren, das schließlich zum Standard bei vielen Freilandstudien werden sollte. Der ebenfalls deutschstämmige

Fritz Walther forschte lange Jahre in der Serengeti für sein Lebenswerk über das Ausdrucksverhalten von Huftieren. Die Amerikaner Antony Sinclair, Michael Northon-Griffiths und Richard Estes untersuchten die Wanderungen und die zahlenmäßigen Entwicklungen der großen Herden. Der Niederländer Hans Kruuk kam später, um Aufschluß über die bedeutendsten Jäger des Ökosystems, die lange falsch eingeschätzten Hyänen, zu gewinnen.

Die Arbeiten von Northon-Griffiths wurden zur Basis des wohl aufwendigsten »Monitoring«-Programms der Welt (unter Monitoring versteht man in der Biologie die routinemäßige Überwachung der Merkmale eines Lebensraums). In regelmäßigen Abständen werden bei standardisierten Flügen die Herden auf etwa einem Prozent des Gebietes, das sie gerade nutzen, fotografiert und dann gezählt. Bei weniger gedrängt lebenden Großtieren wird in ebenfalls standardisierter Weise zum Teil auch direkt aus der Luft gezählt. Wenn die Zählfläche repräsentativ für die Tierverteilung des jeweiligen Jahres gewählt wird, kann man aus den Zahlen ohne weiteres auf die Gesamtbestände schließen. Nach diesem Muster funktionieren übrigens auch die manchmal so verblüffend exakten Wahlprognosen, die dem Fernsehzuschauer schon vor dem Abschluß des Wahlgangs ziemlich zuverlässig vorhersagen, wie die Wahl ausgehen wird.

Diese seit Mitte der Siebziger von der Frankfurter Zoologischen Gesellschaft durchgeführten Flüge mögen wenig spektakulär sein, und die immer neue Anhäufung von Daten mag Nichtfachleute eher ermüden: Dennoch bilden gerade diese Zahlen die unverzichtbare Grundlage sowohl für den Schutz der Serengeti als auch für die Arbeit praktisch aller Wissenschaftler im Gebiet. Dabei kommt es weniger auf die absoluten errechneten Zahlen an – denn natürlich hatte bisher niemand die Möglichkeit, die »Prognose« bei den Gnus mit deren tatsächlicher Anzahl zu vergleichen (wie man es in der Wahlforschung kann). Entscheidend ist nur, daß jede Zählung mit der gleichen Methode zum Ergebnis kommt: Dann sind die relativen Zahlen ebenso aussagekräftig wie die absoluten, denn sie geben die gerade wirksamen Trends unverfälscht wieder.

Daneben gab es Dutzende anderer Arbeitsgruppen über nahezu alle größeren Säugetiere des Ökosystems, über die Vegetation, das Klima und den Boden. Es soll allerdings auch nicht verschwiegen werden, daß die Begeisterung, endlich an relevante Daten von freilebenden Tieren zu kommen, nach einigen Jahren auch absonderliche Blüten trieb – was einen großen Teil der Empörung Turners ausmachte: Einige Wissenschaftler brachten nun ganz unbefangen vertraute Methoden aus heimischen Labors in die Serengeti: Da die Tiere ja niemandem »gehörten«, beantragten sie immer mehr Abschußgenehmigungen, um ihren Forscherdrang an den Kadavern auszuleben. Die Anzahl dieser im Wissenschaftlerjargon »gesammelten« Tiere ging bald jährlich in die Tausende. Stoff für Dutzende von Doktorarbeiten, die im Prinzip genausogut anderswo hätten verfaßt werden können – nur eben nicht mit einem derart unproblematischen Zugriff auf Wildtiere. Um statistisch sauber abgesicherte Daten zu erhalten, durften es bei jeder Untersuchung schon mal ein paar Tiere mehr sein, und bei Abschüssen in Herden kamen bei den entstehenden Tumulten jedesmal weitere Jungtiere zu Schaden. Myles Turner, der als zuständiger Warden auch mit der Überwachung und Organisation des »Sammelns« betraut war, konnte seinen Zorn schließlich nicht mehr zügeln und lehnte jede persönliche Zusammenarbeit ab. Denn wie sollte er einem Wakuria klarmachen, daß er keinen Büffel in einer Schlinge erdrosseln durfte, wenn im Park gleichzeitig mal eben 200 Tiere zum Abschuß freigegeben wurden? Die Serengeti war weit weg, und Besucher waren rar, aber schließlich regelte eine Kommission stillschweigend die Frage der wissenschaftlich wirklich notwendigen Abschüsse, und die Anträge gingen stark zurück.

BLICK NACH VORN Auch wenn es nicht immer harmonisch zwischen der Parkverwaltung und den Wissenschaftlern zuging: Die Serengeti wurde zum weltweit am besten untersuchten Lebensraum, und man möchte meinen, daß es nun allmählich nichts mehr zu tun gäbe. Das ist, der Leser ahnt es, weit gefehlt.

Zum einen kam der Wissenschaftsbetrieb Mitte der Siebziger fast zum Stillstand: Nach der Unabhängigkeit gab es in allen afrikanischen Staaten bald Ansätze, die kolonialen Einrichtungen zu afrikanisieren. Die Versuche, in Tansania einen afrikanischen Sozialismus zu entwickeln und die daraus resultierenden Querelen mit dem kapitalistisch orientierten Nachbarstaat Kenia ließen schließlich den Betrieb der Forschungsstation in der Serengeti weitgehend zusammenbrechen. Zum anderen war man auch in der Zeit des Hochbetriebs aus Zeit- und Ressourcenmangel nicht dazu gekommen, neben den Großsäugern auch die unscheinbareren Mitglieder des Ökosystems angemessen zu bearbeiten. So weiß man heute kaum etwas über die Rolle der Vögel in der Serengeti, wenig Konkretes über die Bedeutung der Myriaden von Insekten für das Funktionieren der riesigen Maschine Lebensraum, so gut wie nichts von der Bedeutung von Millionen an Kleinsäugern – von Mäusen bis zu Mangusten.

Hier geht es nicht um wissenschaftliche Erbsenzählerei: Die körperlich kleinen Mitglieder eines Ökosystems stellen nicht nur zahlenmäßig (um Größenordnungen!) die meisten Arten und Individuen. Wegen ihres schnelleren Stoffwechsels setzen sie auch wesentlich mehr Nahrung und Energie um, als Großtiere es pro Kilogramm Körpergewicht tun. Auf den unteren Ebenen der Nahrungspyramide dürften nach den Erfahrungen in anderen Lebensräumen allein die Insekten etwa dreimal soviel Nahrung umsetzen wie die gesamten höheren Schichten, so daß sie einen weitaus größeren Einfluß auf den gesamten Biohaushalt der Region haben als die Huftiere und Großkatzen, von denen wir so fasziniert sind.

Es ist nicht von der Hand zu weisen, daß man prinzipiell ebenso aussagekräftige Ergebnisse über Details von Nahrungsketten auch im heimischen Institutsgarten erarbeiten kann. Warum soll man also einen Insektenforscher um die halbe Welt nach Afrika schicken, wenn er viel preiswerter die Biologie von Heuschrecken zu Hause erforschen kann? Leider hat man wegen solcher Argumente bisher verabsäumt, einen integrativen, ganzheitlichen Forschungsansatz zu verwirklichen, der das gesamte Ökosystem umfaßt. Es bietet sich hier die einmalige Möglichkeit, in einem biologisch weitgehend intakten Lebensraum über eine bisher nie bekannte Bandbreite von Größenordnungen den Wechselbeziehungen von Tierarten nachzuspüren und den Energie- und Stoffaustausch zwischen den verschiedenen Ebenen des Lebens zu erkunden, der sich daraus ergibt.

Gelegentlich wird in Andeutungen oder relativ offen der Vorwurf erhoben, auch die Institute würden ihre Forschungsobjekte nach deren

Vermarktbarkeit aussuchen. Vor allem im amerikanischen Wissenschaftsbetrieb, der größtenteils durch Spenden finanziert wird, haben Projekte, die sich gut in der Öffentlichkeit darstellen lassen, sicher Vorteile. Dagegen ist – wie gesagt – im Prinzip nichts einzuwenden, denn ihre gesellschaftliche Schrittmacherfunktion kommt auch anderen Forschungs- und Naturschutzansätzen zugute.

Besonders ins Bewußtsein der Öffentlichkeit rückte (natürlich) die Löwen-Studie, die der damals schon sehr berühmte amerikanische Feldforscher George Schaller von 1966 bis 1969 in Angriff nahm und die seither von verschiedenen Arbeitsgruppen fortgesetzt wurde. Es wäre aber naiv zu glauben, hier seien ein paar Biologen und Stiftungsdirektoren dem Charme einer eleganten Katze erlegen. Vielmehr war diese Löwen-Studie der erste langfristige Ansatz, die oft mystifizierte Räuber-Beute-Wechselwirkung bei Großsäugetieren im einzelnen zu untersuchen – unter den oben genannten Bedingungen der weitgehenden Vollständigkeit biologischer Faktoren. Derartige Studien hatte es bis dahin noch nie gegeben!

Darüber hinaus ergab die langfristig angelegte Untersuchung einmalige Einblicke in die Soziobiologie von Säugetieren. Einige Ergebnisse rüttelten seinerzeit an Grundpfeilern der zeitgenössischen Zoologie. So war Konrad Lorenz schwer erschüttert, als George Schaller ihm die Bilder von der Kindestötung bei Löwen zeigte. Dies war sicher nicht mit einem Verhalten »zum Wohle der Art« zu erklären.

Neue Theorien mußten her.

ZWEITER TEIL

GEFÄHRLICHE HERRSCHAFT

Die gelben Halme strichen an seinen Flanken entlang, als er sich langsam vorwärts schob. Der Geruch war vielversprechend und ließ deutliche Bilder von warmem, saftigem Fleisch vor ihm entstehen. Er war hungrig, wie so oft in den letzten Monaten. Aber er war auch auf der Hut. Noch heute Nacht hatte er die hiesigen Paschas gehört. Sie waren weit fort gewesen, aber doch beunruhigend gegenwärtig. Mehrmals hatten sie in der Nacht die Marken des Rudels gerochen, jede nur wenige Tage alt. Sie durften sich keinen Fehler erlauben!

Er hörte im Gras vor sich ein tiefes Ausatmen, Krallen auf hartem Boden, einen schweren Körper auf trockenem Gras – und entspannte sich. Die Geräusche signalisierten klar das Ende jeder akuten Bemühung. Schlagartig war das Ziehen in der Schulter wieder da, die Gelenkschmerzen, das dumpfe Bohren im Eckzahn. Er wuchtete seinen massigen Körper voran, die gelben Stengel gaben den Blick frei, und vor ihm lag die alte Löwin, der er schon seit vier Tagen folgte. Ihre Flanken wogten, das Maul weit geöffnet, stoßartig kam ihr jetzt lauter, keuchender Atem. Wie meist lag sie auf der linken Seite, die verschorfte, fellfreie Wunde auf dem einst mächtigen Muskelwulst ihrer Schulter fern aller Berührung.

Vor ihren Pranken öffnete sich das schwarze Maul der Höhle. Frische Spuren überall, aber er erkannte schon an ihrer Haltung, daß der Bau leer war. Trotzdem schob er sich an den Eingang und sog tief das Aroma von feuchtfrischer Erde ein, vermengt mit den Ausdünstungen der kleinen, glatten und fellosen Tiere, die er schon hundertfach verspeist hatte. Auch er wußte nach den ersten Zügen, daß der Tunnel leer war. Es fehlte der warme Dunst frischen Atems; der scharfsaure, durchdringende Kitzel aus den Markierungsdrüsen stach nicht mehr. Er las das Bukett der Höhle und des frisch ausgeworfenen Bodens wie ein Buch – und die Botschaft war enttäuschend.

Über allem lag die starke Witterung der Knochenbrecher. Auch sie waren an diesem Bau gewesen, und er erahnte noch den Duft einiger Jungtiere. Nichts Ungewöhnliches, denn solche Bauten werden oft von den nackten Fellosen und den Knochenbrechern nacheinander benutzt. Aber jetzt galt es, auf Artgenossen zu achten.

Das Land war weit und breit geruchsneutral, vorläufig gab es keine Bedrohung. Nur ein weiterer, langer, heißer Tag lag vor ihnen und ringsum kein Schattenbaum. Er ließ sich in den warmen Sand fallen, seufzend entwich die

Luft aus seinen mächtigen Lungen, und mit einem Schmatzen öffnete er das Maul. Auch ihm war kurz warm geworden, als der Duft der Höhle ihn erreichte.

Das zweite Weibchen kam aus dem Gras. Die Knochen stachen aus ihren Schultern, ihre Muskelstränge waren dünn, ihre Bewegungen schwerfällig. Das Gesicht zeigte die Spuren vieler Jagden und manchen Prankenhiebes. Der Nasenrücken war blank gescheuert, die Lefzen auf der einen Seite durch einen klaffenden Riß entstellt, ihre Eckzähne abgerieben zu gelbbraunen Stumpen, kein Schneidezahn stand mehr zwischen ihnen. Ein pathetischer Anblick, aber er spürte nicht den Hauch von Mitgefühl für sie. Sie fiel als Jägerin und damit als Futterbeschafferin für ihn aus. Damit war sie nutzlos, eine Konkurrentin, wenn auch so schwach, daß er sie nicht weiter beachten mußte.

Das gleißende Licht stieg höher, die Luft begann zu wabern. Die Schmerzen aus den vielen kleinen frischen Wunden, Parasitenstichen, Prellungen, verheilten Narben, aus den strapazierten Scharnieren seines Körpers wurden nach und nach weggewischt von wohltuender Wärme, die seine Sinne stumpfer werden ließ, bis ein behagliches Dösen ihn einlullte. Er nahm im Halbschlaf brausende Geräusche wahr. Sie stammten von den seltsamen Felsbrocken, die sich bewegten. Er schmeckte den Staub, den sie aufwirbelten, hörte die seltsamen, kurzen abgehackten Laute, die manchmal von diesen Felsen kamen, aber all dies erreichte ihn nicht wirklich.

Aber dann gab es plötzlich ein fremdes Geräusch, etwas, das er nicht sofort einordnen konnte. Die Weibchen um ihn hatten es auch gehört, fast gleichzeitig gingen ihre Köpfe hoch. Es waren wohl Schritte, aber in einem sehr ungewöhnlichen Rhythmus. Langsam, völlig unkoordiniert, kein Paßgang, kein Trab, erst recht kein Galopp – kein Vierbeiner ging so! Der Wind kam aus der falschen Richtung, er brachte keine Informationen. Das alte Weibchen hatte sich aufgesetzt und schaute über die hitzeflirrenden Wogen der Ähren. Aus den Augenwinkeln sah er ihre Reaktion. Ihre Ohrmuscheln ruderten, die schwarzen Flecken auf ihrer Rückseite verschwanden, ihr Körper spannte sich, der Kopf sank zwischen die Schultern, das Keuchen wie weggeblasen, die Schwanzspitze nervös zuckend. Es zog ihn hoch, sein Blick folgte dem ihren. In der zitternden Luft über dem Gras tanzten zwei dunkle Flecken. Er sah keine Einzelheiten, aber die Schemen genügten ihm. Vor ihm stand deutlich und klar das Bild der Wesen, die sich hinter diesen Schatten verbargen: Zweibeiner!

Er war noch nie dicht an einen Zweibeiner herangekommen, aber einige seiner ersten Eindrücke von Gefahr hatte er als kleines Tier empfunden, als seine Mutter geradezu panisch reagierte, wenn auch nur in der Ferne Zweibeiner auftauchten. Seine Mutter ängstlich! Sie, die sonst sogar den riesigen, dunklen Tieren mit den großen Ohren nur gelassen auswich, die Beute ansprang, die doppelt so groß war wie sie, die mit ihren Genossen selbst die massigen Grasfresser mit den spitzen Waffen am Kopf in langen Schlachten niederzwang. Seine Mutter, für ihn der absolute Inbegriff souveräner Überlegenheit, reagierte äußerst ängstlich, wenn diese dünnen, langen Gestalten auftauchten. Irgend etwas mußte besonders gefährlich an diesen Wesen sein. Niemals hatten sie welche erlegt, niemals einen toten Zweibeiner gefunden.

Trotz alledem, so groß waren sie nun auch wieder nicht! Der bohrende Hunger in ihm war plötzlich wieder voll da. Er kauerte sich zusammen – sie waren langsam, und man könnte ihnen leicht den Weg verstellen. Die Weibchen neben ihm zögerten, keine machte Anstalten, sich zur Seite in das Gras zu verdrücken, wie sie es normalerweise schon längst getan hätten, wenn sich eine derart günstige Gelegenheit bot. Tagsüber würde jeder Riß Geier anlocken. Ihre Sturzflüge, mit denen sie wie weithin sichtbare herabfahrende Zeiger auf leichte Beute hinweisen, hatten ihm selbst schon so manche schnell ergatterte Mahlzeit verschafft. Er spürte deutlich ihre Zurückhaltung, die nicht nur mit den fremdartigen Zweibeinern zu tun hatte. Sie fürchteten auch die vielen Weibchen des hiesigen Rudels, die ihm dagegen relativ gleichgültig waren. Mit denen würde er schon fertig werden, solange die Paschas nicht auftauchten.

Er stand auf und streckte sich. Die Zweibeiner waren nun näher herangekommen, vielleicht hatte er auch allein eine Chance. Geruch und Gehör spielten jetzt keine Rolle mehr, er nahm die mögliche Beute nur noch optisch wahr. Die Hitze störte in der kurzen Entfernung nicht mehr, und er fixierte sorgfältig. Die Augen trafen ihn wie eine Peitsche: Die Zweibeiner hatten ihn ausgemacht und sahen ihn direkt an! Und sie kamen weiter genau auf ihn zu! Vor ihm stand plötzlich wieder das Bild seiner Mutter, ängstlich zwischen Büschen niedergekauert, den Bauch flach auf den Boden gepreßt, wie sie sich in einer Wolke von beißender Angstausdünstung davonrobbte. Seine sonst immer übermächtige Mutter!

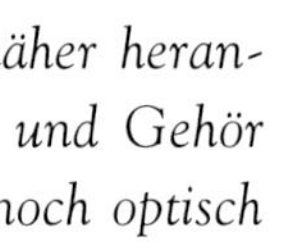

KAPITEL I

RISKANTE BEGEGNUNGEN

Der Anblick der fahlgelben Löwen-Köpfe über dem halbmeterhohen Gras war wie ein Schlag in die Magengrube. »Simba!« flüsterte neben mir Jonas, ein Hotelangestellter der »Mara Serena Lodge«. Ich schien eine kurzfristige Blutleere im Kopf zu haben, der Adrenalinschock machte mich schwindlig, mir wurde leicht übel. Jonas zuckte und kam aus dem Tritt, ihm ging es offenbar ähnlich. Im geistigen Leerlauf gingen wir beide automatisch noch ein paar Schritte weiter, dann spürte ich, daß mein Begleiter zum Umkehren ansetzte. Inzwischen funktionierte mein Verstand wieder. Im nachhinein hatte ich sogar das Gefühl, daß er selten so kalt und klar funktioniert hat wie in diesen Sekunden.

Ich erwischte gerade noch Jonas' Ärmel. »Weitergehen!« hörte ich mich zischen. Seine Augen waren glasig, er hörte mich offenbar nicht. Energisch zog ich ihn auf meine linke Seite, so daß die Löwen nicht mehr in seinem Blickfeld waren, und versuchte, den alten Schrittrhythmus wieder herzustellen. Der Wagen stand etwa einen Kilometer hinter uns, das Hotel lag etwa anderthalb Kilometer vor uns. Die nächste Buschinsel befand sich links hinter uns am Horizont, davor 500 Meter offenes Grasland, und zwischen den Croton-Sträuchern dort gab es nur dünne Stämmchen, kaum die soliden, löwensicheren Zufluchtsorte, die man sich in so einer Situation gewünscht hätte. Es war völlig klar: Wenn die Katzen kamen, waren wir erledigt.

Ich verfluchte meine Sorglosigkeit. Ich hätte doch warten sollen, bis ein Geländewagen verfügbar war, um meinen Bus aus dem Schlamm zu ziehen. Ungeduldig hatte ich mich morgens mit fünf Helfern dort absetzen lassen, aber nach einer Stunde war offensichtlich, daß der Wagen wirklich festlag. Also hatte ich mich entschlossen, zurück zum Hotel zu gehen, um einen der Jeeps zu holen, die jetzt von den morgendlichen Rundfahrten mit den Touristen zurück sein mußten. Jonas hatte bald wieder Dienst und kam gleich mit, die anderen machten es sich im Auto bequem.

Nach zwei Jahren im Feld schleicht sich schon mal eine gewisse Lässigkeit ein, obwohl ich bei aller bequemen Sicherheit eines organisierten Forscheralltags immer wieder versucht hatte, mir vor Augen zu halten, daß direkt neben der Unterkunft die afrikanische Wildnis beginnt. Trotz Funkanlagen, Duschen, Kühlräumen, Tankstellen, Minibussen und Tausenden von Besuchern – dort können Fehler immer noch in Sekunden gefährlich werden. So stieg ein Tourist im scheinbar völlig freien Grasland aus dem sicheren Container seines Minibusses, um sein Geschäft zu verrichten. Wenn man dies ausgerechnet vor der sensiblen Nase einer Löwin vorhat, sollte man sich über gewisse Empfindlichkeiten derselben nicht wundern. Aber im Ernst: Der Mann überlebte seine Verletzungen nicht. Auch wenn afrikanisches Grasland noch so leer und harmlos aussehen mag: Man sollte immer im Hinterkopf behalten, daß es schließlich zum »Beruf« von Großkatzen gehört, nicht gesehen zu werden!

Nun hatte es mich also doch erwischt. Nachdem Beine und Kopf wieder unter Kontrolle waren, spulte ich das »Notfallprogramm« herunter. George Schaller, der legendäre Feldforscher, hatte derartige Begegnungen in seinem Klassiker »Goldene Schatten, fliegende Hufe« beschrieben, und die Passage war mir noch gegenwärtig: Er hatte mit einem Paläontologen den Nachweis führen wollen, daß Frühmenschen in der afrikanischen Savanne genügend verwertbares Aas finden konnten, um daraus ihren Eiweißbedarf zu decken. In der für ihn typischen Art sammelte er seine Informationen, indem er, wie unsere Ahnen, eben tatsächlich wochenlang von morgens bis abends zu Fuß unterwegs war und penibel jeden Kadaver registrierte, auf den er stieß.

Er traf dabei natürlich auch gelegentlich auf Löwen. Meist flüchteten diese auf große Entfernung, aber es kam auch zu einem überraschenden und dadurch nahen Treffen. Beide Seiten waren geschockt, und Schaller zog sich aus der Affäre, indem er der Löwin einerseits das Gefühl vermittelte, dies als selbstverständlichste Sache der Welt zu erleben – also nicht im geringsten beeindruckt zu sein –, und andererseits jede weitere Provokation der Katze vermied. Das sagt sich so einfach dahin.

Aber glücklicherweise haben Tausende von Generationen von Zweibeinern und Vierbeinern hier auf den afrikanischen Ebenen ihre Erfahrungen miteinander gesammelt. Die Löwen haben daraus erkennbar den Schluß gezogen, daß man diese dürren, langen Gestalten besser in Ruhe läßt, denn sie verhalten sich in der direkten Auseinandersetzung äußerst unfair. Will man sich gerade eines dieser fußlahmen, kopflastigen Geschöpfe einverleiben, trifft einen – in den frühen Anfängen – völlig unerwartet ein heimtückischer Stein. Später wurden die Wurfgeschosse kleiner, aber aus Sicht eines Löwen noch unerfreulicher. Holzspeere, mit scharfen Steinklingen bewehrt, durchbohrten Brustkasten und Lunge, lange bevor die Katze auch nur ansatzweise ihre vergleichsweise ehrlichen Pranken zum Einsatz bringen konnte.

Kein Löwe bekommt von seiner Mama die Abenteuer mit den Zweibeinern im trauten Lager erzählt, wie sollte er auch? Aber Löwen, die derartige Begegnungen überlebt oder die – für sie völlig unerklärlich – bei solchen Scharmützeln Rudelgenossen verloren haben, gehen verständlicherweise diesen seltsamen Wesen fortan aus dem Weg (»... und außerdem schmecken die so und so nicht«). Diese Scheu wird, ohne daß eine genetische Fixierung dieses Verhaltens vorhanden sein muß, allein durch Tradition von einer Generation zur nächsten weitergegeben.

Zudem haben Löwen – wie die meisten Raubtiere – ein individuelles Beutespektrum, das die Jungtiere ebenfalls durch Nachahmung übernehmen. So gibt es Rudel, die besonders darauf spezialisiert sind, Büffel zu jagen. Andere »bevorzugen« Zebras, wieder andere sind erfolgreiche Antilopenjäger. Darin kommen sowohl das örtliche Beuteangebot als auch bestimmte jagdtaktische Vorlieben von Einzeltieren zum Ausdruck.

Eine Jagd auf mittlere bis große Beutetiere ist immer mit Verletzungsrisiken verbunden. Es verwundert also nicht, das die Jäger Beute bevorzugen, mit der sie schon ein paarmal fertig geworden sind. Die aufrecht gehenden Menschen entsprechen vermutlich kaum dem Bild, das sich ein Löwe nach seinen ersten erfolgreichen Jagden von seiner Vorzugsbeute macht. Wie auch immer ein Löwe sein ideales Opfer sehen mag: Es gehört nicht viel Phantasie dazu, sich vorzustellen, daß ein aufrecht gehender Primat auf einen Löwen ungefähr so wirkt wie ein Krokodil in einer

Fußgängerzone auf uns. Insgesamt ergibt sich daraus jedenfalls die erfreuliche Situation, daß Löwen uns Menschen selten nach dem Leben trachten.

All dies war jedoch nur ein schwacher Trost, als ich mit Jonas die Piste vom Mara-Fluß zur »Mara Serena Lodge« hochlief und wir uns plötzlich der Löwen-Gruppe gegenübersahen. Sehr alte oder sehr junge Tiere, die Probleme mit der Nahrungsbeschaffung haben, scheren sich nämlich wenig um neunmalkluge Erkenntnisse irgendwelcher Wissenschaftler. Sie sind völlig unberechenbar. So flüsterte ich Jonas eindringlich zu, ja nicht fortzulaufen, ruhig zu den Katzen hinüberzuschauen und stur einen Fuß vor den anderen zu setzen. Umzukehren war sinnlos, zumal es Angst signalisiert hätte. Also gingen wir beherzt weiter – was allerdings bedeutete, daß wir zunächst noch näher an die Gruppe herankamen, denn sie lagen bei einer mir wohlbekannten Warzenschweinhöhle, etwa 25 Meter neben der Piste.

Mir wurde bewußt, wie albern es war zu flüstern. Angestrengt fing ich eine laute Plauderei mit Jonas an – in einem Comic-Film hätte der Akteur jetzt auffällig unauffällig geflötet. Aber dazu wäre mein Mund wohl doch zu trocken gewesen. Als wir auf gleicher Höhe waren, duckten sich die Katzen ins Gras, machten aber keine Anstalten, näher zu kommen. Wir hatten sie also doch beeindruckt! Ab jetzt wurde die Distanz mit jedem Schritt größer. Während wir noch verstohlene Blicke über die Schulter warfen, zogen wir, nun wieder freier atmend, davon – bloß nicht schneller werden!

Eine halbe Stunde später schaute ich sie mir genauer an – mit einem Fernglas und aus dem sicheren Blechkasten eines Landrovers, versteht sich. Aufgekratzt flachste ich mit dem Fahrer herum, mein Adrenalinspiegel brauchte seine Zeit, um sich zu regulieren. Dabei wurde mir allerdings endgültig klar, daß wir großes Glück gehabt hatten. Es waren Löwen, die ich noch nie in meinem Arbeitsgebiet gesehen hatte. Alte Kämpen, Nomaden, die heimatlos durch die Reviere der ortsansässigen Löwen ziehen. Zu schwach, um sich irgendwo länger niederzulassen – und meistens hungrig.

22 (oben) Das Verhältnis zwischen Löwinnen und Löwen ist kurz nach einer Rudelübernahme durch neue Paschas noch sehr angespannt.

21 (vorhergehende Seite) Junglöwen müssen in ihren ersten Wochen von der Mutter sorgsam versteckt werden.

23 (rechts oben) Löwinnen säugen gelegentlich auch den Nachwuchs ihrer Rudelgenossen, weisen aber meist fremde Junge ab.

24 (rechts unten) Der beständige Kern eines Rudels besteht aus eng verwandten Weibchen und deren Nachwuchs.

25 *(vorhergehende Doppelseite)*
Die Gol-Kopjes im Südosten der Grasländer sind das Zentrum im Revier des Gol-Rudels.

26–29 Bei der Jagd auf Gnus arbeiten Löwinnen selten zusammen. Jede Löwin jagt für sich allein, auch wenn manchmal mehrere Katzen eine Herde gleichzeitig angreifen. Dabei geht auch die Jägerin ein erhebliches Verletzungsrisiko ein.

30 (nachfolgende Seite) Kopjes sind beliebte Aussichtstürme und Verstecke für den Nachwuchs.

KAPITEL 2

FORSCHERALLTAG

Im Funkgerät Grants ruhige Stimme: »We aim.« – »Wir zielen.« Das verabredete Stichwort, ich drückte den Kameraauslöser durch, und Sekunden später warf sich die Löwin im Sucher herum, einen kleinen Pfeil mit einem roten Federbüschel in ihrem Hinterschenkel. Dr. Morris Kilewa, einer der Parkveterinäre der Serengeti, hatte ihn aus einem Luftdruckgewehr abgeschossen. Eine Routineaktion, aber wir atmeten doch alle erleichtert auf. Bis vor kurzem hatte es nicht nach Erfolg ausgesehen.

Grant Hopcraft, von 1996 bis 1998 der Löwen-Fachmann vor Ort, war wieder einmal dabei, ein Rudel »an die Leine zu legen« oder in diesem Fall besser: an derselben zu halten. Ein Weibchen des Kibumbu-Rudels trug nun schon seit fast zwei Jahren ein Halsband mit einem kleinen Sender, und jederzeit konnte die Batterie leer sein. Das Territorium der Kibumbus liegt abseits der üblichen Touristenwege und ist zudem teilweise sehr unübersichtlich. Wenn die Batterie versagte, bevor er ein anderes Weibchen an die elektronische »Leine« bekam, hätte dies viel Sucherei und einen ärgerlichen Zeitverlust bedeutet. Bei einem Kontrollflug am Morgen hatte Grant Radiokontakt mit dem Rudel bekommen und dessen Standort ungefähr bestimmt – am Boden waren die Tiere in diesem Terrain selbst mit dem Radio manchmal nicht aufzuspüren. Wir hatten uns später hinter seinen Landrover gehängt, um Filmaufnahmen zu machen. Wie gesagt, alles Routine.

Aber hier draußen läuft kaum einmal etwas genauso ab, wie man es erwartet. Das Gelände, in dem die Weibchen lagen, war zerklüftet, keine Pisten weit und breit, und zwischen den felsigen, mit verkrüppelt wirkenden Commiphoren bestandenen Kuppen dehnten sich sumpfige Tümpel. Es hatte in den letzten Monaten viel geregnet, überall stand das Gras über einen halben Meter hoch. Vorsichtig schaukelten wir mit den Geländewagen durch die Büsche, wühlten uns mit mahlenden Rädern über Felsbrocken, die wir in dem Gras nicht erkennen konnten (immer in Sorge um die Ölwanne), wichen, so gut es ging, den flachen Dornensträuchern aus und mußten dann doch quer durch dicht stehende stachlige Akazien hindurch, um nicht den Anschluß zu verlieren. Die Quittung dafür bekamen wir ein paar Tage später, als die abgebrochenen Dornen sich in den Reifen bis zu den Schläuchen vorgearbeitet hatten.

Die Löwen waren unruhig. Hierher kamen nur selten Autos, und ein Weibchen hatte kleine Junge, die bisher Grants Wagen nur zweimal gesehen hatten. Sie waren also verständlicherweise ängstlich und suchten sofort das Weite. Die Weibchen, ebenfalls sichtlich verärgert über die Störung, folgten ihnen, und damit war der ganze Zweck des Aufmarsches gefährdet. Schließlich standen wir vor einem dunkelbraunen, brackigen Wasserarm, die Gruppe weit vor uns. Grant machte die »Fußprobe« und befand, daß der Boden tragfähig, die Tiefe annehmbar sei.

Auf der anderen Seite des Wasserlaufs hatten wir nach fast einer halben Stunde mühsamer Verfolgung dann endlich Glück. Die Weibchen trennten sich. Ein junges, halberwachsenes Tier war der ganzen Sache allmählich überdrüssig geworden und suchte Schatten, um es sich bequem zu machen. Dies ist die normale Reaktion von Löwen auf Autos, und Grant war sehr zufrieden. Diese Löwin war genau das, was er suchte: ein junges Weibchen, nicht viel älter als ein Jahr. Neben der Montage des Radiohalsbands standen einige Blutuntersuchungen an, und dafür brauchte er junge Tiere, die von der letzten Staupe-Epidemie nicht mehr direkt betroffen gewesen sein konnten.

Der Rest lief dann nach altbekanntem Muster ab: Das Radio wurde aktiviert und mit einem soliden Lederband um den Hals des Tieres geschraubt, Ampullen füllten sich mit Blut, Parasiten wurden für spätere Vergleiche eingesammelt, Körpermaße genommen, eine Kotprobe für Hormonuntersuchungen sorgfältig eingekapselt. Morris injizierte das Gegenmittel zu der Betäubungsspritze, und bald saß das Weibchen irritiert, aber unverletzt im Schatten und hielt nach seinen Artgenossen Ausschau.

Als George Schaller begann, Löwen in der Serengeti zu betäuben, wurde er so manches Mal von Gästen beschimpft, die den Zweck des Ganzen nicht einsehen wollten. Außerdem hatte man damals nur wenig Erfahrung mit Narkosemitteln, die übrigens auch für den Anwender nicht ungefährlich waren. Und die sinnvollste Luftdrucktechnik zum Abschuß der Ampullen war noch längst nicht gefunden. So kam es in den sechziger Jahren hin und wieder zu Fehldosierungen. Oder man traf die Tiere – nicht nur Löwen wurden narkotisiert – an falschen Körperstellen, was zu Verletzungen führte.

Heute wird die Immobilisierung professionell von dafür ausgebildeten Tierärzten erledigt, und in den letzten Jahrzehnten ist es dabei nicht mehr zu Zwischenfällen mit Tierverlusten gekommen. Deshalb sorgte es vor fünf Jahren für ziemlichen Wirbel, als eine Gruppe von Verhaltensforschern verkündete, das Verschwinden der afrikanischen Wildhunde aus der Serengeti-Region sei auf die Handhabung durch Veterinäre zurückzuführen. Zunächst hielt die Gilde erschrocken inne: Sind wir betriebsblind geworden? Können Maßnahmen, die zum besseren Verständnis der Tiere – und im Fall der Wildhunde sogar zu ihrem Schutz – erfolgen, für diese zur Gefahr werden? In Fachkreisen wurde schnell deutlich, daß die verfügbaren Daten diese These nicht stützten; nach dem üblichen Austausch in der Fachpresse wollte man wieder zum Tagesgeschäft übergehen.

Inzwischen aber war das Thema an die Öffentlichkeit gelangt. Nun ging es nicht mehr um Fakten, sondern um Meinungen und Emotionen – schließlich wollte sich niemand einen Mangel an kritischem Bewußtsein oder an Anteilnahme für die Tiere nachsagen lassen. Erstaunt nahm die Fachwelt zur Kenntnis, daß diese These ein Eigenleben entwickelte, das groteske Ergebnisse mit sich brachte: Bald stellten die Verwaltungen kaum mehr Genehmigungen zum Immobilisieren und Fangen – ganz gleich welcher Tiere – aus. Eine Studie an Mangusten kam zum Erliegen, weil ohne gelegentlich gefangene Tiere keine Aussagen möglich waren. Von den Löwen des Ngorongoro-Kraters, die wegen der Inzucht über Generationen hinweg mittlerweile schwere genetische Schäden aufweisen, konnten in den letzten Jahren keine Blutproben mehr genommen werden, weil sie nicht betäubt werden durften.

Dies ist offenbar die Kehrseite der ansonsten von Biologen durchaus geschätzten Öffentlichkeit. Es liegt noch viel Arbeit vor den Wissenschaftlern, um den Schaden, den einige voreilige Kollegen angerichtet haben, wieder auszubügeln.

GLÄSERNE RUDEL Die Technik der Anpeilung von Tieren durch kleine Sender, die ihnen umgehängt werden, gehört mittlerweile schon fast zu den traditionellen Werkzeugen der zeitgenössischen Verhaltensforschung, aber sie ist immer noch unverzichtbar. Mit Hilfe dieser Technik ist man in der Lage, eine bestimmte Gruppe von Tieren in regelmäßigen Abständen zuverlässig wiederzufinden. Dadurch ergibt sich eine ganze Palette von Informationen, nicht nur darüber, in welchem Umkreis sie sich bewegen. Die Löwen-Studie in der südlichen Serengeti ist das weltweit beeindruckendste Beispiel dafür.

Es ist nicht besonders schwierig, Löwen zu finden, wenn man die Signale der Huftiere beachtet. Denn diese wissen meist sehr genau, ob Raubkatzen in der Nähe sind und wenn ja, wo sie liegen oder wann sie sich bewegen. Wenn man von einer erhöhten Warte aus die Tiere im Umkreis beobachten kann, läßt sich oft ziemlich sicher abschätzen, ob es lohnt, einzelne Stellen näher zu untersuchen. In rund siebzig Prozent der Fälle bin ich durch die Reaktion von Gazellen oder Antilopen auf Löwen, Leoparden oder Geparde aufmerksam geworden (dies ist übrigens auch das Geheimnis der »scharfen Augen« von Touristenfahrern).

Sind die Katzen schließlich gefunden, kann man sich ihnen im Auto meist auf wenige Meter annähern, ohne sie weiter zu beunruhigen. An den individuellen körperlichen Merkmalen eines Tieres erkennt man dann, welche Löwen-Persönlichkeit man vor sich hat. Bei den Merkmalen, die zur Identifizierung der einzelnen Tiere wichtig sind, geht es vor allem um Kennzeichen, die sich über die Jahre nicht verändern, damit man die Beschreibung nicht ständig aktualisieren muß. So machen Narben oder eingerissene Ohren die Erkennung manchmal zwar besonders leicht, sie verändern sich aber oft mit der Zeit, oder es kommen weitere Verletzungen hinzu. Abgesehen davon, haben die weitaus meisten Tiere eben keine auffälligen Verletzungen, und man könnte mit solchen Kriterien immer nur einen Bruchteil der Individuen auch wirklich sicher identifizieren.

Aus diesen Gründen war es ein wichtiger Durchbruch, als man herausfand, daß die Verteilung der Barthaare bei Katzen von Tier zu Tier leicht unterschiedlich ist. Bei Löwen ist der Ansatz dieser Haare immer von einem kleinen dunkelbraunen Fleck umgeben, der die Haarwurzel selbst dann noch markiert, wenn die Borste schon ausgefallen ist. Und diese Flecken sind nun bei jedem Löwen in einem bestimmten Muster angeordnet, das ebenso unverwechselbar ist wie ein Fingerabdruck. In schematisierten Skizzen und Belegfotos festgehalten, kann der Löwen-Forscher diese Muster also vergleichsweise bequem zur sicheren Identifizierung nutzen. Jedenfalls im Prinzip – im Gelände kommt man eben nicht immer so nah an die Tiere heran, daß man ihnen direkt »aufs Maul schauen« kann.

Wenn Grant bei seinen Routinerundfahrten auf eine größere Löwen-Gruppe stieß, ging er zunächst sein umfangreiches Verzeichnis aller bekannten Löwen der südlichen Serengeti durch: Mitte 1998 waren dies 213 Katzen, zu denen noch einige unregelmäßig angetroffene Nomaden kamen. Welches Rudel war an einem bestimmten Standort am ehesten zu erwarten, mit welcher Datei sollte er also beginnen? Wies ein Tier besonders auffällige Merkmale auf, an denen es sofort zu erkennen war? Gab es bestimmte Tiere, die man häufig beisammen angetroffen hatte und die deshalb zuerst geprüft werden sollten?

In etwa einer halben Stunde sind die Katzen auf diese Weise meist identifiziert. Gibt es neue Junge, werden sie möglichst nah fotografiert. Wenn einzelne Tiere neue Merkmale aufweisen, gibt es von ihnen ebenfalls aktuelle Belegbilder. Daneben ist eine lange Liste von Fragen abzuarbeiten: wie sind die Standortdaten (aus dem kleinen GPS-Computer, der an das digitale Satelliten-Navigationssystem angeschlossen ist), in welchem körperlichen Zustand sind die Tiere (in Codenummern), gibt es Hinweise auf säugende Mütter, hat die Gruppe Beute gerissen, welches Beutetier, welches Alter und welches Geschlecht und so weiter. Da natürlich nicht jedes Tier sofort in allen Einzelheiten einzuschätzen ist – meist, weil es verdeckt liegt –, kann es auch schon einmal eine Stunde oder länger dauern, bis ein solcher Datensatz in allen Einzelheiten abgearbeitet ist. Das ist alles andere als aufregend – ein ermüdender Rudeldurchgang folgt dem nächsten. Dramatische Situationen sind die seltene Ausnahme im Alltag eines Löwen-Forschers, denn schließlich verdösen Löwen fast neunzig Prozent der warmen Tageszeit irgendwo im Schatten.

Aber wenn das alles so einfach – und so langweilig – ist, warum dann das ganze Getue mit den Radiohalsbändern? Wenn es auch nicht zur höchsten Pfadfinderkunst gehört, Löwen aufzuspüren, so ist es doch etwas ganz anderes, eine bestimmte Gruppe zu einer bestimmten Zeit sicher wiederzufinden – völlig unabhängig davon, ob sie gerade in einem überschaubaren Gelände ist oder sich fernab ihrer gewohnten Jagdgründe bewegt. Und genau das ermöglicht der kleine Sender, den jeweils ein Rudelmitglied um den Hals trägt.

Über die Jahre hinweg kann man auf diese Weise die weitgehend unverfälschte räumliche Verteilung der Tiere beobachten, was schon interessant genug ist. Wäre man auf die üblichen zufälligen Sichtungen angewiesen, würde das Bild zugunsten der gut überschaubaren Flächen verfälscht. Noch wichtiger aber sind die Informationen über die Entwicklung der einzelnen Rudel selbst: Wie sind die Fortpflanzungserfolge in verschiedenen Gebieten, was geschieht mit den Jungen, wohin wandern die Männchen ab, welchen Männchen gelingt es, Rudel zu übernehmen? Da die Tiere im Freiland bis zu 18 Jahren alt werden, kann man sich allerdings leicht ausmalen, daß viele Jahre trockener Datensammlung nötig sind, um hier zu halbwegs abgesicherten Ergebnissen zu kommen.

DIE EVOLUTION EINER STUDIE Selbst unter Biologen geht manchmal der Spott um, was denn nun in Gottes Namen noch an Löwen zu erkunden sei, nachdem man ihnen in der Serengeti schon seit 1966 fast ununterbrochen nachsteige. Außerdem werden Löwen ja auch nicht nur in der Serengeti erforscht, so daß es tatsächlich bereits eine Unzahl von Daten über diese Großkatzen gibt.

Doch es ist offenbar ein Grundprinzip – und der Motor – nahezu jeder Art von Wissenschaft, daß eine geklärte Frage stets neue Probleme aufwirft. In immer feineren Verzweigungen wird immer kleineren Details nachgegangen. Das kann bis zum sprichwörtlichen Tüftler im Elfenbeinturm gehen, dessen Lebenswerk nur noch eine Handvoll von Kollegen weltweit zu würdigen wissen. Um es kurz zu machen: In dieser Gefahr schwebt die Löwen-Studie bei weitem nicht! Im Gegenteil, je länger sie läuft, um so wertvoller wird sie. Und dafür gibt es eine ganze Reihe von Gründen.

Einer davon ist in seiner Schlichtheit entwaffnend: Die Viecher tun kaum etwas! Es gehört sozusagen zum Lebensprinzip größerer Raubtiere, mit ihrer Energie möglichst sparsam umzugehen. Je träger sie sind und je weniger Energie sie verbrauchen, um so länger dauert es nämlich, bis sie sich wieder zu einer vielleicht riskanten Jagd aufraffen müssen. Händel zwischen den Rudeln sind für die »schwerbewaffneten« Tiere immer lebensgefährlich, und kein Löwe wird leichtfertig einen Streit vom Zaun brechen. Nur äußerst selten kommt es zu aufschlußreichen Auseinandersetzungen oder größeren Änderungen in den Rudeln. Zum Leidwesen der Geldgeber brauchen die Forscher deshalb unverhältnismäßig viel Zeit, um Informationen über das Sozialsystem von Raubtieren im allgemeinen und Löwen im besonderen zusammenzutragen.

Davon einmal abgesehen, gibt es geradezu erschreckend wenige Studien über mehrere Generationen der untersuchten Tiere. Im Freiland ist kein Jahr genau wie das andere. Deshalb weiß man oft nicht, welche Ergebnisse den Besonderheiten eines bestimmten Zeitraums zuzuschreiben sind und welche allgemein Bestand haben. Das kann man nur in vielen Jahren systematischer Forschungsarbeit herausfinden. So wurde zum Beispiel das Anwachsen der Huftierherden in der Serengeti im Lauf der sechziger und Anfang der siebziger Jahre mit seinen Auswirkungen auf die Löwen untersucht, wobei auch allgemeine Fragen nach den Wechselwirkungen zwischen Raubtieren und Huftieren geklärt werden konnten. Solche Forschungsergebnisse sind nur aus jahrzehntelangen Studien zu gewinnen.

Daneben gibt es auch immer wieder kurzfristige, unvorhersehbare Ereignisse, deren Auswirkungen auf ein scheinbar stabiles System unter Umständen genauso aufschlußreich sein können wie der normale durchschnittliche Zustand. So löschte beispielsweise Anfang der Neunziger eine Staupe-Epidemie in wenigen Monaten fast dreißig Prozent der Löwen in der Serengeti aus. Welche Folgen hatte das für die Rudel? Wie in einem großen Experiment wurde hier ein grundlegender Faktor kurzfristig verändert, und man schaute gebannt zu, wie das Ökosystem reagierte. Auch extreme Klimaschwankungen können neue Erkenntnisse bringen: Die Regenzeit 1997/1998 war die ergiebigste seit mehr als dreißig Jahren. Weite Flächen standen unter Wasser. Weiden, die jahrelang kaum Futter geboten hatten, zogen Massen von Grasfressern in bis dahin praktisch tierleere – und damit natürlich auch weitgehend raubtierfreie – Gebiete. Die Territorien der Löwen in den Grassteppen der Serengeti dagegen waren nahezu verödet, trotz üppigstem Nahrungsangebot für Weidetiere. In welcher Weise reagieren reviergebundene Raubtiere wie die Löwen auf solche Entwicklungen?

Ein weiterer Aspekt, der leicht übersehen wird, ist die Tatsache, daß unser wissenschaftliches Weltbild Veränderungen unterliegt, die sich auch auf die Interpretation von Daten auswirken. Im Lauf der Jahrzehnte gab es folglich bei den Löwen-Studien recht unterschiedliche Arbeitshypothesen: Zunächst ging es um allgemeine Erkenntnisse über Jagderfolg, Beutewahl und die Räuber-Beute-Beziehung. Später kamen soziobiologische Fragen mit genetischem Hintergrund hinzu. Hatte man das Rudelsystem anfangs unter dem Aspekt des optimalen Jagderfolges untersucht, wird es heute eher als Schutzeinrichtung zur Jungenaufzucht verstanden. Dies alles sind normale »Evolutionsprozesse« einer lebendigen Wissenschaft. Doch leider gibt es nur wenige Datensammlungen, in denen Informationen über Jahrzehnte hinweg derart systematisch erhoben wurden, daß Wissenschaftler sie heute – unter veränderten Fragestellungen – mit Gewinn ein weiteres Mal analysieren können.

Die Frage sollte also eigentlich nicht lauten: »Was forschen die denn da noch herum?«, sondern eher: »Warum machen es die anderen nicht genauso?« Womit wir wieder bei den publikumswirksamen »Botschafterarten« wären. Nicht ganz zufällig ist die einzige Datenbank, die vergleichsweise weit zurückreicht, die Studie an den Elefanten des Amboseli-Parks in Kenia.

KAPITEL 3

EINZELGÄNGER IM NIEMANDSLAND

Das erste Zebra tauchte hinter dem Erdwall der Uferböschung auf. Sein Fell glänzte feucht vom Flußwasser, und hinter ihm polterten weitere Hufe durch das felsige Flußbett. Der schwarzweiße Umriß verschwand wieder zwischen Büschen und Hügeln. Dort irgendwo mußte die Löwin liegen, in dem zerklüfteten Gewirr von Bodenwellen, Felsen und Büschen der Bachmündung perfekt gedeckt. Plötzlich gellende Rufe der Zebras, die das Flußrauschen übertönten, die Stute an der Spitze hatte die Jägerin bemerkt! In spitzem Winkel wich sie nach rechts aus, mit zwei Sätzen ließ sie das unübersichtliche Bachbett hinter sich und gelangte auf die buschbestandenen Hügel. Mannshohe Sandhaufen bildeten hier eine fast hundert Meter lange Kette, und mit langen Sprüngen setzte sie über die bis zu vier Meter breiten Lücken, die zwischen den einzelnen Hügeln lagen.

Dann erst entdeckte ich die Löwin. Auch sie schoß in einem atemberaubenden Tempo, das durch die vielen Hindernisse noch wesentlich rasanter wirkte, durch Büsche und übersprang die Zwischenräume. Dennoch war klar, wer den Wettlauf gewinnen würde, wenn die Zebra-Stute das freie Land erreichen könnte.

Die Löwin war dicht herangekommen, eine letzte Senke lag vor ihnen. Zwei Körper in der Luft, das Zebra mit Bruchteilen von Sekunden Vorsprung. Wie ein Stahlfeder streckte sich die Löwin zu ganzer Länge und erreichte das Hinterbein vor ihr. Der Prankenhieb schleuderte sie um die eigene Achse, aber auch das Zebra verlor die Balance. Mit einem dumpfen Krachen stürzten beide vor dem letzten Hügel ins Gras. Die Stute war auf der Seite gelandet und riß sofort ihre Hufe unter den Körper, um sich wieder hochzustemmen – aber jetzt war die leichtere Katze klar im Vorteil. In einer blitzartigen, geschmeidigen Bewegung war sie wieder auf den Beinen und hing der Verfolgten am Hals. Ihre Fangzähne bohrten sich durch die feste Haut, eisern preßten ihre Kiefer die Luftröhre des Opfers zusammen. Nach der anstrengenden Flucht war die Stute ohnedies völlig außer Atem. Durch den Biß verengten sich ihre Atemwege, der Sauerstoffgehalt ihres Blutes sank rapide ab. Der Druck auf die Halsgefäße verringerte zusätzlich die Durchblutung des Gehirns, und nach wenigen Sekunden verlor sie das Bewußtsein – der klassische Tötungsbiß des Löwen.

Ich war schwer beeindruckt von der Jägerin, auch wenn es mich wurmte, daß ich mit meiner damaligen Ausrüstung die Szene nicht filmen konnte. Aber da ich zu der Zeit regelmäßig am Fluß den Warzenschweinen nachspürte, kreuzten sich unsere Wege noch öfter. Und wie oft passieren die interessantesten Dinge, wenn man nicht damit rechnet!

Gerade hatten wir – mein damaliger Berliner Nachbar Peter Glaub, der mich in meinem Studiengebiet besuchte, und ich – im Geländewagen unser Mittagessen vorbereitet, da tauchte am anderen Flußufer eine Gruppe von Gnus auf. Obwohl wir relativ frei standen, ließen sie sich nicht stören und durchquerten nach kurzer Trinkpause den Fluß – nichts Ungewöhnliches im Oktober.

Schlagartig wurde es aber hektisch im Wagen, als sich wenige Dutzend Meter vor uns ein gelber Schatten durchs Gras schob: ein junger Löwe, der angespannt das Geschehen unten am Flußbett verfolgte! Die Kamera lag griffbereit, und mit einem kurzen Manöver des Autos hatte ich ihn auch schon im Schwenkbereich. Peter wünschte sich zusätzliche Hände wie eine indische Göttin, um die Becher, Thermoskannen und Teller vor dem totalen Chaos zu bewahren. Der Löwe verschwand kurz hinter Laub, schwarze, naßglänzende Gnus stürmten in aufquellendem Staub durch die kleine einsehbare Lücke, wie eine Schlange erschien der gelbe Körper wieder und sprang sofort ein Gnu an. Hinter ihm tauchte fast gleichzeitig das junge Weibchen auf. Auch sie hatte ein Gnu im Würgebiß, und wie in einem unbeholfenen doppelten Pas de deux verschwanden beide nach einigen Schritten auf den Hinterläufen mit ihren Tanzpartnern hinter dem Laub. Der Wagen ruckte wieder an, und Peter gab den Kampf mit den Eßutensilien endgültig verloren. Kaffee, Tee, Tomaten und Brot schwappten und rollten um ihn herum, eine Erfahrung, die er bei späteren Filmprojekten noch öfter machen sollte.

Was mich damals an dem jungen Weibchen besonders verblüffte, war der Umstand, daß ich sie nie bei dem hiesigen Rudel gesehen hatte. Sie war eine Nomadin, und das junge Männchen nutzte sie nach Strich und Faden aus. Nur dieses eine Mal machte er selbst Beute, ansonsten ließ er ihr höflich den Vortritt bei den Jagdbemühungen. Sie hatte drei allerliebste Junge, die sie, sorgsam versteckt, am Fluß zurückließ, wenn sie zur Nahrungsbeschaffung unterwegs war. Ganz offensichtlich bereitete es ihr nicht die geringsten Schwierigkeiten, auf sich allein gestellt, die Kleinen mit ausreichend Nahrung zu versorgen und dabei auch noch einen Schmarotzer mit durchzufüttern. Dieser zeigte sich allerdings nicht gerade dankbar und ging äußerst ruppig mit den Kleinen um, wenn sie ihm am Riß zu nahe kamen. So manches Mal überschlugen sich die pelzigen Bündel unter seinen Pranken. Die Löwin mußte es hilflos fauchend hinnehmen, denn er war ihr körperlich weit überlegen.

ZWISCHEN ALLEN FRONTEN Zehn Jahre später, im Juni 1998, traf ich bei den Gol-Kopjes im Südosten der Grasländer wieder auf eine Nomadin. Auch sie hatte drei Junge, und Grant konnte sie eindeutig identifizieren. Seit Jahren drückte sie sich in den Niemandsländern zwischen den Territorien herum, hatte immer wieder neue Junge, brachte sie aber nie durch. Um keinen Ärger mit den »Grundeigentümern« zu bekommen, mußte sie mit den besonders beutearmen Gebieten vorliebnehmen, wo die Rudel selten jagen. Dennoch sah sie nicht unbedingt verhärmt aus, und die Jungen wirkten wie alle kleinen Löwen im Alter von drei bis vier Monaten: tapsig, neugierig und verspielt.

Wenige Tage nachdem diese Löwin in unserem Drehgebiet aufgetaucht war, wurden Anup und Manoj Zeugen eines sich anbahnenden Dramas: Die Nomadin war auf ein junges Weibchen gestoßen, das sich in den Kopjes versteckt gehalten hatte und dort von einem stattlichen Pascha begleitet wurde. Das Männchen war gegenüber der Nomadin neutral, aber Löwen sind bekannt für ihre Unduldsamkeit gegenüber fremdem Nachwuchs. Die

Jungen rannten sofort in Panik von den Felsen fort. Als wir Minuten später dazukamen, entlud sich die Spannung zwischen den beiden Weibchen, die zunächst unsicher grollend zwischen den Blöcken umeinander geschlichen waren. Das ältere Weibchen folgte schließlich der Widersacherin mit einem energischen Sprung in einen Felsspalt, wo sich diese stellen mußte. Zwischen den aufragenden Felstürmen erdröhnte das Kampfgebrüll, schwere Körper bewegten sich in hohem Gras, Äste peitschten. Es war nichts zu sehen, und nach etwa einer Minute – eine schier endlos lange Zeit in so einem Moment – wurde es still. Mit wogendem Brustkorb und weißen Schaum vor dem Maul erschien die Nomadin wieder in dem Felsspalt. Sie blutete aus mehreren Wunden am Vorderbein und am Rücken. Das junge Weibchen entdeckten wir später verängstigt in einer kleinen Höhle unter wuchtigen Quadern. Auch sie hatte blutende Wunden und traute sich nicht aus ihrem Versteck.

Es gelang Grant nicht, dieses Tier sogleich zu identifizieren, aber generell war die Situation klar: Die Nomadin hatte bei dem Aufeinandertreffen ihre Jungen in Gefahr gesehen. Und da die Gegnerin deutlich jünger war, hatte sich die Löwen-Mutter auch selbstbewußt genug gefühlt, sie anzugreifen. Nach der Schlacht, die sie offenbar mit leichten Punktvorteilen gewonnen hatte, fand sie aber zunächst ihre Kleinen nicht wieder. Stundenlang lief sie brüllend um die Kopjes, ohne daß einer ihrer Sprößlinge es wagte, auch nur in die Nähe der Felsgruppe zu kommen. Am nächsten Morgen trafen wir sie immerhin mit einem der Jungen in der Gegend an, die anderen beiden sahen wir nicht wieder.

Es sind Situationen wie diese, die den Unterschied zwischen Erfolg oder Scheitern in der Löwen-Gesellschaft ausmachen. Obwohl sie durchaus erfolgreiche Jägerinnen sein können, sind alleinerziehende Löwen-Mütter nur selten in der Lage, ihren Nachwuchs durchzubringen. Jahrzehntelange Löwen-Beobachtungen, die Analyse von mehreren hundert Jagden und Vergleiche der Fortpflanzungserfolge zahlreicher Weibchen in vielen Generationen haben die Forscher zu einem eindeutigen Schluß gebracht: Der Grund, warum Löwen in Gruppen zusammenleben, ist nicht in erster Linie ein gesteigerter Jagderfolg. Entscheidend für das Rudelleben der Weibchen ist vielmehr der bessere Schutz ihrer Jungen.

KAPITEL 4

GEMEINSCHAFTEN DER EGOISTEN

Populäre Tierbücher und -filme schildern gern die angeblich raffiniert aufeinander abgestimmte Gemeinschaftsjagd von Löwen, mit Hinterhalten, Treibern, zuschnappenden Fallen und dergleichen (im Film oft mit Zwischenschnitten von Löwen, die am Geschehen völlig unbeteiligt sind). Dafür hat Professor Craig Packer, der seit zwanzig Jahren die Löwen-Arbeitsgruppe leitet, nur milden Spott übrig:

»Da hat man etwas von sozialen Katzen gehört und muß das nun irgendwie unterbringen. Abgestimmte Gemeinschaftsjagd kommt nur in Sonderfällen vor; eigentlich nur, wenn Löwen sich mangels Alternativen mit Giraffen oder Büffeln abmühen. Ansonsten jagt bei einem Angriff, beispielsweise auf eine Gnu-Herde, jede Löwin für sich.«

Als Packer 1978 seine Arbeiten aufnahm, machten viele der damals längst vertrauten – »erforschten« – Verhaltensweisen von Löwen im noch ungewohnten, kalten Licht streng genetischer Egoismen eigentlich keinen rechten Sinn. Welche Vorteile hat es für einzelne Löwen, wenn sie sich zu gemeinsamer Jagd, Revierverteidigung und Jungenaufzucht zusammenfinden? Dies alles fordert vom Einzeltier, und das war die Handlungseinheit der neuen Theorie, Verzicht auf eigene kurzfristige Vorteile. Wenn Tiere zu großzügig eigene Vorteile außer acht lassen, dann sollten sie eben auch Nachteile in der Aufzucht des eigenen Nachwuchses haben. Weniger oder mehr eigene Junge in der nächsten Generation – dies war nun aber die alles entscheidende Maßeinheit, mit der Erfolg oder Versagen evolutionär gemessen wurde.

Daß statistisch ein höherer Jagderfolg bei mehreren beteiligten Jägern nachzuweisen ist, führt Packer eher auf das größere Durcheinander bei dem entstehenden Tumult zurück, wenn panische Tiere den Löwen manchmal fast ins Maul laufen. Es findet so gut wie keine Koordination statt, die über das reine Ausschwärmen der Katzen hinausgeht. Wenn eine Löwin sich schließlich zu einer Jagd auf ein Gnu aufraffte, hielten die restlichen Tiere der Gruppe sich sogar erstaunlich oft dezent zurück und schauten interessiert den Bemühungen ihrer Kollegin zu! Wenn sie Erfolg hatte, gab es anschließend für alle etwas zu beißen, auch wenn man seinen Brustkorb keinem Hornstoß ausgesetzt, keinen Huftritt in das zuschnappende Gebiß oder eine gebrochene Rippe unter dem Gewicht zusammenbrechender Beute riskiert hatte!

Die Geschichte von der gegen den Wind anpirschenden Jägerin, die schließlich mit Gebrüll die Beute ihren Jagdgenossen zutreibt, gehört jedenfalls ebenso ins Reich der Fabel wie die scheinbar nicht auszurottende Mär vom Genickbruch, mit dem angeblich die Beute »in Sekunden« getötet wird. Zur Verblüffung der Forscher zeigte sich sogar, daß einzeln jagende Löwinnen durchschnittlich mehr Lohn für ihre Arbeit – in der Währung Fleisch, versteht sich – herausbekommen als Gemeinschaftsjäger: Sie müssen nicht teilen, und dies wiegt die leichten jagdtaktischen Nachteile mehr als auf.

Nur wenn eine einzelne Jägerin – ausgewachsene Männchen sind ohnehin relativ untalentiert in diesem Geschäft – keine großen Erfolgsaussichten bei bestimmten Beutetieren hat, bequemt man sich zu Gemeinschaftsbemühungen. So ist es schon recht schwierig, Zebras zu fangen, erst recht Büffel oder gar Giraffen. Um diese Beutetiere niederzuringen, sind mehrere Jägerinnen gefordert.

Wie bei einigen anderen Arten zeigte sich übrigens auch bei Löwen, daß sie recht flexibel auf unterschiedliche Herausforderungen reagieren. So arbeiten sie bei kleiner, aber sehr flinker Beute – wie beispielsweise den Springböcken in der Etosha-Pfanne in Namibia – zusammen, denn keine Löwin könnte dort allein zum Erfolg kommen.

DAS BÜNDNIS DER MÜTTER Die Jagd an sich wird heute also nicht als Grund für die Rudelbildung bei Löwen gesehen – eher schon die Verteidigung eines Beutebestandes in einem bestimmten Gebiet. Vor allem ist es aber die Verteidigung der eigenen Jungen, die im Zusammenschluß von Müttern besser gelingt. Auch hier gab es bei näherem Hinsehen allerdings einige Überraschungen.

Als Beispiel für die Großzügigkeit in der Unterstützung von Verwandten (alle Löwinnen eines Rudels sind eng miteinander verwandt) wurde oft die Versorgung der Jungen eines Rudels durch alle säugenden Weibchen angeführt. Bei näherer Betrachtung aber erwies sich dies nicht als besonders aufopferungsvoll. Die Weibchen versuchen durchaus, ihre Milch nur den eigenen Jungen zukommen zu lassen. Da sie aber, unabhängig von der Zahl der eigenen Sprößlinge, alle etwa gleich viel Milch produzieren, kann ein Weibchen mit wenigen Zöglingen problemlos Milch an Neffen und Nichten spenden. Doch auch das kostet Energie und wird nicht immer freiwillig gewährt: Man fand heraus, daß sich statt des »großzügigen« Mitversorgens in Wirklichkeit die Jungen oft die Milch erschleichen, wenn die Alttiere schlicht eingenickt sind und fremde Junge nicht mehr abweisen.

Dennoch spielen die Jungen eine Schlüsselrolle in der Bildung von sozialen Gruppen bei Löwen. Rund vier Wochen lang sind die Kleinen fast völlig hilflos. Sie müssen versteckt und immer wieder – möglichst täglich – gesäugt werden. In dieser Zeit kann die Löwin also nicht weit wandern, und auch später, wenn die Jungen ihr folgen können, stellen weite Züge eine große Belastung dar. Vor allem aber: Ein Bündnis von Weibchen schützt die Jungen besser vor den Übergriffen von Rivalen.

Es ist eine simple, in ihren Konsequenzen jedoch recht brutale Tatsache, daß für ein Raubtier jedes andere Raubtier in der Umgebung zunächst einmal ein Konkurrent ist. Ganz gleich, ob es sich dabei um einen anderen Löwen, um Hyänen, Geparde, Wildhunde oder Leoparden handelt. Sie alle werden vertrieben, nach Möglichkeit sogar umgebracht. Das gilt auch für Jungtiere, die besonders häufig solchen Zwischenfällen zum Opfer fallen, weil sie nicht fliehen können. Wenn Weibchen ihre Jungen zusammen in Gruppen aufziehen, können sie auch gemeinsam die Raubfeinde abwehren. Gepard-Weibchen könnten dies übrigens nicht, weil für diese Leichtgewichte jeder Kampf ein großes Risiko bedeutet. Sie würden durch Zusammenschlüsse nicht viel gewinnen.

Die Reviere der Löwen-Weibchen umfassen möglichst viele Versteckplätze für Junge, Wasserstellen und natürlich ein Beuteangebot, das sie – hoffentlich – durch das Jahr bringt. Löwen-Männchen brauchen sie eigentlich nur kurzzeitig, wenn für Nachwuchs gesorgt werden soll. Die Männchen eignen sich diese Weibchenterritorien an und versuchen, fremde Männchen daraus fernzuhalten. Genaugenommen übernehmen die Paschas eigentlich nur die Weibchen – deren Revier bekommen sie damit quasi »automatisch«.

Leider sind jedoch die Chancen, auf Weibchen zu stoßen, auf die kein anderer Löwe Anspruch erhebt, gering. Fast immer muß erst ein ansässiger Revierhalter vertrieben werden, was verständlicherweise besser gelingt, wenn man dies nicht allein, sondern in einer Allianz mit anderen Männchen versucht. Deshalb werden alle attraktiven Gruppen von Löwinnen von mehreren Männchen, sogenannten »Koalitionen«, beansprucht beziehungsweise gegen fremde Männchen verteidigt. Die Löwinnen wiederum jagen fremde Weibchen umgehend aus dem Revier, obwohl die Paschas keinerlei Einwände gegen Damenbesuch haben. Die Situation in einem Revier stellt sich also wesentlich komplizierter dar, als man auf den ersten Blick meinen könnte.

Im Juni 1998 gab es auf den Grasländern im Süden und Südosten der Serengeti nach Grant Hopcraft 15 Reviere. Längst nicht alle waren in der klassischen Pascha-Weibchen-Konstellation besetzt: Drei Weibchenterritorien wurden von nur einer Koalition aus zwei Männchen beherrscht, drei andere Koalitionen hielten ebenfalls jeweils zwei Rudel unter ihrer Kontrolle. Eine Gruppe aus sechs Löwinnen dagegen hielt sich alle Avancen vom Hals. Es gab überhaupt kein Männchen in ihrem Gebiet, und die Löwinnen kamen damit blendend zurecht: Es war das Gol-Kopje-Pride-Rudel, das wir bei unseren Dreharbeiten immer wieder vor uns hatten.

Einmal hatte Grant das Glück, einen – fehlgeschlagenen – Annäherungsversuch von zwei Paschas an die Gruppe mitzuerleben. Selbstbewußt und stolz aufgerichtet, trabten sie heran: Die Weibchen zunächst einzuschüchtern, ist eine der Grundtaktiken von Männchen, wenn sie ein Rudel übernehmen wollen. Sechs ausgewachsene Weibchen bedeuten für eine Koalition einen enormen Fortpflanzungswert, den zu erobern schon

31 Eine nomadisierende Löwin greift ein Zebra an. Einzeln lebende Löwinnen haben kaum Nachteile bei der Jagd. Man fand sogar, daß sie über mehr Fleisch verfügen als Rudeltiere, weil sie nicht teilen müssen.

32 (nachfolgende Doppelseite) In der Serengeti gelingt es meist nur Koalitionen von Löwen, ein Revier zu erobern. Die dafür erforderliche Kampfkraft macht die Männchen bei der Jagd aber recht schwerfällig.

33–35 Nur bei so großer Beute arbeiten Löwen tatsächlich im Team. Die gefährlichste Aufgabe hat die Katze, die den tödlichen Halsbiß anbringt.

36–37 (nachfolgende Doppelseite) Warzenschweine sind für die Löwen im Süden der Serengeti die wichtigsten Beutetiere während der Trockenzeit.

38–40 (übernächste und darauffolgende Seite) Wenn das Land austrocknet und die Herden in den Norden gezogen sind, kommt für die Löwen der Hunger.

einige Risiken lohnt. Doch sechs zu allem entschlossene Weibchen stellen auch eine ansehnliche Streitmacht dar. Zum Pech der Männchen waren sie auch noch alle versammelt.

Den Möchtegern-Eroberern wurde ein heißer Empfang bereitet. Ehe sich Grant versah, bildeten die Tiere ein wüstes Knäuel von fauchenden, brüllenden Leibern. Tatzen fuhren wild durch die Luft, Krallen verfingen sich in Fell, weitaufgerissene Rachen mit zentimeterlangen Fängen suchten und fanden Ziele. Die körperlich überlegenen Männchen wollten nicht sofort klein beigeben und versuchten, die Weibchen mit Drohgesten und Schlägen in Schach zu halten – schließlich sollten es ja die möglichst gesunden Mütter ihrer erhofften Kinderschar werden.

Die Löwinnen brauchten keine derartigen Rücksichten zu nehmen. Von allen Seiten fielen sie mit heftigen Bissen und fürchterlichen Prankenhieben über die bald verzweifelt kreiselnden Ankömmlinge her. Schließlich verlor der erste die Nerven und rettete sich schwer zerzaust aus dem Getümmel. Der zweite schien das Verschwinden seines Kompagnons nicht gleich zu bemerken, vielleicht konnte er sich auch nur nicht so schnell lösen. Jedenfalls mußte er die geballte Wut der Weibchen noch ein paar Sekunden allein aushalten, bis auch er blutend und ein Bein nachziehend flüchtete.

Aber warum dieser Aufstand? Was ist denn so schlimm an einem Männchen beim Rudel? Nun, die Weibchen hatten allen Grund, sich jeden Annäherungsversuch energisch zu verbitten: Es gab zu dem Zeitpunkt neun Junge im Rudel, und diese wären den neuen Herren wahrscheinlich zum Opfer gefallen. George Schaller hatte als erster in seiner Studie die Kindestötung bei Löwen entdeckt. Die zugrunde liegenden genetischen Zusammenhänge wurden Anfang der siebziger Jahre von seinem Nachfolger Brian Bertram näher untersucht.

Löwen-Paschas haben nicht viel Zeit, um sich fortzupflanzen. Selten schafft es eine Koalition länger als zwei Jahre, eine Weibchengruppe zu verteidigen. Bis dahin müssen die eigenen Jungen also halbwegs selbständig sein. Das bedeutet aber auch, daß sie nicht darauf warten können, bis die Jungen, die sie vorfinden, ihre Mütter nicht mehr brauchen. Also töten sie den Nachwuchs ihrer Vorgänger. Die Weibchen sind oft schon nach wenigen Wochen bereit, sich mit den neuen Herren zu paaren, so daß deren Sprößlinge unter der eigenen Herrschaft noch möglichst weit gedeihen. Tatsächlich brachten die Weibchen der Gol-Kopjes, die sich alle Männchen vom Hals halten konnten, ihre neun Jungen durch. Wir sahen sie dann so manches Mal als stolze Phalanx durch das Gras ziehen.

Ebenso wachsam und energisch müssen die Mütter übrigens auch die Annäherungen fremder Weibchen an ihre Jungen abwehren. Peyton West, eine Assistentin von Craig Packer, hat beobachtet, daß Löwinnen Junge von benachbarten fremden Rudeln töten. Die heftige Reaktion der beiden Löwinnen aufeinander an den Gol-Kopjes war also nur allzu verständlich.

Weniger bedeutsam für die Rudelbildung ist offenbar die Rolle der Reviere als Jagdgebiete. Als die Regengüsse und Überschwemmungen während der Jahrhundertregenzeit 1997/1998 die Grasländer über weite Teile in schlammige Sümpfe mit hohem Gras verwandelten, gab es dort für die Löwen kaum etwas zu jagen. Bald empfing Grant auf seinen Rundfahrten keine Radiosignale mehr in seinen Kopfhörern. Wo waren die Löwen geblieben? Als er eines Tages zufällig auf eine Löwin mit Halsband stieß, die nicht das erwartete Signal aussandte, ging er schließlich alle Frequenzen durch. Zu seiner Verblüffung hörte er ein Signal, das eigentlich aus einem ganz anderen Revier kommen sollte. Die Löwin befand sich weit entfernt von ihrem angestammten Gebiet! Als er daraufhin systematisch die Ebenen im Südosten der Serengeti durchkämmte, auf die sich die Herden zurückgezogen hatten, weil sie etwas trockener waren, fand er endlich einige seiner Vermißten. Mindestens drei Rudel hatten ihre Gebiete völlig verlassen und zogen mehr als fünfzig Kilometer von ihrem Stammrevier entfernt umher. Das Plains-Rudel war sogar siebzig Kilometer weit gewandert, wobei je nach Route zwei bis drei fremde Territorien durchquert wurden – für Löwen mit jungen Tieren eine äußerst heikle Angelegenheit!

In den östlichen Gebieten außerhalb der Serengeti gibt es allerdings relativ wenige dauerhaft ansässige Löwen, die ihnen Probleme hätten bereiten können, weil hier draußen in normalen Jahren nur wenig Beute zu finden ist. Natürlich wären diese Wanderungen Müttern mit sehr kleinen

Sprößlingen nicht möglich gewesen. Aber die meisten Jäger auf den Ebenen, die keine besonders kleinen Jungen hatten (oder sie aufgaben), brachen nun auf, was in dem hohen Gras kaum jemand aufgefallen wäre, hätte Grant nicht seine Antenne unerschütterlich jede Woche spazierengefahren (in der Regenzeit, mit Pisten, die sich in unergründlichen Schlammlöchern und kilometerweiten Sümpfen verlieren, alles andere als vergnüglich). Normalerweise kommen Löwen über einige Monate mit knappem Beuteangebot aus. Die extreme Regenperiode, mit ununterbrochener Nässe von Oktober bis Mai, war dann aber doch zuviel für sie (übrigens ein weiteres Beispiel dafür, daß die Regenzeit nicht unbedingt immer eine Zeit der üppigen Schwelgerei für Löwen ist, wie es im allgemeinen dargestellt wird).

Studien in Gebieten mit generell knappem Beuteangebot ergaben ähnliche Daten. Löwen scheinen in solchen Gebieten praktisch nicht mehr wirklich territorial zu sein, sondern sich allgemein als Nomaden durchzuschlagen. Soziale Konflikte spielen in solchen Lebensräumen mit niedriger Populationsdichte anscheinend keine so ausschlaggebende Rolle mehr, da es seltener zu Begegnungen kommt.

Bemerkenswerterweise hatte die Staupe-Epidemie, die, wie oben erwähnt, etwa ein Drittel der Löwen in der Serengeti tötete, ähnliche Auswirkungen: Die Koalitionen, die Reviere hielten, mußten nicht mehr so groß sein, weil es weniger Herausforderer gab. Die Paschas blieben »länger im Amt«, und die Zahl der erfolgreichen Jungenaufzuchten stieg. Andererseits verließen nunmehr junge Weibchen ihre Heimatrudel, nachdem sie geschlechtsreif geworden waren, weil es eine Paarungshemmung mit den Vätern gibt. Dies führte zu weiteren »hoffnungslosen« nomadisierenden Einzelgängern, aber auch zur Aufspaltung von Rudeln und zu neuen Reviergründungen, wenn mehrere Töchter gemeinsam aufbrachen. Diese Reviere lagen meist direkt neben den alten Heimatgebieten, wurden aber wie völlig selbständige Einheiten abgegrenzt und auch gegen die Mütter verteidigt.

KAPITEL 5

HERRSCHER UND BEHERRSCHTE

Die erste Hälfte des Jahres 1998 war für die Löwen des Gol-Rudels eine gute Zeit gewesen. Die besonders ausgedehnten Niederschläge ließen das Land in strahlendem Grün prangen, und dieses Rudel war nicht gezwungen, sein Stammgebiet zu verlassen. Gnus, Zebras, Thomson-Gazellen, Grant-Gazellen und Kuhantilopen zogen in immer neuen Wellen über diesen üppigen Rasen und mähten ihn Woche für Woche kurz. Das Jagen auf den tischebenen Wiesen war tagsüber zwar praktisch aussichtslos, aber bei den vielen Grasfressern in der Gegend gab es immer wieder kranke oder verletzte Tiere, die leicht zu erlegen waren. Oft konnten sie auch den Hyänen ihre Beute wegnehmen oder in stockfinsteren Regennächten Panik in den Herden auslösen, um in dem Durcheinander in wenigen Sekunden gleich mehrere Tiere zu reißen.

Doch irgendwann geht auch die großzügigste Regenzeit zu Ende. Die Wolkenbänke, die von den Bergen weit im Süden herabrollten, malten wie seit Monaten in zeitlupenartigen Turbulenzen Phantasiegestalten ins blaue Firmament, aber die weiße Pracht am Himmel brachte keine erfrischenden Schauer mehr. Sie lösten sich immer früher auf, wenn sie die heißen Ebenen erreichten. Die Hitze ließ nach wie vor jeden Tag Wasser aus der Vegetation aufsteigen, aber es reichte nicht mehr für Regentropfen. Die kristallklare Luft der Regenzeit, in der nach dem Auflösen der Morgennebel die Berge des Kraterhochlandes zum Greifen nah erschienen waren, wurde milchig. Die fernen Berge verschwanden im Dunst. Der Wind blies warm und trocken aus Südost, und ab Mitte Juli verlor das Land um die Gol-Kopjes täglich mehr von seinem saftigen Glanz. Im August schrumpften in den flachen Tälern die letzten Wasserlöcher, und es bildeten sich breite, von Trockenrissen zerklüftete schmutzige Strände.

Dorthin kamen an jedem Morgen Scharen von Schmuckflughühnern mit ihren seltsamen, abgehackten Rufen, die klangen, als hätten sie ständig Schluckauf. Zusammen mit Hunderten von weißgesprenkelten Guinea-Tauben sammelten sie sich an den schlammigen Uferstreifen, um ihren Durst für den Rest des Tages zu stillen. Einige der schmucken Hähne, die leicht an ihren schwarzen Gesichtsmasken von den unauffälligeren Weibchen zu unterscheiden waren, gingen, nachdem sie eilig ihre Schnäbel eingetaucht hatten, völlig ins Wasser, sträubten ihre Brustfedern und knicksten leicht. Dabei saugten sich ihre zarten Daunen unter dem Deckgefieder voll. Sie hatten also noch Nachwuchs zu versorgen – das Wasser, das nun ihre Federn so schwer machte, war dafür bestimmt, den Durst ihrer Küken irgendwo in den heißen Ebenen zu stillen.

Die Gnus hatten das sanft gewellte Land schon längst verlassen. Die schimmernden Kuppeln der Kopjes ragten aus einem öden, staubigen Gelb. Nach den Fluten der Regenzeit stand das Gras an vielen Stellen zwar immer noch einen halben Meter hoch, aber es war trocken und holzig, hatte keinen Saft mehr, kaum noch Eiweiße oder Kohlenhydrate.

Die sechs Löwinnen des Gol-Rudels hatten das alles schon oft erlebt. Sie wußten, daß es von nun an wieder hieß: jede für sich. Die neun fast ausgewachsenen Sprößlinge jedoch, die bisher gelebt hatten wie die Königskinder, sahen sich nun zum erstenmal einer für sie völlig ungewohnten Situation gegenüber: Es gab nicht mehr jeden zweiten oder dritten Tag ein üppiges Bankett, zu dem sie sich bequem niederlassen konnten. Die Löwinnen trennten sich bald. Die wenigen Gazellen, die jetzt noch bei den Kopjes umherstrichen, waren nicht einfacher zu erlegen, wenn man sie mit der Gruppe jagte. Jeder zusätzliche Jäger störte, denn er weckte vielleicht im entscheidenden Moment die Aufmerksamkeit der Beute. Und wenn eine Jagd erfolgreich war – wie ungern hätte man in diesen Zeiten geteilt. Nur noch ein Zehntel der Beute, die sich hier in der Regenzeit fand, war übriggeblieben!

LEBEN IN DER HITZE Hin und wieder tanzen in den wabernden Hitzeschlieren schemenhaft die grotesk verzerrten schaukelnden

Gestalten von Straußen. Andere hüpfende Flecken entpuppen sich beim Näherkommen als Grant-Gazellen. In einigen Niederungen gibt es immer noch harte Kräuter, die ein paar grüne Tupfer setzen. Hier sammeln sich die letzten Thomson-Gazellen, die zu ihrer Grasdiät die wenigen Laubpflanzen hinzufügen, die es jetzt noch gibt. Gazellen sind die Lebenskünstler in trockenen und heißen Gebieten. Sie können unter extremen Bedingungen immer noch ein Auskommen finden, weil sie enorm sparsam mit Wasser umgehen und aus dem kargen Trockenfutter immer noch genügend Energie beziehen, um für einige Monate über die Runden zu kommen.

Aber selbst die zierlichen Thomson-Gazellen sind hier irgendwann am Ende ihrer Fähigkeiten. Als kleine Tiere heizen sie schnell auf und brauchen dann Wasser, um ihre Körpertemperatur durch Verdunstung in erträglichen Grenzen zu halten. Dennoch ist es immer wieder erstaunlich, daß man an den letzten Wasserlöchern mitnichten »schlangestehende« Grasfresser findet! Vielmehr liegen die Tümpel meist völlig verlassen da, und weit und breit ist kaum ein Huftier zu sehen. Besucher, die sich hier ein reges Kommen und Gehen erhoffen, würden auf eine harte Geduldsprobe gestellt. Die Gazellen meiden die Punkte, an denen man sie vermuten könnte, solange es eben geht. Ich erinnere mich nicht daran, im Süden der Serengeti in der Trockenzeit irgendwann einmal trinkende »Tommies« oder »Grants« gesehen zu haben. Natürlich trinken sie gelegentlich, aber nur, wenn sie sich absolut sicher fühlen, und sie sind nach wenigen Minuten wieder von den gefährlichen Tümpeln verschwunden.

Die Grant-Gazellen verfügen nicht nur über einen äußerst wassersparenden Stoffwechsel, der auch die Thomson-Gazellen auszeichnet, sondern sie können es sich auch leisten, bei Wassermangel völlig auf die Regulierung ihrer Körpertemperatur zu verzichten. In Hitzekammern hat man sie ohne Probleme auf für uns längst tödliche Fiebertemperaturen von 45 Grad gebracht. Dabei läßt die körpereigene Wärmeproduktion ihre Temperatur sogar noch über die Umgebungswärme ansteigen, so daß sie dann durch Wärmestrahlung ohne einen Schweißtropfen Wärme verlieren. Kein Mensch könnte das überleben. Die Wundergazellen sind dazu nur fähig, weil ihr Blut aufgrund eines Kühlsystems nicht derart heiß in ihr Gehirn strömt. Außer den Grants verfügen auch viele andere Huftiere aus heißen Regionen über eine solche Kühlanlage in ihrem Blutkreislauf, in der das Blut gewissermaßen in einem Bad von kühlerem, venösem Blut aus den Nasenschleimhäuten vorgekühlt wird, bevor es das Gehirn erreicht. Solche Tiere können also ihr wärmeempfindlichstes Organ gezielt schützen und damit über den Tag kommen. Nachts gibt ihr Körper die überschüssige Wärme an die kalte Nachtluft ab.

Dennoch brauchen die Tiere natürlich ein Minimum an Wasser. Sie verschaffen es sich, indem sie bevorzugt in den kalten Morgenstunden grasen. Zu dieser Zeit können die Pflanzen bei der höheren Luftfeuchtigkeit bis zu dreißig Prozent Wasser ansammeln, auch wenn der Taupunkt jetzt selten erreicht wird.

Und es gibt weitere Überlebenskünstler, die es in dieser Hitze erstaunlich lange aushalten: Warzenschweine. Dabei sind Schweine an sich nicht gerade geschaffen, um in wasserarmen, heißen Gebieten zurechtzukommen. Die Entwicklung der Borstentiere war weltweit vor allem an feuchte, kühle Lebensräume gekoppelt. Es ist schon verblüffend genug, daß die Warzigen es überhaupt fertiggebracht haben, in den schattenlosen, glühenden Grasländern zu überleben – und nun sind sie hier sogar noch unter den letzten, die ausharren, wenn es besonders ungemütlich wird!

Sie haben keine Schweißdrüsen, aber ihre glatte, praktisch haarlose Haut ist bestens geeignet, im wohlig kühlen Schlammbad rasch Wärme loszuwerden. Dafür frieren sie aber jede Nacht in den Hochländern und verkriechen sich dann in schützende Höhlen. Solange es Schlammbäder gibt, haben sie also nicht allzu viele Schwierigkeiten. Schlimm wird es aber, wenn die letzten Suhlen austrocknen. Dann frieren sie nachts und »glühen« tagsüber. Und natürlich brauchen auch sie wenigstens ein bißchen Wasser. Sie besorgen sich das kostbare Naß, indem sie den Boden mit ihren hartgummiartigen Rüsseln aufbrechen und Graswurzeln ausgraben, die einen satten Anteil an Speicherstoffen besitzen. Diese Nahrung kann ihnen kein anderes Huftier streitig machen, so daß sie trotz des knappen Angebots ohne Konkurrenz über die Runden kommen. Außerdem haben die unterirdischen Teile der Pflanzen im Vergleich zu den Blättern über dem Boden einen weitaus höheren Wassergehalt. Es ist zwar immer noch nicht üppig, aber Warzenschweine beherrschen wie die Grant-Gazellen die Kunst des Wassersparens, weil auch bei ihnen die Körpertemperatur schwankt. Wenn es überhaupt keine Suhlen mehr gibt, liegen sie jeden Tag lange fiebrig und bewegungslos im Schatten und fressen nur noch in wenigen Stunden am frühen Morgen und späten Abend.

Indem sie also in wärmenden Höhlen übernachten, die letzten Schlammlöcher so lange wie möglich zur Abkühlung nutzen und sich eine Nahrung erschließen, die allen anderen Huftieren verschlossen bleibt, kommen sie tatsächlich in den zunehmend lebensfeindlichen, heißen Ebenen erstaunlich gut zurecht. Jedenfalls im Prinzip, denn ihre Abhängigkeit von Suhlen und Höhlen macht sie – aus ihrer Sicht bedauerlicherweise – zu den perfekten Beutetieren für Löwen. Womit wir wieder bei dem Gol-Rudel wären.

Für Löwen wäre der Versuch, sich auf den Ebenen in der Trockenzeit vor allem von Gazellen-Fleisch zu ernähren, ziemlich aussichtslos, weil sie sich nicht unbemerkt anschleichen können. Um die flinken Grasfresser erwischen zu können, sind Löwen auf bestimmte Voraussetzungen angewiesen, zum Beispiel gute Deckung oder stockfinstere Regennächte. Bleiben also die Schweine.

Jeden Tag, manchmal sogar mehrmals, kommen die hitzegeplagten Tiere über mehrere Kilometer Entfernung an die wenigen Suhlen. Sorgsam umrunden sie zunächst die Tümpel, um den Wind zu prüfen, bevor sie zögernd näher kommen. Sie sehen sehr schlecht, und nur die Geruchsnuancen der Luft verraten ihnen, ob der Platz sicher ist. Es ist beeindruckend zu erleben, mit welcher Präzision sie in den allermeisten Fällen tatsächlich jeden Hinterhalt erkennen. Aber die Löwen liegen nur in Ausnahmefällen direkt am Schlammtümpel, sondern beobachten ihn aus mehreren hundert Metern Abstand. Sind die Schweine erst in der Suhle – was gleichzeitig bedeutet, daß sie ihren Kopf besonders tief haben –, ist es für einen geübten Jäger nicht schwer, sie dort zu überrumpeln.

Ein weiteres Handicap der Warzigen sind ihre Höhlen. Bis vor gar nicht langer Zeit galt es als ausgemacht, daß diese Bauten vor allem als Schutz vor Raubfeinden dienen. Als ich mit meinen Untersuchungen im Masai-Mara-Gebiet begann, wollte ich unter anderem diese Schutzfunktion der

Höhlen nachweisen. Zu meiner großen Verblüffung fand ich genau das Gegenteil: Bei der geringsten Beunruhigung mieden die Schweine die Höhlen und stoben davon, anstatt sich hineinzuflüchten. Nachdem ich mehrmals Zeuge geworden war, wie Löwen meine Studienobjekte gejagt hatten, wurde mir der Grund dafür klar: Löwen halten kaum längere Verfolgungen durch. Wenn die Schweine also nicht im ersten Angriff erwischt werden, haben sie gute Chancen, den Jägern schlicht davonzulaufen, denn trotz ihrer kurzen Beine bringen sie es immer noch auf beachtliche 50 bis 55 Stundenkilometer. Und falls die ersten Sekunden einmal überlebt sind, wären die Schweine sehr schlecht beraten, wenn sie Schutz in einem Bau suchten. Der soeben gewonnene Vorteil wäre dahin, und sie würden sich den Jägern dort völlig ausliefern: Wenn nur der Magen entsprechend knurrt, graben Löwen nämlich die Bauten auf.

Tatsächlich sind die Löcher also für die Warzenschweine eher ein notwendiges Übel, das sie in Kauf nehmen, um nachts nicht zu stark auszukühlen. Vor allem die meist kleineren Weibchen und die Ferkel sind in den eisig kalten Nächten der Hochländer auf die unterirdischen Klimakammern angewiesen. Die wesentlich massigeren Keiler, die zudem keine Rücksichten auf Jungtiere nehmen müssen, übernachten dagegen meist in windgeschützten Verstecken im Freien. Als es in meinem Studiengebiet im Frühjahr 1984 extrem trocken wurde und die Löwen kaum noch andere Beute fanden, gruben sie mehrfach nachts Höhlen auf. Die Schweine drückten sich in den hintersten Winkel, bis die unbarmherzigen Pranken manchmal nach stundenlangen Anstrengungen doch näher kamen und die letzte Möglichkeit in einem verzweifelten Ausbruchsversuch bestand.

BEHERRSCHTE HERRSCHER Auch die Gol-Löwen schlugen sich jetzt mehr schlecht als recht mit den wenigen Beutetieren durch, die sie noch fanden. Aber bei den kargen Bedingungen gibt es auf den Kurzgrassteppen nicht viele Schweine, und nur selten gelang es den Löwen, die eine oder andere Grant-Gazelle zu überrumpeln. Die Jäger hungerten, und die Mütter wurden zunehmend unfreundlicher gegenüber der Nachkommenschaft. Wenn einmal eine Gazelle oder ein Schwein erlegt waren, machten die Erwachsenen den Jungen unmißverständlich klar, daß es für sie sehr ungesund wäre, etwas von dem Fleisch zu erwarten.

Es gibt in Löwen-Rudeln keine Rangordnung, auch wenn dies immer wieder so dargestellt wird. Craig Packer war, ähnlich wie ich mit der Höhlenthese, mit der bestimmten Vorstellung von einer Rangordnung in sein Arbeitsgebiet gekommen. Er konnte sie nicht nachweisen. Unter erwachsenen Weibchen ist immer das Tier dominant, das gerade im Besitz der Beute ist, denn für ein paar Bissen lohnt es nicht, schwere Verletzungen zu riskieren. Kranke oder junge Tiere werden aber schon einmal von einem Stück Fleisch vertrieben, und erst recht haben sie keine Chance, an eine Beute zu gelangen, die ein anderer gerissen hat.

Für die neun jungen Löwen wurde es also höchste Zeit, auf Wanderschaft zu gehen. Normalerweise verlassen nur die Jungpaschas das Rudel, um sich anderswo ein Revier zu erobern. Meist wuchsen hier nicht so viele Jungtiere heran, daß es ein Problem mit den wenigen überlebenden Töchtern gegeben hätte, sie gliederten sich unauffällig ein. Nun aber, nach der langen und üppigen Regenzeit, gab es viel zu viele Löwen im Gebiet, so daß in diesem Jahr auch die jungen Weibchen gehen mußten.

Bald stießen wir weiter nördlich auf abgemagerte Katzen, die Augen ohne Glanz, verharschte Wunden am eingefallenen Körper, spitze Knochen wölbten ihr stumpfes Fell. Aus den Königskindern von einst waren armselige Bettler geworden. Vor allem die Weibchen sahen schlimm aus. Sie waren noch ungeübt in der Jagd und hatten so wenig Körpermasse zuzusetzen, daß sie wohl nicht mehr bis zur Rückkehr der Huftierherden durchhalten konnten. Sie versuchten immer noch in der Nähe des mütterlichen Reviers zu bleiben, und gelegentlich hatten die Löwen-Forscher auch eine erfolgreiche Rückkehr in das Rudel beobachtet.

Die Männchen dagegen hatten schon, als die Zeit der Trennung gekommen war, deutlich mehr Gewicht zu bieten gehabt; sie waren wesentlich stärker als ihre Schwestern und hatten mehr zuzusetzen. Noch längst nicht so massig wie erwachsene Paschas, waren sie gewandte Jäger, wenn es ihnen auch an Erfahrung fehlte. Die Monate nach der Trennung waren für sie deshalb wohl weniger schlimm. Ihre härtesten Prüfungen würden später kommen, wenn sie nach Jahren der Wanderschaft Ansprüche auf ein eigenes Revier erhoben.

Die Trockenzeit ist auf den Grasebenen der entscheidende Prüfstein für das Überleben der Löwen. In dieser Hungerperiode entscheidet sich, wie viele Jäger hier dauerhaft durchkommen können, nicht, wenn das Land von Huftieren überschwemmt ist.

Die Weibchen des Rudels orientierten sich an den Senken, die noch Futter für Grasfresser boten, obwohl die Suhlen längst ausgetrocknet waren. Die Schweine waren kaum noch aktiv und verdösten einen großen Teil des Tages irgendwo im spärlichen Schatten der wenigen Bäume oder Felsen. Der weitaus größte Teil des Rudelterritoriums war wertlos, aber verlassen wollten die Weibchen es noch nicht: Mindestens eines hatte im September wieder Junge bekommen und versteckte sie in einem langen, zerklüfteten Kopje. Sie mußte nun so und so bleiben und täglich die Babys versorgen; die anderen aber hätten – wie die vertriebenen Töchter und Söhne – aufbrechen können. Nur: wo wären sie willkommen gewesen? Überall, wo es Beute gab, hätten sie mit dort ansässigen Löwen darum kämpfen müssen. Zudem wäre bei der Rückkehr ihr Revier vielleicht von anderen Löwen besetzt gewesen, was ebenfalls zu riskanten Streitereien geführt hätte. Also blieben sie und hielten ihren Anspruch auf das Land um die Felsendome aufrecht. Drei Hungermonate können gesunde, starke Löwinnen mit ein paar kleinen Happen überstehen. Aber dann wird es kritisch, wie die Ereignisse im Winter 1997/1998 gezeigt haben.

Abends verschwand die Sonne oft hinter den grauen Wänden, die den Horizont im Norden und Westen jeden Nachmittag verstellten. Dort quollen noch immer Wolkentürme empor, in der einbrechenden Dämmerung manchmal gespenstisch erhellt von flackerndem Wetterleuchten. Dort prasselten an so manchem Abend noch immer Fluten herab – und dort waren nun die Herden, auf die sich die Raubtiere stürzten, während die Jäger in den Ebenen hungerten.

Aber auch in den Buschländern dort wird die Zahl der Löwen vor allem durch das Beuteangebot von »einheimischen« Tieren bestimmt – mit denen sie sich durchschlagen müssen, wenn die Gnus nicht da sind. Die Massen der Herden müssen ihnen zwar täglich Tribut zollen, doch wegen der langen Zeit der Knappheit sind es vergleichsweise wenige Löwen, die ihn einfordern.

Als in den sechziger Jahren die Gnu-Bestände durch die Ausrottung der Rinderpest allmählich anwuchsen, verfolgten Ökologen und Verhaltensforscher gebannt dieses gigantische Experiment, das da vor ihnen ablief: Wie würden sich die Zahlen der Raubtiere verändern, wenn das Beuteangebot derart zunahm? Von 1958 bis 1977 stieg der Gnu-Bestand von etwa 100 000 (die Größe der Ausgangspopulation ist recht unsicher) auf rund 1,3 Millionen Tiere – er hatte sich ungefähr verzehnfacht. Allein in den Sechzigern kam es zu einer Verdreifachung der Gnus. Erstaunlicherweise blieben im selben Zeitraum die Zahlen der Löwen und Hyänen, die damals von George Schaller und Hans Kruuk überwacht wurden, praktisch konstant! Erst in den letzten acht Jahren mit wachsenden Gnu-Zahlen kam es zu einer Verdopplung der Löwen-Bestände, und die Hyänen legten ebenfalls um etwa fünfzig Prozent zu. Allerdings sind Raubtierzählungen generell ungenau, und vor allem die Hyänen-Zahlen sind nur äußerst schwierig zu erfassen. Spätere Schätzungen zeigten, daß auch sie sich bis in die achtziger Jahre annähernd verdoppelt haben dürften. Und doch war das Kernergebnis eindeutig: Die Zahlen der Raubtiere waren nur schwach mit den Zahlen der Gnus gekoppelt.

Bis zu den langfristigen Untersuchungen in der Serengeti war man meist davon ausgegangen, daß Raubtiere die Zahl der Pflanzenfresser bestimmen. Die oben beschriebenen Entwicklungen zeigen aber, daß die Rollen der Herrscher und Beherrschten nicht derart eindeutig festzulegen sind. Die Huftiere – zumindest die wandernden – scheinen eher die Herrscher über ihre Verfolger zu sein. Die Anzahl von Gnus, Zebras und zu einem gewissen Teil auch der Thomson-Gazellen ist im wesentlichen vom Futterangebot eines Jahres abhängig. Die meisten Gnus und Zebras dürften eher an altersbedingter Auszehrung sterben als unter den Zähnen und Klauen der Beutegreifer – wobei letztere den Prozeß manchmal abkürzen.

Lange Dürreperioden waren die einzigen Faktoren, die in den regelmäßig aufgenommenen Bestandszahlen zu Einbrüchen führten. In solchen Jahren lagen überall in der Steppe verstreut die Kadaver verhungerter oder verdursteter Tiere. Selbst bei den Thomson-Gazellen, die vor allem unter ihren Jungtieren schwere Verluste durch Raubtiere erleiden, mußte man einen Anteil an »natürlichen« Todesfällen ansetzen, um die Berechnungen von Rekrutierungsraten und Raubfeindverlusten auszugleichen. Salopp gesagt, sollten die Huftiere also besser auf den Himmel und die Wetterentwicklung schauen, anstatt sich um hungrige Raubtiere zu kümmern, die ihnen nach dem Leben trachten. Auf solche Bedrohung haben sie Antworten – das Wetter und den Regenfall können sie dagegen durch noch so große Aufmerksamkeit oder Flinkheit nicht beeinflussen.

Es ist die alte Frage, ob man die Perspektive des Täters oder des Opfers einnimmt: Obwohl beispielsweise in einer Millionenstadt täglich Menschen durch Unfälle oder Gewalttaten zu Schaden kommen, sind doch fast alle Einwohner – mehr oder weniger – geruhsam damit beschäftigt, ihren Lebensunterhalt zu verdienen, der dann über ihr Wohl oder Wehe entscheidet. Polizisten oder Notaufnahmeärzte erleben die Großstadt als blutigen Kampfplatz, der Normalbürger wird es dagegen eher interessant und anregend finden, dort zu leben. Mit der Steppe ist es nicht anders. Aber viele Besucher in den Nationalparks beschränken sich auf die Perspektive der Täter, weil sie es natürlich spannend finden, Löwen oder Geparden zu beobachten. Deshalb kommt ihnen die Steppe oft viel dramatischer und gefährlicher vor, als sie ist – vor allem aber, weil sie nicht mit allen Sinnen und Organen daran angepaßt sind.

DRITTER TEIL

WILDER WESTEN

Die Knochen waren alt, das Fell trocken, kein Fett, kein Saft mehr. Die Botschaften in ihrer Nase signalisierten klar, daß es Zeitvergeudung wäre, hier weiter zu suchen. Die verdorrten Halme ringsum strömten den penetranten Geruch fremder Artgenossen aus. Viele waren hier gewesen, viele hatten ihre Marken hinterlassen. Die Muskeln an ihrem After zuckten, der Drang, den eigenen Geruch über die fremden Marken zu decken, kam für Sekunden in ihr hoch. Aber sie zügelte ihn sofort wieder. Sie war allein, hatte keinen Partner, der sie unterstützen konnte, und das Aroma war bedrohlich intensiv. Nur nicht auffallen! Sie wandte sich ab, wie von allein nahm ihr Kopf den Schwung der Bewegung auf, und nach wenigen Schritten pendelte sich sein Schaukeln zu dem angenehmen Rhythmus ein, der ihren gesamten Körper in einen wippenden, fließenden Takt brachte und sie mühelos vorantrug.

Bald hatte sie mehrere hundert Meter hinter sich gebracht, ihr Puls war nicht schneller geworden. Gleichmäßig zogen ihre mächtigen Lungen die kalte Nachtluft ein, der harte, staubige Boden unter ihr lief sich gut. Das Gras war manchmal höher als sie selbst, und sie konnte dann nicht viel sehen. Aber sie wußte auch ohne Sichtkontakt, daß weit vor ihr eine Herde war. Sie hatte die Vibrationen Tausender Hufe gespürt, verwehte Rufe der Hornträger – und den Sammelruf von Artgenossen! Es war klar, daß die Tiere weit entfernt waren. Ein langer Weg war zurückzulegen. Wenn der Wind gut stand, konnte sie Herden hören, weit hinter dem Horizont, und es dauerte dann manchmal Stunden, bis sie dort war. Doch heute drangen die Geräusche nicht mit dem Wind, sondern gegen ihn an ihr Ohr: Die Herde war also nah genug, um sie noch vor Tagesanbruch zu erreichen.

Der Mond war längst verschwunden, die Sterne flimmerten im Dunst nur noch schwach. Doch sie sah jeden Halm, jedes Loch im Boden, herumhuschende Grasratten, geschäftige Termiten bei der Ernte, die kurzen rauhen Zweige der Pflanzen, die auf den Erdwällen von Höhlen wuchsen. Sie hatte als Jungtier oft an diesen Zweigen gekaut, bis das bittere Aroma und die kurzen Stacheln ihre Mundschleimhaut derart reizten, daß es kein Vergnügen mehr war, sie zu zermalmen. Das warme Aroma der Fellosen in einer der Höhlen fing sich kurz in ihren Nüstern. Sie hatte nur einmal versucht, sich mit einem Fellosen anzulegen und sich dabei eine tiefe Rißwunde an der Schulter zugezogen. Die

Fellosen liefen nicht einfach nur fort, sie stellten sich, und ihre geschwungenen Zähne waren aus nächster Nähe zu gefährlich, um ihnen halbwegs sicher auszuweichen. Nicht die Mühe und das Risiko wert …

Weiter! Der Rhythmus kam fließend, ihr war angenehm warm, und obwohl sie seit zwei Tagen nur kleinere Knochen gefressen hatte, fühlte sie sich nicht schwach. Aber in ihr brannte der Hunger. Bei jedem Schritt schwang ihr großes Euter hin und her und rieb gegen die Innenseiten ihrer Hinterläufe. Es war dieses Euter, das sie nun zum Sklaven ihres Hungers machte, das jede Kalorie aus ihrem Körper saugte, um sie in Milch zu verwandeln. Schemenhaft gaukelten Bilder kleiner, schwarzer Bündel vor ihr. Bündel, die mit ungeschickten und überschießenden Bewegungen um sie herumtollten. Kurz durchströmte sie das intensive Glücksgefühl, das sie empfand, wenn die Jungen über sie kletterten, ihre Schnauzen ihr Euter massierten und der wohlige Schauer des Milchflusses sie einlullte.

Der Ruf klang unverhofft laut und scharf, keine Entfernung verharmloste ihn. Abrupt blieb sie stehen. Vor ihr ein sanfter Hügel, kaum zu erahnen in dem flachen Land, aber ihre Sicht reichte nur bis zum Horizont dort auf der Kuppe. Jetzt, ohne die eigenen Laufgeräusche, hörte sie deutlich das vertraute Scharren, das Splittern von Knochen, Körper im Gras. Die Herde war dagegen noch weit jenseits des Hügels – das wußte sie, ohne einen Blick über die Kuppe werfen zu müssen. Der Himmel hinter ihr erhellte sich allmählich, die kälteste Stunde des Tages brach an. Ihre Atemfahne wurde sofort von dem eisigen Wind zerfetzt, der ihr das Fell aufstellte. Die Geräusche des Windes waren störend, als sie nun ihre Ohrtrichter nach vorn richtete, um das Klangbild näher zu untersuchen.

Vor ihr waren Artgenossen, es waren viele – und fremde! In ihr mischten sich Vorsicht, Angst, Neugier – doch ihr Hunger war stärker! Schon trottete sie den flachen Hang hinauf. Die Kuppe schien vor ihr fort zu weichen. Jedesmal wenn sie glaubte, den höchsten Punkt erreicht zu haben, stieg das Gelände wieder um einige Zentimeter an. Sie reckte den Kopf über das unruhige Geflirr der Halme. Ihr Geruchssinn war nun wirkungslos, die Windböen kämmten ihr Fell gegen den Strich.

Endlich sah sie die Fremden. Es dämmerte inzwischen, aber sie brauchte kaum zusätzliches Licht. Die Tiere vor ihr standen, wie sie selbst, in hohem

41 Eine Tüpfelhyäne vertreibt einen Schabrackenschakal. Die heftige Konkurrenz an den Kadavern hat entscheidend die Lebensweise von Hyänen geprägt.

42 (nachfolgende Doppelseite) Das Gebiß von Hyänen kann einen Druck von bis zu 800 Kilogramm pro Quadratzentimeter ausüben.

43 *(vorhergehende Doppelseite)* Hyänen sind sehr effiziente Jäger. Sie hetzen ihre Beute bis zu fünf Kilometern weit.

44–45 *(linke Seite)* Hyänen bringen sehr selten Fleisch zum Bau. Ihre Jungen wachsen nur mit Milch auf. Der Nachwuchs mehrerer Mütter wird in Gemeinschaftshöhlen untergebracht.

46 *(oben)* Ein junges Männchen nähert sich vorsichtig seiner Mutter, die schon zwei weitere Säuglinge hat. Männchen sind immer rangniedriger als Weibchen.

47 Zwischen verschiedenen Hyänen-Clans kommt es mitunter zu heftigen Kämpfen und schweren Verletzungen. Dieses Tier jedoch wurde von einem Löwen getötet und nahezu vollständig von Artgenossen vertilgt.

Gras. Keine Fellzeichnung erkannte sie wieder, keine Bewegung kam ihr vertraut vor.

Sie war weit weg von ihrem eigenen Jagdgebiet. Dort hätte sie kaum gezögert, sich der Gruppe zu nähern. Fremde hatten sich dort meist schnell zurückgezogen, und jederzeit konnte sie die Mitglieder ihres großen Clans zur Unterstützung herbeirufen. Hier aber war sie die Fremde! Sie war allerdings nicht unmittelbar in Gefahr, und noch gab es keinen Grund zu flüchten. Der Kadaver zwischen den Tieren sah lohnend aus. Er mußte noch Masse haben, das konnte sie an den Kraftanstrengungen der fressenden und zerrenden Tiere ablesen. Dort gab es Futter, und wenn sie es richtig anstellte, fiel für sie vielleicht etwas ab. Aber zunächst mußte sie herausfinden, wen sie vor sich hatte! Am besten schlich sie sich erst einmal windab von der Gruppe auf die andere Seite des Kadavers.

Obwohl sie jederzeit in den Luftströmungen mit ihrer Nase las wie in einem offenen Buch, war ihr andererseits nicht bewußt, daß der Wind auch ihren eigenen Geruch mit sich trug, diesmal auf die fressenden Tiere zu. Sie schlug sich in einem weiten Bogen ins Gras und verlor die Gruppe aus den Augen. Von nun an führten sie nur ihre Ohren. Als sie zwischen den gelben Halmen auftauchte, um erste Geruchsproben zu nehmen, stand sie einem riesigen Weibchen gegenüber. Auch ohne direkt in den Wind zu kommen, war der Geruch jetzt so stark, daß sie ihn wiedererkannte. Sie hatte ihn in der letzten Nacht an mehreren Stellen wahrgenommen, zuletzt an dem alten Kadaver! Diese Tiere waren keine Pendler wie sie. Das aromatische Banner des hiesigen Clans hüllte sie ein – sie war direkt auf die Hausherren gestoßen!

Das Weibchen vor ihr richtete sich auf, Ohren ragten spitz in die Höhe, Augen waren starr auf sie gerichtet. Sie spürte den Ausstoß aus der Analdrüse des Tieres vor sich, und der Geruch erschien ihr unerträglich. Hinter dem Weibchen wandten sich mehrere Tiere vom Knochengerüst ab, an dem sie nagten. Sofort schnellten auch ihre Schwänze hoch, die beißenden Ausdünstungen erfüllten sie mit Panik. Schulter an Schulter kamen sie heran, tiefes Grollen drang aus ihren fast geschlossenen Mäulern.

Wenn sie jetzt einen Fehler machte, konnte es sie das Leben kosten! Es war aussichtslos zu flüchten, dazu war sie viel zu nah. Sie konnte sich auch nicht wehren – die Einheimischen würden sie zerreißen. Sie hatte solche Situationen schon erlebt, allerdings auf der anderen, der überlegenen Seite. Es gab nur eine Möglichkeit, ohne schwere Verletzungen davonzukommen.

Mit weit offenem Maul und angelegten Ohren kauerte sie sich nieder, ein greller Schrei entfuhr ihr, der wimmernd in verzweifeltes Grollen überging. Die intensivste Form der Unterwerfung, die weitestgehende Aufgabe aller Ansprüche, wie ein hilfloses Jungtier den Überlegenen auf Gnade oder Verderb ausgeliefert. Wenn sie Glück hatte, blieb es nur bei einigen Bissen!

Wie eine Woge brachen die Einheimischen über sie herein.

KAPITEL 1

DIE KNOCHENBRECHER

Im Fernglas ein Wirbel von gefleckten Körpern, schnappenden Kiefern, vor- und zurückschießenden Köpfen. Alles übertönt von infernalischem Geschrei, dumpf vibrierendem Grollen und hysterischem Kichern. Das geplagte Weibchen warf sich herum, rannte ein paar Schritte und drückte ihren Hinterleib wieder flach an den Boden, wand sich von einer Seite zur anderen und versuchte, die Angreifer mit ihrem ängstlich aufgerissenem Maul gnädiger zu stimmen. Dennoch bohrten sich zentimeterlange Fangzähne in ihr Fell, sie wurde wüst hin und her gerissen, als sollte ihr gesamter Rücken zerfetzt werden. Aber es ging noch relativ glimpflich ab, denn sie konnte verhindern, daß eines ihrer Beine zwischen die mörderischen Scheren der Backenzähne geriet – das hätte Amputation bedeuten können!

Die Backenzähne von Hyänen können bis zu 800 Kilogramm Druck auf einen Quadratzentimeter ausüben. Ein Wissenschaftler hat das einmal anschaulich mit dem Druck eines Elefanten auf Stöckelschuhen verglichen. Solch gewaltige Beißkraft dient zum Zerkleinern auch massivster Röhrenknochen. Und wehe dem Opfer, das bei einer Rauferei nicht auf seine Füße achtet. Es gibt Hyänen, die auf drei Beinen durch die Serengeti humpeln. Zu meiner großen Verblüffung sah ich einmal, wie ein derartig gehandikaptes Tier sich tatsächlich beim Streit um eine Beute relativ gut seinen Artgenossen gegenüber behauptete. Es hatte offenbar seinen Rang in der Gruppe halbwegs beibehalten können, obwohl es sicher nicht mehr sehr kampftüchtig war. Und der Rang einer Hyäne entscheidet über alles andere in ihrem Leben.

Hyänen (darunter verstehe ich in diesem Kapitel immer Tüpfelhyänen, die anderen Hyänenarten haben teilweise deutlich abweichende Lebensweisen,) wirken zunächst auf den Betrachter verwirrend. Wenig andere Tiere erscheinen uns derart widersprüchlich. Einmal erlebt man sie als einheitlich operierende Jagdgemeinschaft von über fünfzig Tieren, dann wieder sieht man sie nicht weit entfernt wochenlang fast nur als Einzelgänger. Die Mütter kümmern sich zärtlich um ihren eigenen Nachwuchs, beißen fremde Junge aber rücksichtslos fort und zögern auch nicht, sie umzubringen. Ausgewachsene Tiere liefern sich brutale Schlachten, oder sie weichen geradezu ängstlich »Halbstarken« aus. Sie können sich monatelang mit Abfall und Knochenresten durchschlagen. Sie fressen Fische oder Insekten, jagen aber auch Huftiere bis zu Büffelgröße. Kurz: Ihr Sozialsystem ist sehr flexibel, und sie sind äußerst anpassungsfähige Sammler und Jäger, die sich viele der Fleischfressernischen in den afrikanischen Grasländern erschlossen haben.

In meinem ersten Studienjahr in Ostafrika waren Hyänen zweifellos die Tiere, die mich (selbstverständlich abgesehen von Warzenschweinen) am stärksten beeindruckten. Und da sie zumindest zeitweilig mit meinen fellosen Studienobjekten um Höhlen konkurrierten, behielt ich auch sie im Auge.

DAS DIKTAT DER HORMONE Die Morgendämmerung ist grau, am wolkenverhangenen Horizont im linken Fenster zeichnet sich gerade sichtbare Helligkeit ab. Der Wagen schlingert auf der Piste, die aufgeweicht ist von nächtlichen Schauern, doch das Gras ist strohgelb und trocken. Vorn, direkt neben der Fahrspur, plötzlich eine Bewegung zwischen den Halmen. Ringsum stehen gleichmütige Gnus, aber dort wuseln einige kleine Schatten um einen großen dunklen Brocken, kaum beachtet von der gelassen wiederkäuenden Herde. Ich stoppe, rechtsab liegt ein Gnu auf dem Boden, die Vorderläufe unter den Leib geknickt, als wolle es sich bereithalten zum schnellen Aufstehen, der Kopf dreht sich mir zu. Die Schatten hinter ihm waren kurz zurückgewichen, als der Wagen heranrollte, jetzt kommen sie wieder näher. Erst nach einigen Sekunden begreife ich, was ich sehe.

Der mir abgewandte Hinterleib des Gnus ist geöffnet, Eingeweide glänzen im schummerigen Licht, die blutigen Köpfe der beiden Hyänen tauchen wieder ein in die Leibeshöhle. Ich höre das Knirschen reißenden

Gewebes, der Körper des großen Tieres pendelt unter der Gewalt der Kiefer tief in ihm. Das Gnu schaut mich vorwurfsvoll aus matten Augen an, schwach empört es sich mit einem leisen Blöken und dreht den Kopf nach seinen Peinigern. Seine Artgenossen ringsum werfen neugierige Blicke herüber, aber keiner würde in seinen letzten Minuten näher kommen. Mir steigt ein Würgen die Kehle hoch, hastig lege ich den Gang ein und lasse die Kupplung kommen.

Man mag zu Hyänen stehen, wie man will: Wenn man sie aus nächster Nähe beim Töten größerer Beute erlebt, ist der Anblick schier unerträglich. Während die meist einzeln jagenden großen Katzen ihr Opfer mit ihren kräftigen Pranken niederringen und mit einem speziellen Tötungsbiß »ruhigstellen«, um es dann ohne eigenes Verletzungsrisiko vergleichsweise gemächlich zu verspeisen, zerreißen hetzende Rudeljäger, wie Wildhunde oder eben Hyänen, ihre Beute bei lebendigem Leib. Ihre an schnelles und ausdauerndes Laufen angepaßten Beine sind völlig ungeeignet für Ringkämpfe mit dem Opfer. Sobald es festgehalten werden kann, beginnen alle zu fressen.

Keiner verschwendet Zeit damit, das Beutetier erst mehr oder weniger umständlich umzubringen, denn dann wären ihm die anderen um einige Bissen voraus. Das Tempo, mit dem Hyänen fressen, ist schier unglaublich. Man hat gestoppt, das 36 Hyänen ein voll ausgewachsenes Zebra (das sind immerhin an die 250 Kilogramm) in einer halben Stunde bis auf den Schädel und Teile der Wirbelsäule komplett vertilgten! Bis zu 15 Kilogramm Fleisch und Knochen kann eine einzelne Hyäne in derart kurzer Zeit hinunterschlingen!

Die heftige Konkurrenz, wenn es darum geht, möglichst viel von der Beute abzubekommen, durchdringt und prägt offenbar das gesamte Geflecht der sozialen Beziehungen unter Hyänen. Die schlichte Frage »Warum leben Hyänen in völlig anders strukturierten Gruppen als Löwen?« ist nur zum Teil mit einer logischen Abfolge von Gründen zu beantworten. Einzelne »Weichenstellungen« in der Evolution aller Arten waren zufällige »Erfindungen«, die sich als erfolgreich erwiesen und deshalb beibehalten wurden. Auf diesen Zufällen mußten dann aber alle folgenden

Zufallserfindungen aufbauen, so daß für ähnliche Anforderungen manchmal ganz unterschiedliche Lösungen herauskamen.

Beispielsweise könnten einige Weibchen zufällig höhere Mengen von männlichen Hormonen im Blut gehabt haben als andere. Diese sogenannten Androgene machen Tiere allgemein aggressiver – sie setzen sich also besser in Konkurrenzsituationen durch. Die Veranlagung, einen höheren Spiegel an männlichen Hormonen im Blut zu bilden, könnte nun zu besseren Aufzuchterfolgen dieser Weibchen geführt haben – gesteigerte Aggressivität führt zu höheren Beuteanteilen, wodurch sie ihre Jungen besser versorgen können. Damit war in einer auf Dominanz aufgebauten Gesellschaft das Tor zu einer Entwicklung hin zu immer »männlicheren« Weibchen geöffnet.

Genau dies ist bei den Tüpfelhyänen der Fall. Die Weibchen sind durchschnittlich schwerer und stärker, und sie haben manchmal sogar mehr Androgene im Blut als die Männchen, auch wenn es sich um unterschiedliche Hormoncocktails handelt. Von vielen Säugetieren (und nicht zuletzt von Menschen in Zusammenhang mit alltäglichen Dopings im Hochleistungssport) weiß man, daß hohe Gaben des männlichen Hormons Testosteron im weiblichen Organismus zu nichtfunktionalen, männlichen Pseudogeschlechtsteilen führen. In menschlichen Gesellschaften mag das gewisse peinliche Komplikationen mit sich bringen, einer Hyäne dürfte es allerdings ziemlich egal sein – Hauptsache, sie bekommt ihre Jungen durch!

So findet man an männlichen und weiblichen Hyänen denn auch frappierende äußerliche Übereinstimmungen, und es gehört schon ein gewisses fachmännisches Auge dazu, sie sicher nach ihrem Geschlecht zu unterscheiden. Kein Wunder, daß sie in der folkloristischen Mythologie als Zwitter mit allerlei magischen Eigenschaften daherkommen.

Heute nimmt man als androgen beeinflußter Wissenschaftler eher befremdet zur Kenntnis, daß das Ursymbol der Männlichkeit, der erigierte Penis, in der matriarchalischen Gesellschaft der Hyänen eher zum Symbol der Unterwürfigkeit degradiert wurde. Ob es einem gefällt oder nicht, es gibt unabweisbare Hinweise darauf, daß die Präsentation des geschwollenen Gliedes bei Hyänen als Angebot zur friedfertigen Beilegung von Spannungen aufzufassen ist. Hans Kruuk, der als erster systematisch die Begrüßungsrituale von Hyänen analysierte, hat nachgewiesen, daß die Annäherungen und die Präsentation der Weichen – der empfindlichsten Körperregion (ganz ohne sexistische Nebengedanken, schließlich wird dort der Beute zuerst der Leib aufgerissen) – eine besondere Unterwerfungsgeste bedeutet. Hebt das unterlegene Tier das Bein, so reagiert das dominante Tier darauf im allgemeinen mit einem »wohlwollenden« Beschnüffeln der drüsenreichen Haut der Genitalregion, bis man sich meist entspannt trennt. Es ist bezeichnend, daß dieses Verhalten unter Hyänen kaum etwas mit sexuellen Zusammenhängen zu tun hat, daß vor allem Jungtiere besonders ausgeprägt zum Beschnüffeln einladen. Dieses Verhalten trägt offenbar wesentlich dazu bei, gefährlich bewaffnete und ständig »unter Strom stehende« Tiere halbwegs in Frieden miteinander leben zu lassen. Halbwegs, denn in den Gemeinschaften der Hetzjäger geht es dennoch rauh genug zu.

Wenn es die Lebensumstände zulassen, das heißt vor allem, wenn es genügend große Beutetiere gibt, bilden Hyänen Rudel, die man Clans nennt und die gemeinsam ein Jagdrevier gegen andere Hyänen verteidigen. Solche Clans bestehen aus Weibchen mit deren Töchtern und weiteren Verwandten, zu denen sich Männchen von außen gesellen. Der weibliche Nachwuchs wird meist in die Gruppe integriert, während die Söhne abwandern, sobald sie geschlechtsreif werden. Im Prinzip also eine ähnliche Organisation wie bei den Löwen, aber – wie bereits angedeutet – eben mit den speziellen Hyänen-Lösungen für das Zusammenleben.

Während es bei Löwen keine Rangordnung gibt, ist eine strenge Hierarchie unter Hyänen das entscheidende Mittel, um trotz des hohen Aggressionspotentials der Clanmitglieder ein Gemeinschaftsleben zu organisieren. Die maskulinen Weibchen stehen im Rang über allen Männchen, die als zugewanderte Tiere immer ganz unten auf der Leiter beginnen müssen. Die Töchter übernehmen im Clan jeweils den Rang direkt unterhalb der Mutter und sind schon mit wenigen Monaten allen deutlich größeren Weibchen, die unter ihrer Mutter rangieren, klar überlegen. Das Diktat der Rangordnung beginnt schon in den ersten Minuten des Lebens. Die hohen Hormonspiegel der Mütter werden auch an die noch ungeborenen Jungen weitergegeben, so daß diese schon ungewöhnlich aggressiv auf die Welt kommen.

Bei Zoogeburten fand man, daß die Neugeborenen sofort begannen, sich heftig zu bekämpfen: Sie haben von Anfang an schon offene Augen und dazu spitze, vergleichsweise kräftige Milchzähne, die sie gleich nach der Geburt schon äußerst unfreundlich gegen ihre Geschwister einsetzen. Dabei bleiben schwache Säuglinge schon einmal auf der Strecke, vor allem aber führen die ständigen Auseinandersetzungen der ersten Tage und Wochen dazu, daß die Schwächeren weniger Milch bekommen und damit weiter hinter ihren kräftigeren Schwestern oder Brüdern zurückbleiben.

Da die Töchter in den Clans bleiben, ist natürlich die Rivalität mit der theoretisch gleichrangigen Schwester entscheidend für den ersten Aufstieg in der Hierarchie: Später sind Rangstufen nur noch äußerst schwierig (oft sogar nur mit Hilfe von »Koalitionspartnern«) zu erklimmen. Deshalb sind zwei überlebende Töchter in einem Wurf eher selten: Die heftige Konkurrenz unter ihnen führt oft genug zum Tod einer von beiden. Noch verblüffender ist, daß (vor allem ranghohe) Hyänen-Mütter es irgendwie fertigbringen, besonders viele Söhne aufzuziehen. Diese profitieren von ihrem hohen Rang, das heißt, sie verlassen die Clans später als sehr kräftige und selbstbewußte Tiere und pflanzen sich in den neuen Clans, wo sie sich ansiedeln, wesentlich häufiger fort als rangniedere Artgenossen. Söhne bescheren den ranghohen Weibchen theoretisch viel mehr Nachkommen als Töchter, denn diese brauchen nun einmal für jeden eigenen Wurf an die zwei Jahre.

In den ersten Lebenswochen scheinen die Kleinen die ererbten Ränge noch nicht zu kennen und streiten sich fröhlich nach Lust, Laune und Körperkraft. Später lernen sie, daß sie sich bestimmte Freiheiten gegenüber einzelnen Mitgliedern nicht ohne manchmal heftige Sanktionen erlauben dürfen.

Im Ngorongoro-Krater trafen wir morgens einmal auf ein Hyänen-Männchen, das gerade ein Gnu-Kalb gerissen hatte. Zwei junge Schnösel, nur halb so groß wie der erfolgreiche Jäger, kamen dazu, und er wagte es nicht, sein mühsam erarbeitetes Mahl gegen sie zu verteidigen. Winselnd versuchte er, wenigstens ein paar Brocken zu ergattern, was die Halbstarken mit Drohgesten quittierten, die auf uns geradezu lächerlich wirkten. Obwohl weit und breit keine Mutter sichtbar war, die diesen Drohungen Nachdruck hätte verleihen können, genügten sie, um ihn abzuschrecken. Das mag zunächst absurd wirken. Aber eigentlich ist es ja das entscheidende Merkmal einer jeden Rangordnung, daß sie nicht jedesmal neu mit Gewalt durchgesetzt werden muß; ansonsten wäre sie schlicht überflüssig. Deshalb behalten auch verletzte Tiere offensichtlich lange ihren Rang bei, selbst wenn sie ihn nicht aktuell verteidigen könnten.

Das Gemeinschaftsleben der Hyänen ist im Ngorongoro-Krater sehr ausgeprägt. In dieser Gegend sind sie besonders häufig, weil sie dort vergleichsweise wie im Schlaraffenland leben. In der Serengeti mit ihrem deutlich geringeren und saisonal stark schwankenden Beuteangebot ist der Zusammenhalt unter den Jägern schon etwas geringer. Im südlichen Afrika, auf den kargen Flächen der Kalahari-Halbwüste, leben Tüpfelhyänen in riesigen Gebieten, die kaum noch einen echten Clanzusammenhalt mit dazugehöriger Territorialverteidigung erkennen lassen – ein weiteres Beispiel dafür, daß Säugetiere nicht wie »Automaten« nach einem Programm funktionieren, sondern sich in fein abgestuften Anpassungen mit den Herausforderungen des jeweiligen Lebensraums auseinandersetzen können. Bei Hyänen im besonderen drückt sich dies auch in einem beeindruckend weiten Beutespektrum und verblüffend abwechslungsreichen Jagdtaktiken aus.

GROSSHERZIGE KILLER Die klassische Hyänen-Jagd kennt keine verborgene Annäherung, kein Anschleichen, kein Lauern. Die Jäger gehen offen auf die in Aussicht genommenen Opfer zu und mustern sie kühl nach nur ihnen erkennbaren Kriterien. Mich hat es jedesmal kalt überlaufen, wenn ich abends die Formationen der Getüpfelten in düsterer Entschlossenheit durch das Grasland ziehen sah.

Je nachdem, ob sie es auf Zebras, Gnus oder Gazellen abgesehen haben, finden sich unterschiedlich viele Tiere zusammen. Die verteidigungsstarken Zebras brauchen die größten Gruppen, Gazellen werden auch von Einzeltieren gejagt. Herden scheuchen die Jäger oft zunächst kurz herum, um dann wieder stehenzubleiben und die Huftiere abschätzend zu mustern – wer zeigt Zeichen von Schwäche? Sobald sie dabei ein mögliches Opfer herausgefunden haben, beginnen sie zu laufen.

Die kühle, geschäftsmäßige Sachlichkeit, mit der Hyänen jagen, schnürt einem die Kehle zu. Es ist nicht der überraschende Sprung eines zustoßenden Löwen, das stundenlange Lauern eines Leoparden, der explosive Wettlauf mit einem Gepard: Es ist die unverhüllte Ankündigung kommenden Unheils, die in annähernd dreißig bis vierzig Prozent der Versuche auch tatsächlich tödlich endet. Im Verhältnis zu ihrer Körpergröße haben Hyänen das größte Herz aller afrikanischen Raubtiere. Sie können ohne weiteres über fünf Kilometer mit fast fünfzig Stundenkilometer laufen und dann immer noch energisch in die Flanken und Weichteile eines ausschlagenden Zebras oder Gnus beißen. Nur selten hat das Opfer dann noch eine Chance. Bleibt es stehen, ausgepumpt und gelähmt vor Schmerz, ist es endgültig verloren, selbst wenn keine weiteren Jäger dazukommen, die die Prozedur wenigstens etwas abkürzen.

Ich habe nur einmal gesehen, daß ein Gnu im letzten Moment doch noch entwischte. Es hatte schlicht das Glück – oder war clever genug –, durch eine dichtstehende Gruppe unbeteiligter Gnus zu laufen. Die verfolgende Hyäne mußte einen weiten Bogen machen, um nicht in die Tiere zu prallen. Seltsam genug, sie verfolgte energisch ein Gnu, und wich dann erschrocken anderen Gnus aus, so daß das Opfer einen Vorsprung gewann, den sie nicht mehr aufholen konnte.

Wie gesagt, dies ist die Standardtaktik. Daneben jagen Hyänen als Einzeltiere äußerst geschickt Kitze, die sie manchmal nach langem Suchen aufscheuchen. In meinem Arbeitsgebiet gab es im Herbst 1983 große Herden von Leier-Antilopen, die mit ihren Kälbern auf den Kurzgrasgebieten weideten. Es war schauerlich zu beobachten, wenn die Hyänen morgens auf Kälber aufmerksam wurden. Auch wenn die Antilopen wütende Versuche unternahmen, sie von den Kleinen fernzuhalten, blieben die Jäger dem ausgesuchten Opfer beharrlich auf den Fersen: Nach mehreren Minuten Tumult blieb so manches Mal von einem der zimtbraunen, rundköpfigen Geschöpfe nur ein blutiger Fleck im Gras übrig. Wenigstens ging es jedesmal schnell.

Der Kameramann Warren Samuels bemerkte auf den Ebenen nördlich des Masai-Mara-Reservats eine bis dahin weitgehend unbekannte Jagdmethode: Einzelne Hyänen gingen mittags, wenn normalerweise alle Raubtiere irgendwo im Schatten vor sich hin dösen, gemächlich durch die Herden von entspannten Leier-Antilopen, in denen so manches Tier ebenfalls sich dem Schlummer hingab. Ohne irgendwelche Vorbereitungen konnten sie dabei bis auf wenige Meter an die schlafenden Tiere herankommen und in ein, zwei Sätzen über einen der Schläfer herfallen. Ganz einfach, aber kein anderer afrikanischer Jäger könnte dies auch nur versuchen.

Im März 1984 – ich bereitete mich schon auf meine Abreise vor – wurde ich Zeuge einer weiteren Art zu jagen.

Wie üblich komme ich lange vor Sonnenaufgang in mein Studiengebiet. Das Land ist graubraun, Nebel hängt über dem trockenen, stellenweise noch halbmeterhohen Themeda-Gras, das die Senke bis zum Isuria Escarpment im Westen bedeckt. Im Dunst steht die Büffelherde, die jetzt regelmäßig hierherkommt, um das Trockenfutter abzuweiden. Zwischen ihnen sind Kälber, und die Kühe wirken angespannt, nicht nur wegen meines Geländewagens. Routinemäßig bleibe ich stehen und überfliege die Menge der Tiere, suche nach dem Grund ihrer Beunruhigung. Erst als mein Blick durch das Fernglas weit von der Herde fortschwenkt, erkenne ich ihn: Hundert Meter von der Herde entfernt stehen – scheinbar unschlüssig – zwei Hyänen. Eigentlich nichts Ungewöhnliches. Ich will gerade abfahren, als ich fünf weitere Hyänen links neben dem Wagen sehe. Ihnen galt also die Aufmerksamkeit der Kühe! Alle starren intensiv an dem Auto vorbei. Nach einigen Monaten im Feld spürt man sofort die Spannung, die über den Tieren liegt. Diese Konstellation ist kein Zufall!

Völlig unvermittelt läuft eine der beiden Vorhut-Hyänen los. Locker im Schaukelgalopp passiert sie die ersten Kühe und Kälber. Plötzlich entsteht hinter einigen dichtgedrängten Büffeln, die mir die Sicht versperren, eine heftige Bewegung. Die Hyäne erscheint wieder, über die Schulter schauend, hinter ihr eine zornige Kuh. Die anderen Hyänen kommen gemächlich näher, Köpfe mit gewaltigen Hörnern wenden sich ihnen zu, nasse Nüstern schnauben, Hörner senken sich, massige Körper setzen sich in wuchtige Bewegung, lässig weichen ihnen die getüpfelten Gestalten im hohen Gras aus. Es sind nun mindestens zehn bis fünfzehn Hyänen, wo kommen sie so schnell her? Die schwarzen Ungetüme werfen sich herum, als hinter ihnen das Blöken eines Kalbes das Stampfen übertönt. Der lange Hals eines Jägers wippt vor nahenden Hornspitzen, ein Jungtier taumelt auf seine Mutter zu, die es fürsorglich mit warmer Schnauze empfängt. Überall drängen sich jetzt Kälber an Kühe. Ein, zwei Schatten flitzen plötzlich mit überraschender Geschwindigkeit zwischen die massigen Gestalten, wieder Blöken, ein weiteres Kalb strauchelt, stürzt zu Boden, kommt klagend auf die Beine, eine Hyäne duckt sich unter schwingenden Hörnern. Prustend stampft die empörte Kuh ihr hinterher, um sofort wieder ihre Masse abzubremsen, als hinter ihr wieder das Klagen des Kalbs ertönt: Eine andere Hyäne hängt am Hinterteil des Jungtieres und reißt es zu Boden, Kiefer schnappen, Zähne blitzen. Das Kalb blutet.

Ich bin wie vor den Kopf geschlagen. In weniger als vierzig Sekunden haben die Jäger inmitten von etwa fünfzig Büffelkühen und einem Dutzend Bullen mindestens ein Kalb verletzt und ziehen sich dann zunächst zurück, weil die Kühe jetzt einen dichten Kordon um die Kälber legen. Aber die Jäger geben nicht auf. Anderthalb Stunden lang beobachte ich gebannt das archaische Kräftemessen zwischen den 800 Kilo schweren Büffeln und den an die 65 Kilo leichten Hyänen.

Sie ließen nicht locker. Nach dem ersten Angriff gab es bei jedem Versuch der Herde, das Gebiet zu verlassen, weitere Attacken nach dem Muster der ersten. Ich hatte den Eindruck, daß sie sich tatsächlich vor allem auf das erste verletzte Kalb konzentrierten, aber in dem Getümmel war das kaum zu erkennen. Jedenfalls war nach gut einer Stunde klar, daß ein Kalb in ernste Schwierigkeiten geraten war. Die Herde wanderte verunsichert ab, und die Mutter blieb mit dem verletzten Kalb, das sich nun kaum noch auf den Beinen halten konnte, zurück. Es waren inzwischen etwa 25 Hyänen, die sie schwer beschäftigten. Schnaufend stampfte sie zwischen den behenden Angreifern herum, die sie fast spielerisch immer wieder ins Leere laufen ließen, während hinter ihr scharfe Zähne ihr Ziel fanden. In den nächsten zwanzig Minuten kamen immer wieder einzelne Kühe aus der

Herde zur Unterstützung zurück, wanderten aber, sobald die Gefahr gebannt schien, wieder ab. Auch die Mutter ermunterte dann ihren Sprößling, ihr zurück in den sicheren Hafen der Herde zu folgen, aber er kam selten weiter als ein paar Schritte: Kaum war sie vorangelaufen, hing die Meute an dem verwirrten Kalb, bis es nicht mehr die Kraft hatte aufzustehen. Nach rund neunzig Minuten hatten die Hyänen endgültig den Sieg davongetragen und erlaubten sich sogar kurze Ausfälle auf die verstörte Mutter. Zunächst reagierte sie noch auf die Rufe ihres Kalbs unter dem Berg von Hyänen. Aber als sie verstummten, gab sie schließlich auf.

Diese Jagdtechnik ist wesentlich wirkungsvoller als alles, was man von Löwen kennt, wobei besonders die Beharrlichkeit erstaunt, mit der die Tiere an einem ausgewählten Opfer bleiben. Ist die Beute niedergestreckt, fressen alle so schnell sie können. Auf den ersten Blick sieht das total chaotisch aus. Geübte Beobachter erkennen allerdings, daß es erstaunlich wenig Auseinandersetzungen um Futter gibt – die ranghohen Tiere setzen sich ohne große Beißereien durch.

PENDLER AUF DEN EBENEN Ein typisches Merkmal von Tüpfelhyänen ist, daß sie kein Futter zum Bau tragen oder, wie beispielsweise Wildhunde oder Schakale, den Jungen Fleisch vorwürgen. Hyänen-Zöglinge werden in ihren ersten acht Monaten fast ausschließlich mit Milch ernährt! Möglicherweise ist das eine Folge ihrer stammesgeschichtlichen Vergangenheit als Aasfresser mit einer entsprechend robusten Verdauung. Sie verwerten praktisch ihre gesamte Beute, während andere Jäger oft fast vierzig Prozent der Kadavermasse zurücklassen. Diese »Sparsamkeit« im Umgang mit Nahrung dürfte ein weiterer Grund dafür sein, daß Hyänen die bei weitem häufigsten Raubtiere in der Serengeti sind. Sie fressen sogar halbverwestes, mit Krankheitskeimen und Parasiten durchsetztes Aas, alte Häute und Knochen. Alles schwerverdauliche Happen, die enorm leistungsfähige Magensäfte erfordern – man meint die Salzsäure in ihren Mägen brodeln zu hören. Das Fleisch ist deshalb schon nach wenigen Stunden weitgehend verdaut. Auf den langen Märschen der Mütter zurück zur Höhle würde ohnehin nicht mehr viel vorzuwürgen sein.

Und selbst wenn das Fleisch frisch gebracht würde: Die Mutter müßte damit rechnen, daß ranghohe Tiere ihren Jungen das Futter sofort streitig machen würden. Dann hätte sie umsonst gearbeitet. Ich habe nur einmal beobachtet, daß eine Hyäne ein Beutetier zum Bau brachte: Das war eindeutig die Clanchefin, der natürlich niemand auch nur einen Bissen zu stehlen wagte.

Bei allem Nährwert der Milch (Hyänen-Milch hat den höchsten Fett- und Eiweißgehalt aller afrikanischen Raubtiere) ist der Milchtransport natürlich weniger effektiv als direkter Fleischtransport. Das liegt an der niemals völlig verlustfreien Umwandlung von Nahrung zu Milch im Muttertier. Deshalb dauert es auch ungewöhnlich lange, bis die Kleinen herangewachsen sind: Erst nach anderthalb Jahren werden sie völlig entwöhnt – Hyänen haben die längste Säugezeit unter allen afrikanischen Fleischfressern. Die Ernährung ihrer Jungen stellt für die Weibchen also eine besonders schwere Bürde dar, erst recht, wenn wenig Beutetiere im Gebiet sind und weite Strecken zurückgelegt werden müssen.

Es hat die Forscher immer wieder erstaunt, daß die Hyänen einerseits zwar erkennbar ein Revier verteidigten, andererseits aber auch weit außerhalb dieser Reviere jagten, wenn es zu Hause nichts zu beißen gab. Vor allem in einem Streifen in der zentralen Serengeti fand eine Arbeitsgruppe des damaligen Max-Planck-Instituts für Verhaltensphysiologie ein ganz besonderes Territorialsystem, das bezeichnend für die Anpassungsfähigkeit von Hyänen ist. Hier liegen die Reviere so, daß die Jäger den Herden von dort aus während eines großen Teils des Jahres sowohl für Jagdausflüge nach Südosten auf die Kurzgrasebenen als auch nach Nordwesten in die angrenzenden Buschländer folgen können.

Schon Hans Kruuk hatte dafür den Begriff »Pendler« vorgeschlagen, denn tatsächlich pendeln die Tiere über oft weite Strecken durch eine Reihe von »feindlichen« Territorien, in denen sie dann heimlich, still und leise, ohne den Hausherren allzusehr ins Gehege zu geraten, ihrer Schlachterei nachgehen oder sich an Resten bedienen. Man kann sich natürlich fragen, ob es sich dann überhaupt noch um Reviere handelt. Genaugenommen meint der Begriff »Territorium« ein Gebiet, von dessen

Ressourcen Fremde ausgeschlossen sind, und zwar unabhängig davon, um welche Ressourcen es sich handelt. Für einen Löwen-Pascha sind es beispielsweise die Weibchen des jeweiligen Rudels, für die Löwen-Weibchen dagegen das Beuteangebot und die Versteckplätze für die Jungen. Wenn etwas aber nicht mehr verteidigt werden kann, weil das benötigte Gebiet beispielsweise zu groß ist oder die Ressourcen den Verteidigungsaufwand nicht mehr wert sind, gibt es strenggenommen kein Reviersystem mehr.

Solche spitzfindigen Fragen sind ein schönes Beispiel dafür, daß Tiere sich nicht darum scheren, wie wir ihre Lebensweisen einzuordnen versuchen. Die nähere Betrachtung ergibt bei vielen biologischen Erscheinungen eben keine klar abgrenzbaren Einheiten, sondern ein fließendes Spektrum an Möglichkeiten. So kommen die Hyänen in den südlichen, trockenen Regionen der Serengeti zumindest zeitweise ohne erkennbare Revierverteidigung zurecht, im Norden, im relativ tierreichen Masai-Mara-Reservat, verteidigen sie ihre Reviere dagegen strikt und verlassen sie kaum einmal zum Jagen. In der zentralen Serengeti verteidigen sie zwar nach wie vor ihre Territorien, sind aber sehr viel großzügiger, wenn die Herden dort zahlreicher werden. Es ist dann genug Beute für alle da, und man muß sich nicht darum streiten. Intensiv verteidigt werden muß jedoch die Umgebung der Höhlen, in denen die eigenen Jungtiere untergebracht sind. Der Anspruch auf das Revier wird also vor allem deshalb aufrechterhalten, um Eindringlinge von jedem Übergriff auf die Jungen abzuschrecken. So kommt es manchmal zu heftigen Reaktionen, wenn Fremde auftauchen. Viel irritierender ist die Tatsache, daß die Hyänen in diesem Gürtel gerade Gebiete einer bestimmten Größe (circa fünfzig Quadratkilometer) verteidigen. Wenn die Herden fortgewandert sind, gibt es für sie dort so gut wie nichts mehr zu jagen; um ausreichend Futter zu finden, brauchten sie dann eigentlich wesentlich größere Flächen. Sobald die Herden dann wieder in ihrem Territorium sind, kämen sie auch mit erheblich kleineren Gebieten aus. Man sieht, die Fragen werden uns so bald nicht ausgehen.

KAPITEL 2

FEUER UND DORNEN

Der Kemarishe-Höhenzug ragt als wuchtige, fast schwarze Masse hoch über den Dornsträuchern empor, die hier dicht an dicht die Piste säumen. Grell leuchtet auf der dunklen Fläche das zuckende Band der Flammen weit oben. Vor mir eine geschlossene grauschwarze Wand: Rauch! Es ist noch eine gute halbe Stunde bis zum Sonnenuntergang, aber schon fast finster. Ringsum liegt das Land düster unter dunklen Schwaden. Der Wind aus Südost faucht durch die offenen Fenster, Asche wirbelt über die Armaturen. Hustenreiz und tränende Augen lassen die Piste kaum erkennen. Hinter einer Kurve steht die Flammenwand direkt an der Piste. Der Boden ist verschwunden, die Böen treiben wirbelnden, dichten weißen Qualm darüber, die schwarzen Skelette der dürren Flötenakazien zeichnen sich für Sekunden vor dem Grau des Rauchs und dem flackerndem Orange ab, dann schließt der dichte Vorhang sich wieder. Wo ist die Piste?

Ein Glutschwall erstickenden Qualms schießt durch den Wagen, die Flammen sind jetzt ungemütlich nah. Zwar brummt vor mir ein Dieselmotor, so daß keine unmittelbare Explosionsgefahr besteht, aber ich möchte die Reifen nicht überstrapazieren. Halb blind taste ich mit den Rädern links nach dem Graben, jetzt nur keine tiefen Ablaufrinnen oder größere Felsbrocken treffen! Am Rand der Piste löst sich trockenes Gras wie ein gleißendes Feuerwerk unter dem peitschenden Wind in einen Schwall von stiebenden Funken und Feuerzungen auf, die nach dem Wagen lecken. Ich muß noch weiter nach links und kann mir hier nicht viel Zeit lassen. Es ist jetzt müßig, mich darüber zu ärgern, daß ich überhaupt weitergefahren bin. Von weitem sah es so aus, als hätte das Feuer die Piste noch lange nicht erreicht, und jetzt, wo ich mittendrin bin, gibt es weder den Raum noch die Zeit für Wendemanöver.

Der erste Schlag läßt die Motorhaube steil in den Himmel schießen, aber es war wohl nur eine Rinne: Von unten kommt nicht das gefürch-

48–49 (oben und nachfolgende Doppelseite) Dichte Rauchwände verhängen die Landschaft gegen Ende der Regenzeit. Das noch feuchte Gras wurde angezündet, um spätere, gefährlichere Feuer zu vermeiden.

50 (oben) Impala-Herde im Akazienbusch. Entgegen früheren Befürchtungen gibt es heute mehr Buschland in der Serengeti als je zuvor.

51–52 (unten und rechte Seite) Elefanten waren in der Serengeti fast ausgerottet. Jetzt kommen sie wieder aus dem Norden zurück.

53 *(vorhergehende Doppelseite)*
Ein Leopard hält einen Impala-Bock im Tötungsbiß. In den Buschländern des Westens und Nordens sind Leoparden besonders erfolgreiche Jäger.

54 *(oben) Gnu-Bullen sind während der Brunft laufend in Revierkämpfe verwickelt.*

tete Geräusch von Metall auf Stein. Der Wagen fällt zurück in die Federn und prallt wieder hoch, das Rückgrat ächzt unter dem zusätzlichen Gewicht, streckt sich in schwerelosem Schweben. Die Räder greifen wieder, vor mir am Armaturenbrett leuchtet der »Tannenbaum« – alle Differentialsperren eingelegt. Stämme von Flötenakazien tauchen in dem Graublau vor mir auf und beugen sich schwankend unter dem soliden Balken des Cowcatcher vor dem Kühler, um dann schlagartig aus dem Sichtfeld unter die Haube zu verschwinden. Im Wagen ist es jetzt dunkel, die Lunge protestiert gegen beißenden Gestank, ich halte die Luft an.

Sekunden später fegt eine Böe die Sicht wieder frei, rechts schießen prasselnde Garben an den armdicken Stämmen über fünf Meter hoch, die Hohlkugeln der Akaziengallen zerplatzen mit lautem Knacken, fingerlange Dornen regnen glühend herab. Aber vor mir ein Stück freier Piste. Hier hat sich das Feuer schon totgelaufen, und nur noch verkohlte Strünke ragen aus dem jetzt blauen Schleier, der über dem schwarzen Land wabert. Mit mahlenden Rädern und starrer Lenkung wühle ich mich aus dem Graben heraus. Wie gemütlich wäre es doch jetzt zwischen klingelnden Telefonen in der Redaktion!

KALTE FEUER Feuer im ausgetrockneten Busch können zu einem Inferno werden. Deshalb versucht man in der Serengeti, solche Brände so gut wie möglich zu verhindern. Doch dieses Feuer im späten Juli hatte man nicht vermeiden können, und es verwüstete die Flötenakazien-Bestände entlang der Piste nach Kirawira schwer. Die heftigen Regenfälle hatten Gras und Kräuter üppig wachsen lassen. Nun, nach einigen Wochen der Trockenheit, bildeten sie gefährlichen Brennstoff.

Brände gehören zur afrikanischen Buschlandschaft wie Dornsträucher, und die Vegetation ist im Prinzip daran angepaßt. Unter natürlichen Bedingungen gibt es allerdings nur etwa alle zehn Jahre ein solches Grasfeuer. Es müssen schon viele Umstände zusammenkommen, bis einmal ein Blitz den passenden zündenden Funken liefert, der nicht gleich in der folgenden Regenflut wieder erstickt wird.

Seit jedoch Menschen mit dem Feuer spielen, hat sich die Zahl der Brände enorm erhöht. Außerdem flämmen die Hirten und Bauern in landwirtschaftlich genutzten Regionen vor dem Einsetzen der Regenzeit regelmäßig alte Grasflächen und Äcker ab, um mit der Asche den Boden zu düngen und Platz für frischen Graswuchs zu schaffen. Tatsächlich sprießt aus der Asche schnell frisches Grün. Öfter abgebrannte Flächen verlieren aber bald ihren Artenreichtum, da fast nur feuerresistente Gräser und ein stark reduziertes Insektenleben zurückbleiben.

Auf den westlichen Ebenen des Masai-Mara-Schutzgebietes gibt es mittlerweile nach jährlichen Feuersbrünsten, die hier von den Siedlungsflächen herüberfegen, fast nur noch einförmige Bestände des sogenannten Rothafers. Dieses Gras ist besonders feuerbeständig und breitet sich nun über Flächen aus, auf denen früher viele verschiedene Grasarten wuchsen.

Um derartige Feuer halbwegs unter Kontrolle halten zu können, legt man in der Serengeti bewußt Brände, wenn das Gras und die Büsche noch relativ feucht sind. Hierdurch werden Feuerschneisen geschaffen und gefährliche Ansammlungen von Brennmaterial beseitigt. 1998, als das Gras besonders üppig stand, führten diese Brände zu erstickenden, schwefelgelben Qualmwänden, die die Landschaft für Wochen in ein unwirkliches, milchig-graues Licht tauchten. Die Sonne erschien erst gegen acht Uhr aus dichtem Dunst und verschwand oft schon gegen 16 Uhr wieder hinter den Schwaden. Solche Rauchwände sind noch von Satelliten als lange Schleppen über großen Teilen des afrikanischen Kontinents auszumachen, nicht anders als die Fanale der Regenwaldbrände im Amazonas-Becken. Umweltschützer warnen vor den Folgen der Ascheпartikel und des Staubes in der Atmosphäre, abgesehen von der rasanten Freisetzung von Kohlendioxyd. Eine Maßnahme, die aus der Sicht des Naturschutzes in der Serengeti erforderlich ist, kann also aus globaler Sicht durchaus Probleme mit sich bringen.

Diese sogenannten »kalten« Feuer schädigen bei aller Rauchentwicklung weit weniger Büsche und Bäume, als wenn nach langer Trockenheit »heiße« Feuer durch die Bestände fegen. Sie sind vergleichsweise harmlos für alle größeren Tiere, die gelassen neben den himmelhohen Rauchsäulen stehen und ungerührt weitergrasen. Für einige Reptilien, hilflose Jungtiere und für die Insektenwelt sind aber auch solche Brände eine Katastrophe. Ein ständiger, knisternder Regen aus Heuschrecken, Gottesanbeterinnen, Käfern und Schmetterlingen sprüht vor der gemächlich anrollenden Flammenwalze davon. Wenn man normalerweise ruhig in kniehohem Grasland steht, kann man noch so angestrengt schauen: Man wird kaum je ein Insekt entdecken. Unter diesen Umständen aber bekommt man eine anschauliche Vorstellung von der Vielzahl der kleineren Bewohner der Grasländer.

Für die Filmaufnahmen suchten wir uns einen sandigen Fleck, und ließen die Flammen näher kommen. Bald rieselten schier unvorstellbare Mengen von Krabbeltieren nieder, und rechts und links von uns versammelten sich erwartungsfrohe Stare und Racken. Sie wurden nicht enttäuscht. Da viele der Kerbtiere nach langer Flucht vor Hitze und Rauch schon stark geschwächt oder gar angesengt waren, konnten sich die Vögel die Happen direkt vor der Feuerlinie bequem einverleiben. Schließlich legen viele Hirtennomaden in ganz Afrika nicht zuletzt deshalb regelmäßig Feuer, um die Zecken zu vernichten, die in ungebrannten Grasländern zu einer gefährlichen Plage für Rinder werden können.

HOCHZEIT DER CLOWNS Die meisten Gnus hatten im Juli längst die Kurzgrasländer im Südosten verlassen. Verschiedene Herden zogen über die Ebenen weiter nördlich, wo es höhere, aber inzwischen auch schon allmählich trockenere Gräser gab. Im Westen versammelten sich besonders viele Huftiere: Dort bei den Moru-Kopjes, nahe beieinanderstehenden Gruppen von ragenden Felstürmen, die von dichtem Gebüsch umgeben sind, gab es noch reichlich Wasser. Der Mbalageti-Fluß windet sich hier durch eine Pforte zwischen dem Emakati-Berg und dem Rongai-Höhenzug, den ersten Vorboten des westlichen Berglandes.

Nicht weit entfernt glitzert die blaue Fläche des Magadi-Sees. *Magadi* bedeutet in Suaheli »Soda«, und es gibt eine ganze Reihe von stark sodahaltigen Seen, die den gleichen Namen tragen. Der größte von ihnen liegt nördlich der Grenze von Tansania und Kenia in einem riesigen heißen Tal. Hier in der Serengeti ist es ein flacher Teich, der oft zu einem Schlammtümpel schrumpft. Im Sommer 1998 enthielt er aber soviel Wasser wie selten zuvor – und zwar durchaus brauchbares Trinkwasser für die Herden.

Auf den flachen Weiden zwischen Bachläufen, Felsen und Hügeln sammelten sich die Gnu-Kühe mit ihren Kälbern, die immer noch das fahle Jugendkleid trugen, aber schon hervorragend zu Fuß waren. Eine neue Spannung lag über den Massen. Die Bullen, die schon auf den Kurzgrasgebieten und auf dem Zug hierher unruhig zwischen den Kühen umhergerannt waren und Streit mit jedem anderen Bullen gesucht hatten, der nicht sofort vor ihnen floh, gebärdeten sich jetzt wie närrisch. Sie steckten ihre Territorien mitten zwischen den Herden ab: kleine Fleckchen, oft nur wenige hundert Quadratmeter groß. Aufgeregt stolzierten sie in Prunkläufen mit hoch aufgerichteten Köpfen in schaukelndem Galopp oder mit federndem Stechschritt zwischen der interessiert zuschauenden Damenwelt umher und machten sich wichtig. Dieses tumultartige Territorial- und Werbeverhalten hat ihnen bei den frühen Siedlern die Bezeichnung »Clowns der Savanne« eingetragen. Mit grotesk weit hochgeworfenen Hinterläufen sprangen sie kopfwerfend umeinander, knickten in den Vorderläufen ein und bearbeiteten wild den Boden, strichen mit ihrer Stirn über Gräser und Kräuter. Sie markierten ihr kleines Reich, und dabei schienen die auffälligen Bewegungen genauso wichtig wie die eigentliche Duftbotschaft, die sie dort hinterließen. Kaum ein Bulle in dem Tohuwabohu der dichtgedrängten Tiere schien sich auch nur im geringsten für die Duftmarken eines Nachbarn zu interessieren, viel wichtiger waren die Gerüche der Weibchen.

Die Bullen steigerten sich in einen wilden Rausch. Aus vollem Lauf stürzten sie sich auf Nachbarn oder verirrte Junggesellen. Wenn aber zwei Tiere von über 200 Kilogramm mit vierzig Stundenkilometer aufeinanderprallen, wirkt auf sie ungefähr die Energie eines mittleren Motorradunfalls! Dies ist deutlich mehr als beispielsweise bei den Kämpfen von Bergschafen oder Steinböcken, die viel weniger Masse und Geschwindigkeit mitbringen. Dieses Spiel vollführten die Bullen tagelang – man war versucht, sich nach ihrem anschließenden Geisteszustand zu fragen –, und es machte ihnen offenbar sogar Spaß. Wenn die Stoßrichtung und das Aufprallmoment des Gegners nicht richtig eingeschätzt wurden, schleuderte die

Wucht des Zusammenstoßes ausgewachsene Bullen manchmal völlig aus der Bahn, so daß sie mehrere Meter durch das Gras schlitterten und sich dabei überschlugen. Solche Einlagen sollte sich natürlich kein Bulle, der etwas auf sich hält, vor seinen Auserwählten öfter erlauben, wenn er sich ihrer Wertschätzung weiterhin erfreuen will.

Die Damen zogen so von einer Disco zur nächsten, trotz der Bemühungen der Platzherren, sie auf ihrem Tanzboden zu halten. Und wenn die Herren in ihrer Selbstdarstellung überzeugend – oder aufdringlich genug – waren, ließen sie, die richtige hormonelle Mischung im Blut vorausgesetzt, die Kavaliere auch ans Ziel kommen. Das bedeutete aber nicht, daß sie nun weiteren Überzeugungskünsten anderer Galane generell abgeneigt gewesen wären. Es gab also viel zu tun für gestandene Gnu-Mannsbilder: der Höhepunkt des Jahres, für viele die einmalige Erfüllung des Lebenszwecks. Wen schert da ein gebrochenes Horn oder eine Gehirnerschütterung?

Und selbstverständlich beließen es die Bullen, die von den wandernden Herden schließlich zurückgelassen wurden, nicht nur bei einem Versuch. Schon galoppierten sie an den Massen vorbei, ohne die Prahlerei der Kollegen zu würdigen, um sich weiter vorn in Zugrichtung ein weiteres Mal niederzulassen und den ganzen Tanz erneut zu beginnen. Auch die Bereitschaft, solche Auftritte immer wieder durchzuexerzieren, gehört zu dem schon erwähnten Erfolgsrezept und der »sozialen Organisation« der Gnus.

An verschiedenen Stellen trafen die Herden nun endgültig auf den Übergang von offenem Grasland, wie hoch die Halme auch immer standen, zu mehr oder weniger dichtem dornigen Busch. Und hier hatten die Gnus das nächste Merkmal ihres Erfolgsrezepts zu beweisen. Als Tiere der offenen Savanne mußten sie sich zwischen die Krallen der Dornsträucher zwängen, was ihnen mit ihrem widerstandsfähigen, glatten Fell generell keine größeren Probleme bereitet. Viel schlimmer muß es aber für ein Geschöpf, das an kilometerweite, offene Sicht gewöhnt ist, sein, durch unübersichtliches Gestrüpp zu stolpern, wo hinter jedem Busch das Ende in Gestalt einer Katze lauern kann. Welche Gedanken auch immer ein Gnu sich über derartige Zusammenhänge macht: Die meisten typischen Savannentiere weigern sich schlicht, ihre vertraute Umgebung zu verlassen, mag es dort so dürr und trocken sein, wie es will.

Nicht so die Gnus – und übrigens auch die Zebras. Unerschütterlich strömen sie dichtgedrängt durch die Dornen, frei nach dem Motto: Im Zweifelsfall wird es bestimmt den Nachbarn treffen und nicht einen selbst. Der Preis für diese Unerschrockenheit sind üppige Weiden, weit oben im Norden, hinter den Bergen, hinter den Wäldern, hinter den Flüssen, hinter der Gefahr der nächsten Trockenschlucht in dichtem Gestrüpp.

DIE RÜCKKEHR DER DORNEN Als ich im Frühjahr 1997 in Seronera ankam, fertigte mich Markus Borner, der Repräsentant der Frankfurter Zoologischen Gesellschaft, mit kurzen Worten ab: »... keine Zeit, muß jetzt los, gibt da ein Problem im Norden – oder willst du schnell mit?«

Natürlich wollte ich. Markus wäre vermutlich statt Biologe auch gern Jagdflieger geworden. Jedenfalls fand ich mich bald über der nördlichen Serengeti nahe der kenianischen Grenze in scharfen Steilkurven wieder, die einem ein völlig neues Erlebnis von Schwerkraft bescherten, mit rasenden Horizonten in allen möglichen Winkeln und unvermittelten Ausblicken auf einen strahlend blauen Nachmittagshimmel – als hätte mein Sohn mich doch überredet, in eine dieser Schleudermaschinen zu steigen, bei denen man Geld dafür bezahlt, den Rest des Abends keinen Gedanken mehr an Essen zu verschwenden. Es ging darum, den Patrouillen am Boden auf der Suche nach Wilderern, die gerade zwei Ranger erschossen hatten, sachdienliche Hinweise aus der Luft zu geben. Ich habe schon erwähnt, daß meine Innereien nur begrenzt kunstflugtauglich sind, und so war mein Beitrag zur Suche sicher eher nebensächlich. Was ich aber trotz aller Auseinandersetzungen zwischen meinem Gleichgewichtsinn und der bemühten Großhirnrinde wahrnahm, war die Tatsache, daß es da unten jede Menge Busch gab, um sich trefflich darin zu verbergen!

Es ist gar nicht so lange her, da machten sich Wissenschaftler in der Serengeti ernsthaft Sorgen um die Zukunft des Gestrüpps, bangten sie um den Lebensraum von Impala und Büffel, Buschbock und Oribi. Unersättliche Elefanten und gefräßige Feuer schienen Busch und Wald keine Chance zu lassen, Baum um Baum fiel, Hektar um Hektar Busch wandelte sich in Gras. Heute wirken einige Diskussionen aus dieser Zeit nahezu gespenstisch, erwog man doch, im Notfall sogar Kontrollabschüsse von Elefanten zuzulassen – mitten in einer der letzten großräumigen Wildnisse Afrikas!

Auch in diesem Zusammenhang soll es nicht darum gehen, sich über damalige Vorstellungen zu erheben. Die Entwicklung des Buschlandes ist nur ein weiteres Beispiel dafür, daß wir in der Analyse ökologischer Erscheinungen schon ein ansehnliches Stück weitergekommen sind, wobei immer kleinere und immer exakter beschriebene Einzelwirkungen in Betracht gezogen werden. Der Versuch der Forscher, die zu erwartenden Entwicklungen vorherzusagen, zeigt aber immer wieder, wo noch Steinchen im Theoriegebäude fehlen oder in ihrer Bedeutung falsch eingeschätzt werden.

So gab es – wie schon mit der Entwicklung der Gnu-Bestände und der Änderungen bei den Wanderwegen, die sich daraus ergaben – auch bei der Buschentwicklung Überraschungen. Um es vorwegzunehmen: Es gibt heute mehr Busch und Wald in der Serengeti als je zuvor, seit schlaue »Westler« sich darüber den Kopf zerbrechen. Schon in den sechziger Jahren erkannte man, daß ein gegebenes afrikanisches Landschaftsbild auch in einem von Menschen weitgehend ungestörten Gebiet nicht auf Dauer unverändert besteht: Man fand Hinweise auf Vegetationszyklen, bei denen die Wechselwirkungen von Pflanzen und Pflanzenfressern zu oszillierenden Verhältnissen führten, das Land also zwischen verschiedenen Vegetationsformen und entsprechenden Artengemeinschaften von Tieren hin- und herzupendeln schien.

Das wurde jedoch in den Schutzgebieten nicht überall gelassen hingenommen. Als in den Siebzigern die riesigen Elefanten-Bestände des Tsavo-Nationalparks in Kenia in Teilen des Parks das Buschland weitgehend zerstörten, riefen auch einige gut informierte Naturschützer zu den Flinten. Ein einmal unter Schutz gestelltes Biotop sollte möglichst exakt im vorgefundenen Stadium verharren. Während einer großen, langen Trockenheit regelte sich die Angelegenheit damals im Tsavo von ganz allein, so daß nach dem langen Streit beide Seiten später weiterhin behaupten konnten, sie hätten eben doch recht gehabt.

Welche Folgen eine drastische, künstliche Verminderung der Elefanten-Bestände vor der Dürre und der dann einsetzenden massiven Elfenbeinwilderei aber tatsächlich gehabt hätte, vermag niemand genau abzuschätzen. Denn den Wasser- und Nahrungsmangel überlebten wirklich nur die gesündesten Tiere, und nicht die, die zufällig von einer Schießerei verschont wurden.

In der Serengeti war man von vornherein zurückhaltender mit drastischen Maßnahmen. Und was die Elefanten anging, so gab es ohnehin bald kaum noch Handlungsbedarf: Zwischen 1977 und 1985 nahmen die Wilderer den Ökologen das Problem glatt aus der Hand und löschten die Bestände schlicht aus. Danach gab es praktisch keine Elefanten mehr in der Serengeti. Sie waren entweder tot oder in das benachbarte Mara-Gebiet abgewandert, wo die Wilderer wegen des viel größeren Besucherverkehrs in Kenia nicht ganz so hemmungslos auftreten konnten wie im damals touristisch verwaisten Tansania, das nach der Grenzschließung zu Kenia ab 1976 kaum noch Besucher ins Land bekam. Die meisten Reiseagenturen hatten schließlich ihre ostafrikanischen Zentralen im logistisch weniger problematischen Nairobi.

Die Buschländer vom Seronera-Fluß bis an die kenianische Grenze entwickelten sich nun ganz anders als die Buschländer jenseits der Grenze – aber nicht nur wegen der Elefanten! Die stetig angewachsenen Gnu-Massen mähten zwischen den dornigen Sträuchern das Gras nieder. Regelmäßige, durch die Parkverwaltung gelegte, frühe Feuer schafften Schneisen und verminderten außerdem das verfügbare Brennmaterial für die gefährlichen späten, weil heißen Feuer. Diesen waren früher ein Großteil der niedrigen Sträucher und der jungen Bäume zum Opfer gefallen. Die Akazien, die den größten Teil der flachen Wälder und Buschzonen ausmachen, gediehen nun hervorragend, obwohl sie außer den Elefanten einer Vielzahl von Laubfressern als Nahrung dienten. Sorgfältige und langfristige Untersuchungen zeigten schließlich, daß Elefanten zwar einer der Schlüsselfaktoren in der Busch-Grasland-Dynamik sind. Sie allein könnten aber kaum den Serengeti-Busch in Grasland umwandeln. Es scheint sich bei dem Antagonismus von Gras und Busch auch nicht um die zunächst angenommenen Zyklen zu handeln, sondern eher um zwei in sich relativ stabile Zustände, die nur unter bestimmten Kombinationen von Einflüssen einander abwechseln.

Im Mara-Schutzgebiet, wo jedes Jahr heftige Trockenzeitfeuer von den Grenzen in die Savanne rasen, kommen die jungen Bäume nicht mehr hoch: Auf den Grasebenen werden zusätzlich viele Schößlinge von den Gnus zertreten. Außerdem nehmen die dort noch immer zahlreichen Elefanten sie besonders gern zusätzlich zu ihrer sonst eher monotonen Grasdiät. Wo wiederum die Kühe der Masai wie die Gnus praktisch das gesamte nachwachsende Gras einer Saison entfernen, breitet sich mangels heißer Feuer ebenfalls wieder dichter Busch aus. Während im Masai-Mara-Reservat die schattigen Baum- und Buschinseln immer weiter schrumpfen, ist das angrenzende Weideland der Masai trotz durchziehender Elefanten und jährlich gelegter Brände von immer dichteren Dornverhauen überwuchert.

KAPITEL 3

GEFÄHRLICHE WASSER

Der grüne Algenteppich schiebt sich träge vorwärts, die Bewegung ist kaum zu erkennen. Es stinkt faulig. Erst unmittelbar vor den Stromschnellen zerfasert die dünne Schicht und wird in immer schnelleren Teilströmen schließlich ganz aufgelöst. Die Flüssigkeit, die in den Wirbeln und Fontänen kleiner Wasserfälle zwischen den Felsbrocken hindurchschießt, wirkt nun wieder wie ganz normales Flußwasser. Irgend etwas muß es aber damit auf sich haben: Angespannt stehen in starrer Aufmerksamkeit dunkelbraune Hammerköpfe, grünrückige, geduckte Mangrovenreiher, glänzendweiße Seidenreiher; selbst die massigen Marabus halten ihre klobigen Schnäbel bereit. Ab und zu zuckt der Kopf eines der kleineren Vögel vor, um meist wieder mit leerem Schnabel hochzukommen; irrlichternde Augen folgen mit ruckartigen Kopfbewegungen irgendwelchen Unregelmäßigkeiten im wirbelnden Wasser.

Der Mangrovenreiher lehnt sich zeitlupenartig vor, sein Kopf bleibt auf dem pendelnden Hals exakt ausgerichtet, bis er in grotesk gestreckter Haltung längst Übergewicht bekommen und eigentlich vornüber in den Schaum fallen müßte: Der Stoß ist ein kaum merkbares Zucken, im Schnabel zappelt ein silbriger, gerade fingerlanger schlanker Fisch. Der Marabu erwacht aus seiner Starre. Mit ein, zwei gestelzten Schritten ist er über dem dunklen Reiher, der sich hastig abwendet und eilig die glitschige Beute in die richtige Position zum Verschlucken bringt.

Erst später am Nachmittag ist klarer zu erkennen, was die vielen Vögel anlockt: In Schwärmen von manchmal zwanzig Tieren springen kleine Fische gegen die Gewalt des Wassers an, um in die höheren Flußbereiche zu gelangen. Es sind Schmerlen. Aquarienbesitzer kennen Verwandte von ihnen als jene Beckeninsassen, die mit ihren bauchwärts gelegenen Rundmäulern über algenbesetzte Scheiben rutschen und sie dabei »abgrasen«. Hier ziehen sie nun bei fallendem Wasserstand den Grumeti-Fluß hinauf, um im Oberlauf zu laichen, ein ähnlicher Zug wie der der Lachse, nur eben in kleinerem Maßstab.

Inmitten flachen, schäumenden Wassers steht ein Hammerkopf unter einer der Felsschwellen, das düster braune Gefieder von Tropfen wie mit Tau benetzt, den Federschopf, der wie ein Gegenstück zum Schnabel hinten von seinem Kopf absteht, flach auf den Hals gedrückt. Dieser Federschopf gibt seinem Kopf das »hammerartige« Aussehen, dem er seinen Namen verdankt. Jetzt ist er völlig gebannt von den glitzernden, wuselnden Fischchen zu seinen Füßen. Hinter ihm brodelt das Wasser auf, baut sich ein Wirbel immer höher, bricht schließlich ab: Ein kaltes Auge mit senkrechter, linsenförmiger Pupille mustert den Vogel, schwarze Schuppen glänzen im strömenden Wasser.

Sacht schiebt sich das Krokodil die Stromschnellen hinauf. Der Vogel wendet ihm den Rücken zu und beachtet es nicht. Die Echse erreicht tieferes Wasser und verschwindet wieder, ich behalte die Szene im Fernglas. Am Ewaso-Nyero-Fluß in den Trockengebieten Nordkenias sind mir schon Krokodile aufgefallen, die sich auf Taubenjagd spezialisiert hatten, ging hier etwas Ähnliches vor?

Mitnichten, der gefurchte Rücken taucht erst einige Meter stromaufwärts wieder auf und schiebt sich in die schäumenden Ausläufer eines besonders großen Durchflusses, wo die Kiefer mitten in dem tobenden Wasser aufklaffen, das dem Tier ins Maul schießt. Das Krokodil muß dabei nicht fürchten, sich zu verschlucken. Ein Gaumensegel hält hinten im Rachen seine Speise- und Atemröhre fest verschlossen. Geatmet wird durch die Nase, deren Gänge erst hinter dem Segel in die Luftwege zur Lunge münden.

Zu meinem Erstaunen war auch dieses immerhin fast zwei Meter lange Krokodil hinter den kleinen Fischchen her, und zwar mit einer simplen Methode: Die Wucht des Wassers riß immer wieder Schmerlen zurück, die sich bei aller Anstrengung mit ihren peitschenden Schwanzschlägen weiter oben nicht halten konnten. Einige Tier wurden sicher viele Male zurückgespült, bis sie es endlich schafften, die Stromschnellen in etwas weniger turbulenten Bereichen der Wassersäulen zu überwinden. Auf solche abgetriebenen Fische wartete nun das Krokodil. Man mußte schon ziemlich genau hinschauen, um es überhaupt mitzubekommen: Alle paar Minuten landete ein unglückliches Schuppentier dem Krokodil direkt auf der Zunge, und mit einer schnellen Schluckbewegung war es verschwunden.

Einige Wochen später gab es lohnendere Fischzüge für die Panzerechsen. Der Flußpegel ging weiter zurück, und bald hörte das Wasser ganz auf zu fließen. Sand- und Geröllbarrieren trennten den Lauf in eine Kette von Tümpeln. In den tieferen Abschnitten konnten diese mehrere hundert Meter lang sein, an anderen Stellen waren es nur bessere Pfützen, die in den nächsten Tagen endgültig austrockneten.

Es war die Zeit der Prüfung für die Fischfauna des Flusses. Die letzten Schmerlen versuchten die nur noch tröpfelnden Stromschnellen zu passieren, aber auch andere Fische, vor allem Welse, machten sich auf den Weg, um möglichst große Becken zu finden. Dort sammelten sich dann manchmal erstaunliche Mengen von Fischen, was unter den anderen Flußbewohnern natürlich nicht lange unbemerkt blieb. Scharen von Reihern, Ibissen, Störchen und Adlern fanden sich ein. Vom Ufer aus stellten Wassermangusten und Nil-Warane den Fischen nach, und im Wasser selbst zeigten sogar die riesigsten Krokodile Afrikas Interesse: Diese Grumeti-Echsen haben einen legendären Ruf. Es gibt im Fluß Exemplare von deutlich über vier Metern Länge; das größte je wissenschaftlich korrekt vermessene Tier war fünf Meter lang. Obwohl oft auf ihre reichliche Beute an Huftieren hingewiesen wird, scheinen die Fische hier – wie übrigens auch in anderen Flüssen – nach wie vor einen wichtigen Bestandteil der Krokodilnahrung auszumachen.

Vor allem Massen von Welsen lockten die Jäger an. Diese antennenbewehrten Fische, düster grau und kaum zwanzig Zentimeter lang, können auch im sauerstoffarmen Wasser überleben. Sie kommen dann zu Tausenden an die Oberfläche und drücken ein Gemisch von Luft und Wasser mit Schnappbewegungen durch ihre Kiementaschen. Sie sind nur in der Dämmerung und in der Nacht aktiv, so daß der große Schmaus meist erst nach Sonnenuntergang begann. Spätestens gegen acht Uhr am Morgen war es damit vorbei, weil sich die Welse dann wieder auf den Grund zurückzogen.

Um dieses Spektakel näher beobachten und aufnehmen zu können, suchten wir uns flache, zugängliche Stellen an den besonders tiefen und stark beschatteten Tümpeln, um dort ein Versteckzelt aufzubauen. Glücklicherweise kümmerten sich die Echsen bald nicht mehr um das grüne Tuch, und wenn man in der Dunkelheit möglichst leise Platz nahm (was, mit allen Kisten und Kästen so seine Zeit brauchte), hatten die Tiere die Störung längst vergessen, wenn es allmählich heller wurde und das Licht zum Filmen reichte.

GEPANZERTE FISCHER Wenige Meter vor mir treibt der gezackte Umriß des Panzertieres wie ein zerborstener Baumstamm durch das golden glänzende Wasser. Im Sucher ist es so nah, daß ich die Details seines Augapfels mit dem bizarren Streifen- und Fleckenmuster seiner Iris deutlich erkennen kann. Nicht der winzigste Wasserwirbel deutet seine Bewegung an. Die Lippen der Welse zaubern ein pulsierendes Blasenmuster auf die ruhige Wasseroberfläche, ein kaum hörbares Wispern und Schmatzen der vielen kleinen Mäuler hängt über dem stillen Flußabschnitt. Lautlos teilen die perlenden Blasen sich vor dem dunklen Gegenstand. Das Krokodil kommt zur Ruhe, die Blasen spielen schon bald direkt neben dem Hügel der Nasenöffnungen, der wie die Augen knapp aus dem spiegelglatten Wasser ragt. Das Rauschen von Graureiherschwingen pfeift unnatürlich laut durch die Stille, der Vogel erscheint in der Biegung und rudert schwer durch das enge Flußbett. Unter ihm tauchen Hunderte von Welsen ab, eine raschelnde Welle schäumenden Wassers folgt seiner Flugbahn.

Das Krokodil hat sich nicht bewegt, schon nach dreißig Sekunden sind die schnappenden Mäuler wieder an der Oberfläche. Ich weiß, was jetzt passieren wird, aber bei aller Aufmerksamkeit ist es mir bisher nie gelungen, den unmittelbaren Zeitpunkt des Angriffs vorherzusehen. Um den entscheidenden Moment auf Film zu bannen, kann ich nur die Kamera laufen lassen und warten.

Völlig unvermittelt stößt die Echse sich mit einem Schwanzschlag vorwärts, der lange Oberkiefer klafft kurz über dem Wasser und stürzt mit einem knallenden Schlag zurück. Die glatte, glänzende Wasseroberfläche wird zerrissen in hochaufschießende, glitzernde Kaskaden, über den ringförmigen Wellen regnet es in schimmerndem Gold und Silber.

Solche Angriff waren meist erfolgreich. Man erkannte es daran, daß das Krokodil sofort zügig dem Ufersaum zustrebte und sich meterweit auf den Sand schob. Blieb es dagegen im Wasser, hatte es sicher noch ein leeres Maul. Die Welse sind nämlich nicht so ohne weiteres damit einverstanden, verspeist zu werden: Werden sie gefangen, stellen sie über fünf Zentimeter lange Flossenstrahlen auf, die in einer Arretiervorrichtung einrasten und den Fisch mit nadelspitzen, steifen Widerhaken alles andere als mundgerecht für Beutegreifer jeder Art machen.

Kaum an Land, warfen die Jäger den Kopf zurück, um den sperrigen Happen besser zu fassen zu bekommen und die Strahlen möglichst zu zerbrechen. Die riesigen Krokodile wirkten dabei wie jemand, der von einer extrem heißen Kartoffel im Mund überrascht wird und sie, nach Luft japsend, eine Weile hin und her bewegt, bis sie sich etwas abgekühlt hat und hinuntergeschluckt werden kann. Bei diesem heiklen Vorgang stach die spitze Rückenflosse manches Mal so tief ein, daß der zappelnde Fisch irritiert im offenen Maul der Echse an seinem Stachel vom Gaumendach herabbaumelte. Oft zogen es die Krokodile deshalb vor, die stachlige Portion zunächst auf dem Strand abzulegen, um noch einmal neu zufassen zu können. Dazu mußten sie sich aber mit dem Fang ans Ufer begeben, und daraus wiederum zogen die unverfrorenen Marabus ihren Nutzen: Kaum zappelte der Wels neben den großen Kiefern, stieß der wuchtige Schnabel zu, und der Vogel machte sich mit unbeholfenen Schwingenschlägen einige Meter davon. Auf die Kroks mußte das wirken, als sei der Fisch urplötzlich einfach verschwunden. Günstige Anlandeplätze für die Krokodile wurden unter den Marabus wie gut gefüllte Futternäpfe verteidigt, da durfte nicht etwa jeder Vogel heran!

DAS HERZ DER SERENGETI Wenn die Sonne durch das dichte Laub der Feigen und Akazien bricht, das den Flußlauf wie ein Tunneldach in ein schummeriges Grün taucht, wird es am Wasser ruhig. Mit vollen Kröpfen putzen sich träge die Gefiederten, die Gepanzerten schieben sich, mit aufgerauhten Kehlen, aber gut gesättigt, für eine ausgedehnte Siesta auf die Sandbänke, die Manguste verzieht sich unter dem Wurzelverhau eines der Baumriesen. Nur der Nil-Waran stöbert noch unverdrossen in der zunehmenden Hitze zwischen Steinen im flachen Wasser nach Krebsen oder gestrandeten Fischen. Ein schwarzweiß gescheckter Graufischer rüttelt mit rasenden Flügelschlägen zwei Meter über dem Wasser, stürzt unvermittelt fast senkrecht herab, um sich dann aber doch einen halben Meter über der Oberfläche abzufangen und erneut Höhe zu gewinnen. In dem trüben Wasser sind die kleinen Fische, die er überwältigen kann, nicht mehr gut auszumachen.

Ein anderer, ebenfalls zu den Eisvögeln gehörender »Königsfischer« macht sich mit seinem lauten schrillen Keckern bemerkbar. Auf seiner Warte kaum zu erkennen, fällt er erst auf, als er pfeilschnell durch das dämmerige Gewölbe des Galeriewaldes fliegt und die Sonnenflecken metallischblaue Federn aufblitzen lassen. Wieder gelandet, ist das harmonisch abgestimmte Prachtkleid des Graukopfliests zu bewundern: Das silbrige Grau des Kopfes kontrastiert mit der schwarzen Schulterbinde, die in das strahlende Kobalt von Flügeldecken und Schwanzfedern übergeht. Unter dem grellroten, grotesk lang wirkenden Schnabel leuchtet die weiße Kehle, während ein sattes Kastanienbraun Bauch und Schwanzansatz schmückt.

In das Gurren der Tauben und das Zetern der Webervögel mischt sich ein neuer lauter Ton: ein volltönender Pfiff, der in einem ratschenden Schnarren abrupt endet. Im dichten Geäst einer wuchtigen Feige turnt ein starengroßer Vogel, eine tiefrote Brust macht ihn selbst im Gewirr der Blätter noch erkennbar. Als er für Sekunden in einer Lücke besser sichtbar ist, zeigen sich sein typischer Würgerschnabel und sein samtschwarz abgesetzter Oberkörper. Wieder öffnet sich der Schnabel mit der oben leicht überstehenden und abwärts gebogenen Spitze: Der voluminöse Pfiff hallt durch den schattigen Dom, aber der Vogel scheint schon längst wieder still zu sein, wenn das eher mißtönende Ratschen nachklingt. Es ist ein Scharlachwürger, den ich bisher noch nie zu Gesicht bekommen hatte. Sie leben nur in der Nähe des Victoria-Sees; hier am Grumeti ist wohl die Grenze ihres Verbreitungsgebiets. Sie gehören zu den sogenannten Duettsängern: Das Männchen stimmt den lauten Pfiff an, und seine Partnerin versieht diesen Ton mit einem für uns eher mißratenen knarrenden Abschluß, unsichtbar irgendwo im Schutz des dichten Laubs. Dabei geht es weniger um wertvolle Beiträge zum familiären Musizieren, sondern das Weibchen unterstreicht unmißverständlich die Botschaft seines Gatten: »Hier ist ein strammer Revierhalter, und er ist nicht allein!«

Wenige Meter hinter der Wand des kühlen Galeriewaldes beginnt die Luft zu flimmern. Dort wechseln weite, gelbe Graslichtungen mit stachligen, aber saftig grünen Buschflecken. Dort buhlen Leierantilopen auf ihren flachen Paarungsarenen um die Gunst der Weibchen, stampfen Büffelherden durch sumpfige Niederungen, treiben Impalaböcke mit lautem Röhren Weibchengruppen in ihren buschigen Revieren, verstecken Wasserböcke ihre Kälber in hohem Ried, streifen Buschböcke lautlos durch Sträucher, über denen die schwankenden Hälse der Giraffen emporragen. Zehntausende von Huftieren leben hier ständig, ohne sich den Strapazen langer Wanderzüge zu unterwerfen, begünstigt von vergleichsweise viel Regen und entsprechend guter Futterversorgung. Dieses vielgestaltige Land, mit seinen Bergen, Sümpfen, Ebenen, Bächen und Wäldern nennt man den Western Corridor, der sich fast bis an das Ufer des Victoria-Sees erstreckt. Es ist neben der Region um den Seronera-Fluß das eigentliche Herz des Schutzgebiets, hier findet man das ganze Jahr über die höchste Biomasse und die größte Artenvielfalt der Serengeti.

Der Grumeti entwässert praktisch die gesamte zentrale und einen Großteil der nördlichen Serengeti in den Victoria-See im Westen. Zuweilen ist er ein mächtiger Strom und steht dann dem Mara-Fluß, der im Masai-Mara-Gebiet die Grenze von Kenia nach Tansania kreuzt, in nichts nach. Anders als der Mara, dessen Hauptquellen in den regenreichen Mau-Bergen liegen, bezieht der Grumeti sein Wasser aber fast nur aus den flachen und je nach Jahreszeit sehr unterschiedlich mit Regen verwöhnten Ebenen. Deshalb trocknet er fast jedes Jahr aus. Aus diesem Grund ist sein Wasserstand im Westen auch nahezu unabhängig vom Regen an seinen unmittelbaren Ufern. Wenn ringsum das Land staubig und dürr ist,

55 *Der Grumeti-Fluß im Nordwesten der Serengeti. Die abwechslungsreiche Landschaft bietet hier besonders vielen Tierarten Lebensräume.*

56 (linke Seite) Im Juni drängen sich die durchziehenden Gnu-Herden am Grumeti, wo sie auch in der Trockenzeit noch Wasser finden.

57 (oben) In diesem Fluß findet man die größten Krokodile Afrikas.

58–60 Die vorsichtigen Gnus gehen hier kaum in das Wasser, so daß die Echsen sie durch überraschende Angriffe auf dem Trocknen packen müssen. Vor allem unerfahrene Jungtiere fallen den spektakulären Attacken zum Opfer.

61–64 (linke Seite)
(oben links) Nimmersatt Storch
(oben rechts) Hammerköpfe bei der Balz
(unten links) Rüttelnder Graufischer
(unten rechts) Nilgans mit Küken

65 (oben) Der dichte Galeriewald überdacht das Flußbett des Grumeti wie ein grüner Tunnel. Das Vogelleben ist hier besonders reich.

66 *Flußpferde finden in tieferen Tümpeln auch dann noch genügend Wasser, wenn der Grumeti streckenweise austrocknet.*

kann sein Puls hochschlagen, gespeist von verzögert abfließendem Wasser aus den nordöstlichen Buschländern. Und wenn im September die heftigen Regengüsse niedergehen, liegt er oft, ohne Nachschub aus dem trockenen Osten, matt in seinen schlammigen Tümpeln.

Wenn die Herden der Zebras und Gnus – meist gegen Mitte Juni – hier ankommen, ist der Grumeti jedenfalls lebenswichtig, unabhängig davon, ob er strömt oder stinkt. Zwar gibt es, im Gelände verstreut, die eine oder andere dauerhafte Wasserstelle, und selten ist es hier im Westen, unter dem Einfluß des Wettersystems des Victoria-Sees, über längere Zeit wirklich trocken. Trotzdem ist die Kette von Wasserlöchern unter den schattenspendenden Bäumen des Flußlaufs für die Herden unverzichtbar. Bei hohem Wasserstand können sie sich die halbwegs sicheren Tränken am Ufer aussuchen. Wenn es dagegen an nur wenigen Plätzen Wasser gibt, stellt sich diese Frage nicht mehr. Sie müssen kommen, durch dichten Busch, über gefährliche Felsbrocken, vorbei an lauernden Katzen, hin zu den Tümpeln, in die sich der gesamte Krokodilbestand des Flusses zurückgezogen hat …

SAURIER IM SUCHER Bei der Ankunft in der Dämmerung erleben wir eine böse Überraschung: Die Gegend wimmelt von Treiberameisen. Der Verhau von Zweigen, den wir gestern als Filmversteck mühsam zusammengebastelt haben, hat gerade an der Stelle, wo das Stativ stehen muß, ein besonders schönes »Biwak«, wie Insektenforscher die zeitweiligen Lager der bissigen Krabbeltiere nennen. Aus ihm strecken sich uns Hunderte der fürchterlichen Zangen von Soldatenameisen entgegen, die auch schon einmal Menschenhaut durchdringen können (obwohl die Schauermärchen, die vor allem in den Sechzigern über sie in Mode waren, völlig überzogen sind). Abgesehen davon wäre es aber dennoch nicht zu empfehlen, sich zwischen den vielen anderen, eifrig den Boden nach Freßbarem absuchenden Arbeiterinnen niederzulassen. Wieder ein Tag verloren?

Gerade heute steht der Wind gut, wir hätten ihn gegen uns. Also bin ich zunächst dafür abzuwarten. Denn wenn es warm wird, müssen die

Ameisen sich in feuchtkühle Verstecke zurückziehen, und hoffentlich sehen sie unseren Unterstand nicht als dafür geeignet an.

Es klappt – nach einer guten halben Stunde wird das Knäuel von braunen, raschelnden Leibern unter dem Tarnvorhang kleiner, wir bauen auf. Die Krokodile bekommen unseren Besuch bei hellem Tageslicht natürlich mit und suchen schleunigst das Weite hinter der nächsten Flußbiegung. Aber jetzt gibt es für diesen Tag keine Alternative mehr. Wir müssen abwarten und hoffen, daß die Reptilien uns schlicht vergessen. Tagelang hatten wir das Ufer nach einem Platz abgesucht, wo wir eine Chance hatten, Gnus und Krokodile zu beobachten, ohne daß unser Geländewagen störte. Immer wieder gab es irgendwelche Hindernisse, die die Sicht einschränkten oder uns viel zu nahe an das Geschehen gezwungen hätten. Gnus, die einem Auto auf der freien Ebene mit größtem Gleichmut begegnen, werden sehr mißtrauisch, wenn sie an besonders heiklen Stellen, wie es Tränken in unübersichtlichem Gelände nun einmal sind, plötzlich diesen Kästen gegenüberstehen. Man muß sich also weit entfernt halten – oder ganz auf das Auto verzichten.

Nun hatten wir hier, direkt gegenüber einem viel benutzten Einstieg ins Flußbett, ein paar herabhängende Zweige eines Gardenia-Baumes mit weiteren Ästen und Zweigen verlängert und einen dichten Vorhang geschaffen, der uns von der anderen Seite fast unsichtbar machte. Ein Tunnel durch das Gebüsch ermöglichte es, von den Tieren am Fluß unbemerkt, zum Auto weiter hinten zu kommen, wobei wir uns aber vorsichtshalber jedesmal händeklatschend bemerkbar machten – schließlich wollten wir keine Löwen filmen. Wir hockten uns also, wie schon so oft vorher, auf die Blechkisten. Ich leistete mir zusätzlich den Luxus der Schaumstoffunterlage, die sonst im Wagen die Kamera schützt – schließlich mußte ich meine schöpferischen Kräfte pflegen –, und warteten. Diese Tätigkeit ist eine der häufigsten in meinem Geschäft – und sie fällt mir immer noch schwer.

Als die Herde ankam, hörten wir zunächst nur ein dumpfes Brummen, das sich allmählich in die typischen Gnu-Laute – denen die Tieren übrigens auch ihren Namen verdanken – auflöste. Von unserem tiefgelegenen Standort war das gegenüberliegende hohe Ufer nur bis auf wenige Dutzend

Meter einsehbar. Endlich erschienen die ersten Hornspitzen, die ersten Rücken über dem gelben, kurz gemähten Gras. Staub stieg auf – die Tiere zögerten. Unser Versteck reichte aus, um uns optisch zu verbergen, aber jeder Windwirbel würde uns verraten. Unabhängig von der Nähe zur Tränke gilt: Während man sonst als Geruchscocktail von Auto und Mensch als relativ neutral empfunden wird, fällt man ohne den stinkenden Blechkastendunst sofort auf. Wir haben uns so manches Mal lahm gesessen – wenn der Wind ungünstig steht, ist mit Versteckzelten nicht viel zu erreichen.

Nun trotten die ersten Gnus doch mit nickenden Köpfen dem begehrten Naß entgegen. Ich wünsche ihnen alles Gute, aber wir sind schließlich wegen der Krokodile hier! Wo bleiben sie? Hat sich eventuell schon die ein oder andere Echse nach unserem Spätstart heute morgen zurückgewagt? Peter lugt angestrengt zur Seite, um die bezeichnenden kleinen Augen- und Nasenhügel über dem stillen Wasser zu finden. Ich schiebe vorsichtig mit dem Objektiv störende Zweige beiseite und fange an zu filmen. Schließlich braucht man immer eine möglichst vollständige Bilderfolge, was immer die Krokodile auch noch vorhaben.

Die ersten Gnus sind nur noch Meter vom Wasser entfernt, als sie scheuen. Hinter ihnen schieben die anderen nach, der Chor schwillt unwillig an. Staub schwebt durch die Luft, als die nervösen Antilopen zurückdrängen. Angespannte Tiere, Köpfe schwenken umher, Ohrentrichter richten sich flink hierhin und dorthin, schnaubend werden Nüstern hochgeworfen. Hufe scharren unschlüssig im mehligen Sand. Jungtiere schubsen sich zwischen den erfahrenen Veteranen hindurch, sie sind ungeduldig, durstig – und sie haben noch nie die plötzliche Explosion einer scheinbar friedlichen Wasserfläche erlebt.

»Da kommt eins!« Peter klingt geradezu erleichtert. Das Trampeln und die Rufe haben die ersten Krokodile angelockt, still gleitet ein riesiges Tier in dem spiegelglatten Pool auf das andere Ufer zu, keine Welle kräuselt die makellose Oberfläche.

Die Gnus fassen Vertrauen. Die ersten Mäuler nähern sich dem Wasser, von hinten kommen jetzt die Massen endgültig nach. Noch stillen alle ihren Durst genau gegenüber von unserem Versteck, wo sich ein flaches

Becken zwischen Felsen und dem Strand anbietet. Wissen sie, daß sich ihnen dort kein Krokodil nähern könnte, ohne stark aufzufallen?

Einige Wochen zuvor war Kevin Pretorius, der südafrikanische Manager eines nahen Touristencamps, gerade dabei, genau dieses Phänomen seinen Gästen zu erklären, als sich, fast 20 Meter von einer trinkenden Gnu-Gruppe entfernt, eines der schuppigen Monster aus seinem tiefen Tümpel aufmachte, der sorgsam von den Gnus gemieden wurde. Vor den Augen der Beobachter schleppte sich das riesige Reptil über die Felsen durch das trockene Flußbett auf die Trinkenden zu. Niemand erwartete mehr als ein kurzes Scheuen und Abdrehen der Gruppe, aber das Krokodil kam näher und näher. Die Augen der Gnus blieben auf das Wasser unmittelbar vor ihnen gerichtet. Schließlich wandten die ersten Antilopen sich aufgrund der Bewegung unmittelbar neben ihnen um, aber immer noch schienen sie nicht ernsthaft beunruhigt – von dort erwartete offenbar kein Tier Gefahr. Die Echse blieb schließlich in etwa zwei Meter Entfernung ruhig liegen, und bald waren die ersten Durstigen, die an den vorderen Tieren vorbei ans Wasser zu gelangen versuchten, in seiner Nähe. Das Krokodil brauchte nur zuzuschnappen und hielt einen Jährling am Hals. Töten konnte der Jäger sein Opfer dort aber nicht, und so zerrte er das um sich schlagende, blökende Gnu den ganzen Weg zurück in den tiefen Pond, um es dort zu ertränken. – Natürlich hatte Kevin keinen Fotoapparat bei sich.

Die Front der Gnus vor uns ist jetzt breiter, auch der Strand, der schnell in tiefes Wasser abfällt, ist jetzt verdeckt von der schwarzbraunen, wogenden Masse. Nüstern beben, gierige Lippen ziehen in langen Zügen das Naß ein. Ungeduldige drängen sich nach vorn und steigen in den Fluß. Nur schnell trinken und dann rasch weg von hier.

Das Krokodil treibt wie ein massiver Stamm träge heran, hinter sich eine dunkle Spur von Zeitlupenwirbeln in dem grünen Algenteppich. Es muß mindestens vier Meter lang sein. Langsam, wie ein schwer zu manövrierender Tanker, dreht das Reptil bei, bis der Kopf auf die Gnus zeigt. Der gefurchte Rücken verschwindet, kurz wedeln die Zacken des Saurierschwanzes an der Oberfläche, dann ragen nur noch Nase und Augen hervor. Ein Kalb stolpert ins Wasser, taucht die Schnauze ein und wird unsanft von hinten gestoßen. Unwillig geht es einen Schritt weiter aus der Front und sucht nach einem Ausstieg aus dem Fluß zwischen all den dichtgedrängten Körpern. Der Krokodilkopf ist verschwunden.

Die Sekunden werden zu Minuten, wo zum Teufel ist die Echse? Das Kalb ist längst wieder auf dem Trockenen, Dutzende anderer Durstiger haben ihr Verlangen gestillt, da teilt sich plötzlich das nun deutlich aufgewühlte Wasser. Mit einem albernen grünen Algenschleim auf den Augenhügeln erscheint der Jäger wieder. Ein Blick auf den Filmvorratsanzeiger der Kassette signalisiert Vorsicht. Bis zum Angriff können es jetzt Sekunden sein – oder Minuten.

»Kassette!« Peter hat sie schon parat, die Handgriffe dauern nicht mehr als drei Sekunden, und ich bin wieder bereit, mit genügend Vorrat auf der Rolle. Im Sucher scheint die Echse jetzt direkt neben den trinkenden Tieren zu schwimmen, sie muß sie doch längst berühren! Kaum hörbar wispert die Kamera, Meter um Meter werden belichtet, der Vorratszeiger wandert zitternd über die Skala. Dafür hat man eben mehrere Kassetten, Peter nimmt schon die nächste lautlos von den Steinen.

Der Schwanz eines Krokodils besteht fast vollkommen aus Muskeln. Er ist zunächst flach rechteckig, dann quadratisch und zur Spitze hin hochkantig im Querschnitt. Auf seinem oberen Saum sitzen die Saurierzacken, die ihm Steifheit und eine größere Ruderfläche verleihen. Bei einem vier Meter langen Krokodil ist dieser Schwanz an der Basis breiter als die Schultern eines kräftigen Mannes, wobei letzterer, bei allem Eifer im Fitneßraum, im Querschnitt nun einmal nicht nur aus Muskeln besteht. Die Gewalt, die in diesem Organ steckt, ist ungeheuer.

Der Angriff beginnt mit einem kaum merklichen Anheben des Vorderkörpers: Das Reptil verankert seine Klauen im Schlamm. Schlagartig stößt es sich dann mit den Vorderbeinen hoch, und das massive Muskelpaket des Propellerschwanzes schleudert die immerhin nicht unbescheidenen 800 Kilo vorwärts. Die Kiefer klaffen, die Wucht des peitschenden Antriebsorgans verdeckt die Echse jetzt völlig hinter einer Wand von Wasser. Gnus lassen sich panisch zur Seite fallen, bäumen sich auf und drehen auf den Hinterläufen, springen übereinander, die fürchterlichen Zahnreihen der Kiefer fahren zwischen sie, um an einem Körper Halt zu finden. Im aufbrausenden Rauschen von wirbelnden Hufen, schreckhaftem Prusten und Blöken, prasselndem Wasser und dem Knattern aneinanderprallender Hörner wuchtet sich der massige Körper zwei Meter weit auf den Strand. Halb unter ihm zappelt sich verzweifelt ein Jährling frei, die Wellen schwappen zurück, der nasse, gepanzerte Rumpf glänzt wie ein gestrandetes U-Boot in der Sonne. Hinter ihm verschwinden die Schemen der Antilopen in einer Wand aus Staub.

Sie müssen wiederkommen, wenn nicht heute dann morgen. Die Echse hat gelernt zu warten, eigentlich besteht ihr ganzes Leben aus Warten. Sie schiebt sich rückwärts und gleitet leicht zurück in ihr Element.

KAPITEL 4

TÖDLICHER STAHL

Unvermittelt legt Sebastian die Maschine in eine der allseits beliebten Steilkurven. Vor mir der fahle Morgenhimmel in der offenen Türluke, unter meinem Rücken rast der Dornbusch vorbei. »Snares!« – »Schlingen!« höre ich seine karge Erklärung. Nach der ersten Kurve legt er die Cessna auf die andere Seite, so daß der Boden senkrecht unter mir liegt. Unwillkürlich stemme ich mich mit den Beinen in den Rahmen und greife nach der Kamera vor mir. Aber Fliehkraft und Gurte halten uns in Position.

Bei allem Respekt vor Sebastians Augen, die Schlingen hat er von hier oben natürlich nicht gesehen. Aber er kennt ihre unmißverständlichen Zeichen: Unten liegen zwei aufgebrochene Gnu-Kadaver zwischen den langen Stangen des Flötendorns, ein drittes Gnu versucht sich ruckend von einer ihm unerklärlichen Macht zu befreien, ringsum sitzen Geier in den Bäumen. Weit und breit ist kein Mensch zu sehen. Routinemäßig speichert Sebastian den Standort auf seinem Satelliten-Navigationssystem. Wir fliegen gerade über der Grenze zum Grumeti Game Reserve, einem der Schutzgebiete, die im Westen vor allem als Pufferzonen zu den benachbarten Siedlungsgebieten eingerichtet wurden. So sollen das Ikorongo Game Reserve die Buschländer im Nordwesten absichern und das Maswa Game Reserve den unmittelbaren Bevölkerungsdruck an der Südwestflanke der Serengeti mildern.

Eine Stunde später sind wir wieder in Seronera an dem Büro des Parkaufsehers mit der Veterinärstation. Als Filmemacher haben wir hier nicht Räuber und Gendarm zu spielen, dies überlassen wir gern den dafür ausgebildeten Fachkräften. Morris, den wir schon als Löwen-Betäuber kennen, hat schnell seine Notfallapotheke beisammen, die Ranger sind allerdings mit den wenigen Geländewagen unterwegs auf Patrouille. Schließlich treiben wir doch noch zwei auf. Sie haben eigentlich dienstfrei, schultern aber sofort die bekannten Sturmgewehre mit den geschwungenen Magazinen und zwängen sich zu uns in den Wagen. Wenn es Meldungen über verletzte Tiere oder Wildereraktivitäten gibt, wird normalerweise immer eine Streife ausgeschickt, vorausgesetzt, Personal und Transportmittel sind vorhanden. Insofern ist dies eine völlig normale Operation.

Wir kennen die Gegend bei den Schlingen nicht, und die Ranger können sich anhand von Sebastians Hinweisen nur grob orientieren. Aber unser kleiner GPS-Zauberkasten, der uns mit dem digitalen Satelliten-Navigationssystem verbindet, hat Sebastians Daten bekommen und zeigt uns auf wenige Meter genau an, wohin wir fahren müssen. Die Orientierung in diesem riesigen Land ist kein Kinderspiel: Das gesamte Ökosystem, das heißt, das Gebiet, das die Gnus auf ihrer Wanderung nutzen, ist annähernd 25 000 Quadratkilometer groß, und ein Quadratkilometer sieht oft genug aus wie der andere.

Ich denke noch mit Schrecken daran, wieviel Zeit es gekostet hat, mich in meinem vergleichsweise winzigen Studiengebiet in Masai Mara möglichst genau zurechtzufinden. Vergrößerungen von alten Luftaufnahmen der Royal Air Force wurden maßstabgerecht angefertigt und abgezeichnet, Pisten mühsam vermessen, Kompaßpeilungen an markierten Bäumen vorgenommen. In den Industrieländern hat man in rasenden Autos auf detailliert ausgeschilderten Autobahnen und Schnellstraßen schon längst das intuitive Gefühl für Entfernung und Orientierung verloren. So manches Mal irrten wir herum, bis wir nach Beschreibungen endlich mühsam bestimmte Plätze ausfindig machten. Oft war es schon schwierig genug, Stellen, die wir bereits kannten, nach Tagen schlicht nur wiederzufinden!

Jetzt schauten wir einfach auf den kleine Pfeil im Display des zigarrettenschachtelgroßen Satellitenempfängers, und die Ranger zeigten uns die besten Pisten, auf denen wir in die Nähe der Schlingen gelangen konnten, ohne allzuviel querfeldein fahren zu müssen.

Nach den Angaben unseres elektronischen Helfers mußten wir am Ziel sein. Auf den Bäumen saßen noch die Geier; von den Kadavern oder dem morgens noch lebendigem Gnu war dagegen nichts zu sehen. Es waren jetzt fast vier Stunden vergangen, seit wir das Ganze am Morgen aus der Luft gesehen hatten – Zeit genug, um Fleischbrocken einzupacken und die Reste verschwinden zu lassen. Morris hatte das schon oft erlebt: In den meisten Fällen, in denen er Meldungen von gefangenen Tieren nachging, kam die Patrouille erst an, wenn schon alles vorbei war. Auch das ist eine Folge der Entfernungen, denn man fährt hier nicht mit Tempo hundert. Die Ranger durchstöberten Busch für Busch. Aber die Peilung war natürlich nicht auf den Meter genau über den Schlingen genommen worden. Wenn man alle Fehlermöglichkeiten addierte, kam man schnell auf ein in Frage kommendes Gebiet von 200 bis 300 Hektar. Kurz: Nach einer Stunde brachen wir die Suche ergebnislos ab. Die Schlächter sind sehr geschickt darin, Kadaverreste selbst vor den scharfen Augen von Geiern zu verbergen, damit diese sie nicht verraten.

ÜBERRAUBTIER MENSCH Schon früh gewöhnte man sich an, pauschal von »Wilderei« zu sprechen, wenn es um die Jagd Einheimischer in Afrika ging. Und dies bereits zu einer Zeit, als es erst wenige Schutzgebiete gab, bei denen es sich oft eher um »Jagdschutzgebiete« handelte, in denen das Vergnügen, Tiere zu töten, den Trophäenjägern vorbehalten war. Als in der zweiten Hälfte des letzten Jahrhunderts weiße Abenteurer und Forscher durch die ostafrikanische Wildnis zogen, gehörte es zum alltäglichen Zeitvertreib, gewissermaßen zur Entspannung schnell einmal ein paar Nashörner oder Löwen zu schießen; letztere galten ohnehin als »Schädlinge«. Die Ergebnisse dieser Metzeleien fügten die schießwütigen Fernreisenden dann stolz und in aller Unschuld ihren Expeditionsberichten bei – Zahlen, die uns heute erschauern lassen. Hunderte von Nashörnern und Löwen, Elefanten und Büffeln blieben nach den Zügen des Überraubtieres Mensch verrottend in der Savanne zurück. Die wenigsten dieser Abschüsse hatten etwas mit der Fleischversorgung der Trägerkolonnen zu tun! Wenn man ein Tier näher betrachten oder es fotografieren wollte, schoß man es eben tot.

Wirtschaftlich uninteressantere Flächen – vor allem wegen der Tsetse-Fliege, die Mensch und Vieh mit der Schlafkrankheit infizierte und die deshalb von Naturschützern als die verdienstvollste Mitarbeiterin des

Tierschutzes gepriesen wird –, wurden deshalb zu Jagdgebieten erklärt. Auch die Serengeti wurde zu einer Bühne für die Trophäenschießerei. Unter ökologischen Aspekten besonders bedenklich war dabei, daß vor allem die von Natur aus seltenen Arten wie Löwen, Geparde und Leoparden »entnommen« wurden. Noch heute gibt es in Tansania Jagdgebiete, die zum Teil direkt östlich an die Serengeti angrenzen, für die man sich eine Lizenz zum Töten kaufen kann. Wissenschaftler prangern seit langem an, daß vor allem der Abschuß der großen Mähnen-Löwen dort auch das Sozialgefüge der Löwen in der Serengeti durcheinanderbringt, denn es handelt sich um ein und denselben zusammenhängenden Tierbestand.

Ich will das Phänomen Jagd hier nicht weiter bewerten. Im letzten Jahrhundert und Anfang dieses Jahrhunderts stellte sie in erster Linie ein gesellschaftliches Phänomen dar. Dies ist nicht mit ein paar Sätzen abzuhandeln, ob es nun um die endlich erreichten bürgerlichen Freiheiten der Jagd, um eher psychologisch zu begründende Irrationalitäten der Tötungsmacht aus dem Gewehrlauf oder um das adrenalinträchtige Ausleben archaischer Urinstinkte geht. Mit der oft zitierten ökologischen Notwendigkeit hatte – und hat – es allerdings überhaupt nichts zu tun. So entspannte sich beispielsweise Myles Turner, dessen mit höchstem persönlichen Einsatz erreichten Verdienste um die Erhaltung der Serengeti über jeden Zweifel erhaben sind, nach den anstrengenden Patrouillen am Wochenende gern mit seinem Freund Gordon Harvey auf Enten- und Sandhühnerjagden, bei denen es darauf ankommt, das Ziel mit einem schnellen Schrotschuß vom Himmel zu holen.

Mit dieser kleinen Abschweifung, die der Leser mir verzeihen möge, wollte ich deutlich machen, vor welchem Hintergrund die Kolonialverwaltung daran ging, den – natürlich illegalen – einheimischen »Wilderern« das Handwerk zu legen. Die Wakuria zum Beispiel konnten nicht einsehen, warum sie plötzlich nicht mehr – wie Generationen vor ihnen – in den Busch ziehen durften, um das Fleisch als Nahrung für ihre Familien zu beschaffen, während weiße Herren die Tiere scheinbar nach Belieben ungestört niedermetzeln konnten. Die Ackerbauern, die westlich der Serengeti bis zum Victoria-See siedeln, haben schon von alters her die

Zeiten der Feldarbeit mit Jagdzügen unterbrochen. Schlingen aus Pflanzenfasern, lange Reihen von Fallgruben und vor allem der Giftpfeil waren seit je traditionell in Gebrauch. Das teerartige Gift war und ist eine begehrte Handelsware. Es wird aus der Rinde von Acokanthera-Bäumen gewonnen, die im Norden und Osten der Serengeti wachsen.

So stießen die Beschränkungen, die von der Parkverwaltung durchgesetzt werden sollten, unweigerlich auf Widerstand bei der ortsansässigen Bevölkerung. Die Idee des Nationalparks geriet dadurch bei ihnen von vornherein in Mißkredit, was sich einige opportunistische Lokalpolitiker bis in jüngste Zeit zunutze zu machen versuchen. Dabei ist es heute müßig, darüber nachzusinnen, daß die Herden »früher« ja offensichtlich auch mit einer gewissen Verlustrate zurechtgekommen sind. Mehr als fahrlässig wäre die Schlußfolgerung, daß es doch festgelegte, gut überwachte Quoten geben könnte als weiteres Beispiel für die »nachhaltige Nutzung von Naturressourcen«, die bisweilen schlagwortartig propagiert wird. Unter den heutigen Voraussetzungen würde eine Quotierung der Jagd zur Fleischversorgung der Anwohner unweigerlich zu weitreichenden und nicht überschaubaren Konsequenzen im Park führen!

Bei allem Verständnis für lokale Traditionen: Wer kann heute noch die alte ägyptische »Tradition« nachvollziehen, die Tempel und Grabmäler der Pharaonen über Jahrhunderte hinweg als Steinbrüche zu nutzen? Traditionen sind nicht automatisch hochheilig und unantastbar, selbst wenn hochgebildete und ansonsten streng rationale Politiker etwa im Zusammenhang mit der Waljagd, um einmal ein uns näher liegendes Beispiel zu nehmen, in dieser Weise argumentieren.

Festzuhalten bleibt, daß es bei der gegenwärtigen Bevölkerungsdichte um den Park und bei den heute verwendeten, mörderisch wirkungsvollen Stahlschlingen – die erst nach dem Zweiten Weltkrieg in der Serengeti zum Einsatz kamen – ohne massive polizeiliche Präsenz keine kurzfristigen Erfolge im Schutz der Herden geben wird. Die Wilderei (ohne Anführungsstriche) hat inzwischen Ausmaße angenommen, die einer mittleren Industrie entsprechen.

Schätzungen von 1995 gingen davon aus, daß in dieser Industrie etwa 18 000 Personen beschäftigt sind, die jährlich etwa 160 000 Tiere umbringen – weit mehr als alle Raubtiere zusammen. Hier ist das Argument der »Arbeitsplätze« schon zu erahnen, hier haben sich bereits wirtschaftliche Abhängigkeiten entwickelt, die andere – ebenfalls traditionelle – Wirtschaftsformen absterben lassen. So lohnt es sich im Westen an den Grenzen zum Schutzgebiet kaum noch, Vieh zu halten. Durch die Konkurrenz des Wildfleisches ist Rindfleisch schon fast zu teuer. Wenn es aber keine Viehbestände mehr gibt, »muß« man plötzlich jagen, um seinen Eiweißbedarf zu decken.

Bezeichnenderweise spielt in Kenia, mit seinem vergleichsweise hohen Lebensstandard, die Fleischwilderei im und am Masai-Mara-Reservat eine deutlich geringere Rolle als in den angrenzenden Ländereien um die Serengeti, obwohl den Kipsigis auf dem Isuria Escarpment der Umgang mit Schlingen auch nicht fremd ist. In Kenia hat man offensichtlich schlicht Besseres zu tun! Einmal richtig organisiert, sind Ackerbau und Viehwirtschaft langfristig tatsächlich mit einer größeren Wertschöpfung für die Gemeinschaft verbunden als das primitive Abschlachten von Wildtieren. Ein erdrosseltes Gnu liefert ein paar Kilo Trockenfleisch, die von dem Wilderer und seinem Helfer mühsam auf den nächsten Markt geschleppt werden. Ein paar toten Gnus entspricht aber auch eine geschlachtete Kuh weniger, die fast vollständig verwertet werden kann. Und von der Viehzucht profitieren viele Wirtschaftszweige: Hirten, Schlachter, Lastwagenfahrer, Kühlunternehmer, Mechaniker, Verkäufer, Ledergerber und so weiter. Bei uns sind auch die Gummibärchenproduzenten nicht zu vergessen, die dem Knubbeltier unter anderem zerkochten Kuhknorpel für die verbesserte Anschmiegsamkeit an verwöhnte Gaumen beimischen.

Schon das rein wirtschaftliche Argument ist überzeugend: Durch eine Legalisierung der Wilderei über ein Quotensystem würde man die Gemeinschaften in der Region künstlich auf einem primitiven Entwicklungsstand halten und künftige Entwicklungsmöglichkeiten behindern. Ein weiteres Argument liefern die Erfahrungen mit »legalem« und »illegalem« Elfenbeinhandel: In den Drittweltländern funktionieren Kontrollvorschriften meist nur auf dem Papier. Wer will beweisen, daß ein Stück Gnu-Fleisch auf der Verkaufstheke legaler oder illegaler Herkunft ist?

Schon beim elitären Elfenbeinhandel, der ja über gut organisierte Ministerien und hochrangige, gebildete und relativ gutbezahlte Angestellte abgewickelt wurde, bekamen findige Exporteure jedes Zertifikat, das sie brauchten. Welch ein unkontrollierbares Durcheinander gäbe das nun erst bei einer vergleichsweise billigen Massenware wie Wildfleisch! Mit der Vergabe und Überprüfungen Tausender von Lizenzen wären natürlich dörfliche Einrichtungen befaßt. Zur genauen Kontrolle, wer wieviel Fleisch aus welcher Gegend »entnimmt«, müßten umfangreiche Polizeistrukturen, die einen hohen Aufwand an Personal und Kosten bedeuten, geschaffen und langfristig finanziert werden. Dadurch würde, nebenbei gesagt, die gesamtwirtschaftliche Rechnung für die Nutzung von Wildfleisch nur noch fragwürdiger.

Das für mich wichtigste Argument gegen eine quasi legalisierte Wilderei besteht schließlich darin, daß man ein Schutzgebiet den jeweiligen Markttrends ausliefern und es zum Schlachthof degradieren würde: Bekämen Büffel und Löwen dann Preisschilder, je nach ihrem saisonalen Schau-, Schlacht- oder Trophäenwert? Zur Zeit kann niemand exakt voraussagen, wie hoch eine dauerhafte Nutzung der Bestände überhaupt anzusetzen ist. Wie viele Tiere können getötet werden, ohne daß der Bestand langfristig tatsächlich gefährdet ist? Wie verteilt man die »Entnahmen« auf die wandernden und die seßhaften Tierpopulationen? Nach einigen Schätzungen könnten langfristig nur an die fünf Prozent des Fleischbedarfes im Westen der Serengeti aus den residenten – nichtwandernden – Tieren gedeckt werden! Und falls man sich verschätzt, wie will man später niedrigere Quoten durchsetzen, wenn »Arbeitsplätze« gefährdet sind oder gar weitere benötigt werden?

Der Bevölkerungsdruck wird nicht ab-, sondern eher zunehmen, auch wenn es in den letzten Jahren Zeichen dafür gibt, daß das Bevölkerungswachstum sich schon erkennbar verlangsamt. Die Hoffnung auf eine zukünftig irgendwann einmal stabile Menschenpopulation auf diesem Planeten ist das zugrundeliegende Dogma, aus dem jeder Naturschützer überhaupt den tieferen Sinn seiner Arbeit ableitet. Je nach den favorisierten Rechenmodellen wird die Zahl der Menschen Mitte des nächsten Jahrhunderts aber auf über zehn Milliarden steigen, und der Bedarf an

Siedlungsfläche, Nahrung, Wasser und Infrastruktur wird immens. Dieses alles überschattende Problem kann nicht über die Schutzgebiete gelöst werden. Entweder muß man sich ein paar Jahre früher den wahren Zwängen stellen – und hat dann noch intakte Reservate –, oder man verschafft sich eine Zeitlang »Luft«, indem man Schutzgebiete zum »Verbrauch« freigibt, bis einen der Bevölkerungsdruck dann schließlich doch einholt. Aber dann sind die Reservate und Parks vielleicht nur noch Schatten ihrer selbst. Wenn wir die Nationalparks auf der ganzen Welt nicht als schutzwürdig und möglichst unantastbar betrachten, weil sie zeitlose Werte darstellen, werden wir sie verlieren!

Deshalb stoßen Projekte, bei denen man die Gemeinden durch besondere finanzielle Anreize für den Naturschutz einnehmen will, inzwischen bei einigen Ökologen zunehmend auf Kritik. Diese Vorhaben zeigten nämlich in einigen Fällen recht unerwünschte Nebenwirkungen. Beispielsweise entstand durch die Anlage von Brunnen, Schulen und Hospitälern in Parknähe ein regelrechter Sog: Immer mehr Menschen zog es direkt an die Grenzen, immer mehr Menschen kamen in die Versuchung, sich mit Schlingen in das nahegelegene Schutzgebiet zu schleichen. Die Befragung von verhafteten Wilderern ergab, daß fast aus jedem Haushalt in der Nähe des Parks ein Mann wildert. In einem Gürtel von bis zu 45 Kilometern im Nordwesten der Serengeti nutzen mittlerweile etwa eine Million Menschen zumindest zeitweise Wildtierprodukte.

Zweifellos steht den Menschen in den Ländern, deren Naturschönheiten für uns immer wertvoller werden, ein fairer Anteil an der Wertschöpfung zu, den diese Parks schon heute haben. Es besteht der dringende Bedarf, die Entwicklung von Gebieten wie der Serengeti zu planen und zu steuern. Doch schon bei den ersten Schritten in diese Richtung reibt man sich fassungslos die Augen: In einigen Ländern, vor allem im südlicheren Afrika, wird in erster Linie darüber diskutiert, wie teuer man einen Elefanten zum Abschuß anbieten kann und welche Anzahl von Tieren man jährlich in den Nationalparks abschlachten könnte.

Solch trübe Gedanken gehen einem manchmal durch den Kopf, wenn man stundenlang im Auto sitzt und darauf wartet, daß die Tiere endlich das tun, was man in seinem Drehbuchentwurf niedergeschrieben hat.

GEJAGTE JÄGER Der Zuschauer glaubt oft, daß Dokumentarfilme gewissermaßen zufällig in vorgefundenen Situationen entstehen – schließlich sollen sie doch diese Situationen »dokumentieren«. Heutzutage wird sich aber nur noch ein Amateur ohne klare Vorgaben darüber, was zu filmen ist, auf den Weg machen. Über einige Diskussionen um den Dokumentarwert eines Dokumentarfilms, in denen man vorher festgelegte Drehpläne noch kürzlich als »Manipulation« anprangerte, habe ich mich insgeheim amüsiert. Wie soll man etwas dokumentieren, wenn man nicht weiß, was? Wenn man aber auswählt, legt man natürlich seine Sicht der zu dokumentierenden Fakten von vornherein fest: Am Grumeti-Fluß wird der Film die dortigen Aspekte der Serengeti enthalten, im Grasland wird es ein ganz anderer Bericht. Bleibt man im Büro beim Warden und den Rangern, stellt sich die Serengeti wiederum völlig anders dar. Das ist nun einmal so, und es hat überhaupt nichts mit einer grundsätzlichen Wertung der verschiedenen Perspektiven zu tun. Nur sollte sich der Dokumentarist seiner Sichtweise bewußt sein und sie dann möglichst konsequent durchhalten. Im allgemeinen wird er seine Botschaft intensiver übermitteln können, wenn er schon vorher weiß, was ihn erwartet. Er kann sich dann auf die möglichst aussagestarken Bilder konzentrieren, wobei bessere Alternativen natürlich aufgegriffen und eingebaut werden können – ich zum Beispiel hätte gerne Morris dabei gefilmt, wie er ein in einer Schlinge gefangenes Gnu behandelt!

Für die fernsehgerechte Darstellung des Wildererproblems hatte ich mir eine Verknüpfung mit der Lebenswelt der Hyänen zurechtgelegt. Hyänen fallen nämlich recht häufig den Wilderern gewissermaßen als »Nebenprodukt« zum Opfer. Die verstreuten Schlachtabfälle locken sie in die Schlingenzonen, wo sie ebenfalls gefangen werden. Außerdem legen einige Wilderer vergiftete Köder aus, um Löwen und Hyänen von ihren Camps fernzuhalten.

So entwarf ich denn im Sommer 1997 am Schreibtisch frohgemut eine Filmepisode von kleinen Hyänen, deren Mutter irgendwo auf einem ihrer langen Jagdzüge in eine Schlinge gerät. Dies hat dann den Hungertod der Jungen zur Folge, was die simple Tatsache der völlig gedankenlosen Vernichtung eines Tieres beispielhaft zuspitzt.

Soweit die Theorie. Hyänen mit Schlingenverletzungen oder gar mit einer Schlinge um den Hals sind selten zu sehen, aber wenn man es darauf anlegt, findet man schon die entsprechenden Bilder. So hatten wir dann auch nach einigen Drehwochen im Mai 1998 die schaurige Realität vor uns: eine Hyäne mit stählernem Kragen, entzündetes, rohes Fleisch, ein schrecklicher Anblick. Wir konnten noch nicht einmal einen Tierarzt herbeirufen, weil unser damaliges Funkgerät zu schwach war. Außerdem verschwand das Tier in der Dämmerung.

Natürlich rechnete ich nicht damit, daß an dem Bau, den wir systematisch beobachteten und filmten, wirklich ein Junges in Schwierigkeiten geraten könnte. Für den Augenschein des Films genügt es völlig, irgendein hungriges, dünnes Jungtier abzulichten – der Rest ist dann Sache des Schnitts und des Kommentars. Das mag kaltschnäuzig klingen, aber schauen Sie beim Tierfilm besser nie zu genau hin. Man verliert sonst leicht den Glauben oder den Spaß – je nachdem. Jedenfalls war dieser Teil des Films schnell abgehakt, und wir harrten mit unseren vielen anderen Wunscheinstellungen der weiteren Entwicklung am Hyänenbau.

Es dauerte ein wenig, bis wir bemerkten, daß da vor unseren Augen zwei kleine, schwarze Hyänen, die immer aussehen wie Stofftiere mit leicht abgenutztem Samtbezug, tatsächlich in Schwierigkeiten gerieten. Tag für Tag wurden sie dünner, immer verzweifelter versuchten sie, bei jedem Weibchen am Bau einen Schluck zu ergattern. Vergeblich – keine andere Mutter würde sich ihrer annehmen. Vor uns spielten sich genau die Szenen ab, die ich für das Drehbuch entworfen hatte. Und – so idiotisch es auch klingen mag –, ich hatte tief innerlich ein schlechtes Gewissen. Unsere Scherze fielen jedenfalls in dieser Zeit etwas rauher aus als sonst.

Die beiden Winzlinge besaßen einen unglaublichen Überlebenswillen. Obwohl sie eigentlich, nach ihren Fell zu urteilen, noch zu jung waren, um Fleisch zu fressen – die jüngsten bisher bei der Aufnahme von fester Nahrung beobachteten Tiere waren mindestens anderthalb Monate alt gewesen; diese beiden waren noch völlig schwarz, also jünger –, nagten sie an allem, was sie rund um den Bau fanden. Als eines von ihnen schon zu schwach war, um den Eingangstunnel noch zu verlassen, riß eine Gepardin wenige hundert Meter entfernt eine Thomson-Gazelle. Natürlich bekam

67 Gnus und Zebras durchqueren ein Bachbett im Western Corridor der Serengeti. In diesem unübersichtlichen Land fallen besonders viele Tiere der Wilderei mit Schlingen zum Opfer.

68 (oben) Ranger im Einsatz in einem Wildererlager

69 (unten) Während der Dreharbeiten verhungerten Hyänenjunge, weil ihre Mutter sich in einer Schlinge der Wilderer verfing.

70 (rechte Seite) Hyäne mit Wildererschlinge (Masai Mara)

72 (oben) Raubtiere sind sehr unduldsam untereinander. Hyänen verdrängen einen Geparden vom Riß.

71 (vorhergehende Doppelseite) In buschigem Gelände sind Geparde sehr erfolgreich.

73 (unten) Ein junger Gepard jagt einen Schabrackenschakal.

74 (rechte Seite) Die leichtgebauten Jäger können sich nur selten am Riß gegen Konkurrenten behaupten.

75 *Die schnellste – und schönste – Form der Bewegung auf vier Beinen*

sie nicht einen Bissen davon, denn die Geier machten die Hyänen sofort darauf aufmerksam, und die ließen sich nicht lange bitten. Die Clanchefin der Hyänen war gerade in der Nähe des Baus. So kam es zu der seltenen Situation, daß tatsächlich ein großes Beutestück zur Höhle gebracht wurde: Sie hatte ja keine Ansprüche anderer Hyänen zu fürchten und fraß dort gemeinsam mit ihrem Jungen, ebenfalls noch ein kleiner dunkler Taps mit ersten Fleckenzeichnungen.

Es war herzergreifend, mit welchem Mut die verhungernde kleine Hyäne versuchte, der Chefin ein paar Happen direkt unter der Nase wegzustehlen. Immer wieder, wenn die Alte sich drohend den anderen Hyänen zuwandte, die sie mit geifernden Mäulern hungrig umstanden, versuchte die kleine Waise ihre schwachen Milchzähne in das Fleisch zu graben und mit wildem Kopfschütteln, das sie selbst fast umwarf, einen Brocken loszureißen. Es dürfte nicht viel gewesen sein, was sie dabei ergatterte, und die Chefin schleuderte das kleine Bündel beiseite, wenn sie es bemerkte.

Die Beckenknochen und die Rippen der beiden Hyänenjungen standen bald grotesk hervor. Die rauhen Spiele ihrer Altersgenossen ließen sie wie kraftlose Gliederpuppen über sich ergehen. Nur bei einigen der Männchen, die am Bau geduldet waren, fanden sie für ein paar Minuten etwas Wärme und Behaglichkeit in ihren letzten Tagen. Wir wissen natürlich nicht, was ihrer Mutter zugestoßen war. Der Bau lag weit unten im Süden der Kurzgrasebenen, und es ist fraglich, ob das Weibchen von dort bis in die Buschländer des westlichen Korridors kam, dem Schwerpunkt der Wilderer. Aber auch im Maswa-Reservat, westlich der Grasländer, findet man sehr häufig die tödlichen Fallen. Zahlenvergleiche in Rudeln, deren Tiere einzeln bekannt sind, ergaben, daß bis zu acht Prozent der Hyänen-Mütter jährlich in Schlingen zugrunde gehen.

Hyänen wecken bei den meisten Menschen nicht viel Sympathie. Und generell ist der sinnlose Tod einer Hyäne auch nicht beklagenswerter als der eines, sagen wir Wasserbocks oder Löwen, der sich elendig in dem tückischen Stahl erdrosselt. Dennoch berührte mich das Schicksal der beiden kleinen Hyänen, dem ich hier ganz persönlich – und nicht gefiltert durch die abstrakte große Zahl – ausgesetzt war. Ich habe mich bemüht, ihnen wenigstens ein filmisches Denkmal zu setzen.

VIERTER TEIL

BOTSCHAFTER DER WILDNIS

Träge hob sie den Kopf. In den verfliegenden Nebeln des Schlummers nahm sie als erstes die friedlichen Atemzüge ihrer Jungen wahr, die neben ihr lagen, zusammengekuschelt zu einem einzigen Bündel, aus dem Schwänze und Pfoten ragten. Über ihr das Gewirr der Äste mit den kleinen Blättern, Dornen sangen im Wind. Aber die Krone spendete keinen Schatten mehr, die Sonne war längst weitergewandert. Mit einem Schwung des Beckens drückte sie sich vom Boden ab und rollte sich behaglich auf die andere Seite; genießerisch streckte sich der lange, schlanke Körper, in einem herzhaften Gähnen klafften die Kiefer, frischer Sauerstoff strömte in ihre Lungen. Einige Schritte entfernt wartete immer noch das glitzernde, stinkende Ding, aber da der Wind günstig stand, belästigte der strenge Geruch sie nicht weiter.

Es war bisher kein guter Tag gewesen. Zweimal war sie zu vergeblichen Jagden gestartet. Die Jungen hatten kein Fleisch bekommen und viel bei ihr getrunken. Sie war hungrig. Doch der Schlaf – eine Kette kurzer Nickerchen – hatte sie erfrischt. Wohlig kostete sie die angenehme Spannung der Muskeln aus, als sie steif die Läufe von sich streckte, und richtete sich auf.

Zunächst musterte sie die Umgebung auf ihrer Seite des Baumes. Dort hatte sie das Licht im Rücken und fühlte sich nicht geblendet. Aber der Horizont war völlig frei. Nicht ein einziger Hornträger. Sie war nicht enttäuscht. Seit ihrer letzten vergeblichen Jagd waren ihr die Grasfresser der ganzen Umgebung gefolgt und hatten mit lautem Schnauben ihre Mißbilligung über ihre Anwesenheit zum Ausdruck gebracht. Das war ihr schon oft passiert, und sie erwartete hier keine Beute, die sich überraschen ließe. Doch ihr Platz war gut gewählt: Auf drei Seiten stieg der Boden an. Zwar sah sie nur bis zum Rand dieser Schüssel, aber alle Tiere jenseits dieses Randes sahen sie auch nicht. Sie würde dort oben überraschend auftauchen und genügend Gelegenheiten finden.

Geduldig wartete sie, auch ihr Hunger beunruhigte sie nicht. Ihr Blick schweifte gleichmütig über das Glitzerding, daß ihr nun schon seit vielen Tagen folgte. Sie maß ihm keine weitere Bedeutung zu: Nie hatte es irgend etwas mit ihr direkt zu tun gehabt. – Schlagartig spannte sie sich: Hinter dem hellen, kantigen Ding tauchte der Kopf eines Hornträgers auf!

Mit einem geschmeidigen Gleiten war sie auf den Beinen. Sie reagierte fast automatisch: Nach Tausenden von Jagden wußte sie genau, was in welcher

Situation angebracht war. Hier ging es darum, ohne auffällige Bewegungen in den Sichtschutz des eckigen Dinges zu kommen. Bisher hatte es sich selten bewegt, auch wenn sie dicht daran vorbeigegangen war, und nun bot es eine gute Deckung. Sie konnte knapp darunter hindurchschauen und die Beine des Grasfressers im Blick behalten. Auf der seltsam verwinkelten Fläche des Kastens sah sie Teile von den Figuren, die ihr unheimlich waren. Manchmal hatten sie Steine nach ihr geworfen und waren mit lauten Geräuschen hinter ihr hergelaufen. Aber das waren nur flüchtige Assoziationen – solche glitzernden Kästen selbst hatten ihr noch nie Probleme bereitet. Sie hatte das Ende des Dings erreicht und schob vorsichtig ihren Kopf vor.

Konzentriert verließ sie die Deckung. Sie kannte das Spiel, das jetzt über Hunger oder Sättigung entschied, über Leben oder Tod. Solange der hornbewehrte Kopf gesenkt war und die Augen nicht in ihre Richtung blickten, konnte sie sich langsam vorwärtsschieben – sie durfte nur nicht ruckartig vorgehen. Die Hornträger hatten selten lange die Köpfe zum Grasen unten. Das wußte sie sehr genau. Die erste, kaum zu erahnende Anspannung des Halses, die dem Kopfheben voranging, genügte ihr: Sie stand wie gemeißelt. Die Fähigkeit, solche Bewegungen der Beute möglichst genau einzuschätzen und vorauszuahnen, hatten den größten Teil der Lektionen ausgemacht, die sie vor Jahren lernen mußte. Hinter ihr drangen aus dem Ding einige harte Geräusche – als schlügen Hörner flüchtig aneinander. Doch diese Töne hatte sie schon oft gehört. Sie blieb ganz ruhig und ließ den Grasfresser vor sich nicht aus den Augen. Sein Kopf schwenkte, nachdem er sich einmal im Halbkreis gedreht hatte, wieder nach unten. Wie in Trance setzte sie die erste Pfote – es gab keine Deckung mehr zwischen ihr und der Beute. Schritt für Schritt ging sie behutsam voran, und bald war sie selbst überrascht, wie dicht sie an dem Tier war! Durch das Ding war sie viel näher herangekommen als sonst.

Sie startete. Die stumpfen Klauen und hartgummiartigen Polster ihrer Pfoten griffen fest in den Boden, stießen sie ab und schleuderten sie voran, der laue Abendwind wurde in wenigen Sätzen zum Sturm. Sie genoß das Vollgefühl der perfekten Maschinerie, die sie rasend beschleunigte. Das Opfer war nur wenige Schritte entfernt, es konnte ihr nicht mehr entkommen!

Der Grasfresser hob den Kopf. Sie hatte das alles schon so oft gesehen: die schreckgeweiteten Augen, das Fleisch praller Muskelstränge spannt sich in rapider Verkürzung. Ein raffiniertes Hebelsystem setzt geballte Energie um in optimale Sprunggewalt. Gras und Sand spritzen unter der Wucht von Körpermasse, konzentriert in den wenigen Berührungspunkten der Hufe auf den Boden.

Sie weiß nichts von Beschleunigung, von Beharrung, von Verzögerung. Sie spürt nur die Kräfte, die an ihrem Körper zerren. Oft hatten diese Gewalten sie in Bahnen gezwungen, die sie nicht laufen wollte, doch so manches Mal hatte sie sie auch genutzt, um fliehende Beute auszumanövrieren. Aber immer zogen diese unsichtbaren Gummibänder an ihr und der Beute in gleichem Maße, waren sowohl Verfolgter wie Verfolgerin den Gesetzen der Bewegungslehre unterworfen. Diesmal aber war es anders – das Opfer stand noch!

Und der Hornträger vor ihr beherrschte die Kräfte, die an bewegten Körpern wirken, nicht weniger meisterhaft als sie selbst. Er hatte viele Kämpfe mit seinen Artgenossen ausgetragen, hatte ein Revier erobert. Mit so manchem Weibchen hatte er in der Werbung seine Körperbeherrschung gemessen und war nicht selten für gut befunden worden, denn er ließ sich von keiner Finte so leicht aus der Bahn werfen. Schon oft hatte er sich fortgepflanzt – er war topfit, ebenso wie sie.

Sie war so nahe, daß er keine Möglichkeit hatte zu fliehen. Deshalb versuchte er es erst gar nicht, aber er gab sich auch längst nicht verloren. In einem stumpfen Winkel zu ihrer Laufrichtung verkürzte er in zwei Sätzen den Abstand zur Angreiferin, machte ihren Geschwindigkeitsüberschuß dadurch noch größer und zerstörte ihr Schrittmaß, so daß sie wenige Sätze vor dem Ziel aus dem Rhythmus kam. Er hatte seine Bewegungen völlig unter Kontrolle, während sie den Gesetzen der Trägheit unterworfen war, die sie eisern in ihrer Bahn hielten. Auf die kurze Distanz von zwei Schritten bedeutete dies zunächst den Unterschied zwischen Aufprall und Fehlschlag. Ihre Pranken fuhren ins Leere und krallten sich dann in den Boden, um die unbarmherzigen Beharrungskräfte aufzufangen. In einem eleganten Schwung legte sie sich steil auf die Seite, und ihr schwerer, langer Schwanz nahm auf der Innenbahn ihrer Steilkurve Beschleunigungskraft auf, indem er ihren Schwerpunkt verlagerte und damit kostbare Geschwindigkeit rettete. In aufquellendem Staub brachte sie es fertig, im geradezu unglaublichen Umkreis von zwei Schritten ihrerseits die Richtung zu ändern – der Grasfresser war noch lange nicht in Sicherheit. Aus dem steilen Anstellwinkel, den die Zentrifugalkraft ihr aufzwang, kam sie wieder in Beschleunigungsposition. Jetzt waren es ihre Muskeln, ihre Pranken, die Gras und Sand aufwirbeln ließen.

Der Hornträger schien ihre Reaktion vorausgeahnt zu haben. Nachdem er den ersten Angriff ins Leere hatte laufen lassen, flüchtete er nicht in gerader Bahn. Kaum hatten ihre Pranken wieder Kontakt und Rhythmus gefunden, wandte er sich ihr erneut entgegen, gerade außer Reichweite, aber doch so dicht, daß sie wieder auf der Stelle wenden mußte. Dieses Manöver kostete sie endgültig den restlichen Geschwindigkeitsüberschuß. Nun begannen die beiden das Rennen praktisch mit neuer Startlinie. Beide hatten jetzt die gleichen Voraussetzungen und liefen nur wenige Schritte getrennt voneinander. Zweimal hatte sie nun alle Kraft in ihre Beschleunigung gesteckt, hatte zweimal mit aller Kraft bremsen müssen. Nun verlangte sie zum drittenmal alles von ihrem Körper. Ihr Herzschlag raste, ihre geweiteten Atemwege brauchten jeden Quadratmillimeter, um den Bedarf an Sauerstoff zu decken.

Der Hornträger war nur wenige Schritte vor ihr – wie oft schon hatte sie diese kurze Distanz überwunden. Bei diesem Tempo bedarf es nur einer winzigen Berührung, um das Opfer wie ein hilfloses Paket durch die Luft wirbeln zu lassen. Nur noch diese wenigen Schritte. Längst war es kein Genuß mehr, ihre Muskeln und die perfekte Koordination aller Gliedmaßen zu erleben. Sie spürte nur noch brennende Atemnot, das Bild vor ihren Augen verschwamm – aber sie kam näher. Jetzt war das Hinterbein in Reichweite: ein Zwischenschritt, um den eigenen Körper auszubalancieren, die Pranke vor, das Bein wurde zur Seite geworfen – jetzt mußte er fallen! Sie ordnete die Pranke wieder dem rasenden Gang der anderen Läufe ein, um nicht aus dem Gleichgewicht zu geraten. Der Rhythmuswechsel beim entscheidenden Prankenhieb kostet jedesmal Tempo, und das bedeutet einen größeren Abstand zur Beute. Nicht unbedingt ein Nachteil, wenn das Opfer dann mit rasender Geschwindigkeit über den Boden schießt.

Aber dieser Hornträger fiel nicht! Mit unglaublicher Körperbeherrschung gelang es ihm, den kleinen Stoß, der ihn normalerweise völlig aus der Bahn hätte werfen müssen, auszugleichen. Seine Beine fanden wieder Halt und stießen ihn weiterhin vorwärts. Die Anfangsphase der Jagd war für ihn weniger kraftraubend gewesen als für sie, und er hatte noch ausreichend Luft. Sie aber spürte, daß sie es nicht mehr schaffen würde.

Ihre Muskeln erschlafften, der Schwung des Laufes trug sie noch eine Strecke vorwärts, in den Staubschwaden vor ihr gewann der Hornträger den endgültigen Vorsprung.

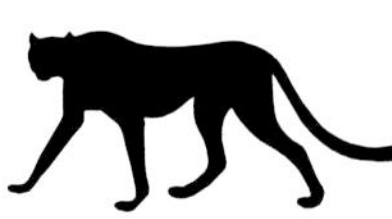

KAPITEL I

DER LAUF DES GEPARDEN

Der entscheidende Unterschied bei erfolgreichen oder erfolglosen Gepard-Jagden ist im Freiland meist kaum zu erkennen. Auch diese Jagd war nur ein schemenhafter, scheinbar schwereloser, staubverhangener Tanz der Tiere umeinander gewesen, mit einem langen Endspurt, bei dem die Katze schließlich aufgab. Was wirklich passiert war, zeigten erst die Bilder der Hochgeschwindigkeitskamera, die ich viele Wochen später analysierte.

Geparde stellen für mich die schönste Form der Fortbewegung auf vier Beinen dar. Durch ihre Eleganz sind sie für Millionen von Menschen zu Symboltieren der afrikanischen Savannen geworden. Dabei sind sie eigentlich keine reinen Afrikaner: Noch im letzten Jahrhundert waren sie weit über den Vorderen Orient bis nach Indien hinein verbreitet. Und sie sind auch alles andere als echte Savannentiere. Sie kommen in fast allen Lebensräumen zurecht, ausgenommen extreme Wüsten und dichte Wälder.

Im nördlichen Busch der Serengeti zum Beispiel sind Geparde durchaus häufig anzutreffen. Aufgrund der besseren Sichtverhältnisse in den offenen Grasländern konzentrierte sich die Erforschung der Hochgeschwindigkeitsjäger jedoch auf die freien Flächen. Forschungszeit ist teuer, und deshalb finden die Untersuchungen natürlich meist dort statt, wo man in absehbarer Zeit die meisten verwertbaren Daten sammeln kann. Dadurch entstand ein etwas verschobenes Bild: Obwohl kein Wissenschaftler es jemals so ausgedrückt hat, erweckten diese Studien allgemein den Eindruck, Geparde gehörten wegen ihrer rasanten Jagdtechnik »automatisch« auf den freien Turf der Grasebenen.

Dabei haben sie in deckungsarmem Land eher Probleme, sich ihrer Beute zu nähern. Diese hochgebauten Tiere sind nämlich in der Katzengilde vergleichsweise stümperhafte Anschleicher. Schulter und Beckengürtel müssen starken mechanischen Belastungen standhalten, und dies macht sie bei aller Eleganz eben doch etwas steifer. Niemals könnten sie so flach über den Boden fließen wie ein Löwe oder gar ein Leopard. Geparde gehen relativ offen auf die in Aussicht genommene Beute zu, und dabei hilft jede Deckung, seien es verstreute Büsche, Termitenhügel oder zerklüftetes Gelände.

Im dichten Dornbusch des nördlichen Kenia verblüfften mich immer wieder Geparde, die in dem Gestrüpp durchaus erfolgreich bei der Jagd waren. Im Shaba-Nationalreservat in Nordkenia habe ich Gepard-Jagden in einem felsigen, mit Commiphoren dicht bestandenem Gebiet beobachtet. Diese Büsche, von denen einige im Nordosten Afrikas wachsende Arten mit ihrem Harz das Ausgangsmaterial für den biblischen Weihrauch liefern, besitzen scharf endende Verzweigungen, die wie zehn Zentimeter lange Dolche rechtwinklig von den Ästen abstehen. Bei den Versuchen, Geparden bei ihrer Jagd in diesem Gelände zu folgen, habe ich mir so manchen Reifen zuschanden gefahren und mich oft gefragt, wie die Katzen unter solchen Bedingungen derart schnell laufen konnten: Auch wenn sie nicht an ihre immer wieder angeführten Sprintleistungen im freien Grasland anknüpfen, dürften sie dort noch immer Geschwindigkeiten von fünfzig bis sechzig Stundenkilometern erreichen. Bei diesem Tempo kann jeder falsch eingeschätzte Zweig ein ausgeschlagenes Auge bedeuten!

Aber natürlich zog auch ich nicht in die Buschländer, als es 1997 darum ging, Geparde bei ihrem Tun abzulichten. Dafür war mir die Drehzeit zu teuer. Im Juli dieses Jahres befanden wir uns auf den Ebenen bei den Aitong-Bergen. Dieses Weideland liegt in direkter Nachbarschaft des Masai-Mara-Reservats im nördlichsten Endzipfel des Ökosystems Serengeti.

ANNÄHERUNGSVERSUCHE Selten zuvor in den vergangenen Wochen war mir das Weibchen derart dünn vorgekommen. In den letzten vier Tagen hatte sie nur einen Hasen gefangen, der nicht einmal den gröbsten Hunger ihrer drei Jungen stillte. Heute war sie den ganzen Vormittag aktiv gewesen, aber weit und breit gab es keine Beute. Schließlich zog sie – die Sprößlinge im Gefolge – durch die *lugga*, ein dicht bewachsenes Bachbett, nach Norden. Sie fühlte sich in dem unübersichtlichen Tal sichtlich unwohl und beeilte sich, mit den Kleinen wieder an den Rand der Büsche zu gelangen. In diese Buschzonen ziehen sich die Löwen tagsüber zurück, und jederzeit kann sie von einem mißlaunigen Leopard überrascht werden. Solche Begegnungen können fatal für ihre Kleinen enden.

Der erste Versuch, aus der Deckung heraus eine Gruppe von Thomson-Gazellen zu überraschen, war von vornherein zum Scheitern verurteilt. Die Tiere standen über 200 Meter entfernt in deckungslosem Gras – Gazellen halten fast immer einen Sicherheitsabstand zu unübersichtlichen Stellen. Sie startete – trotz der aussichtslosen Position. Aber sie gab längst nicht alles und trabte schon nach hundert Metern aus. Laut Lehrbuch suchen Geparde ihre Beute nicht nach Konditionsmerkmalen aus. In diesem Fall sah es aber so aus, als suche sie in der Gruppe ein besonders junges oder schwaches Tier, das vielleicht nicht mithalten konnte. Doch sie fand keines, und das Hungern ging weiter.

Die Sonne steht hoch, die Luft ist wie geschmolzenes Glas – keine Tageszeit für Hochleistungssport. Nach all den Wochen, die wir ihr nun gefolgt sind, fühlen wir mit ihr. Hier draußen gibt es keine schattenspendenden Bäume und keine Deckung. Sie wird kaum einen Ruheplatz für die Familie finden. Langsam geht sie den leichten Hang aus dem Bachtal hinauf, angespannt sichernd, den Kopf hoch erhoben. Immer wieder hockt sie sich hin und mustert in einem langen Rundblick sorgfältig die Umgebung. Sie sucht nicht nur Beute, sie muß auch ihren hilflosen Nachwuchs schützen! Die Jungen sind etwa drei Monate alt und fressen schon lange Fleisch. Noch zwei bis drei Wochen wird ihre Mutter sie zusätzlich säugen. Die kleinen Pelzbündel wirken noch immer recht munter, auch wenn die Hitze sie nun etwas ruhiger macht. Die vier Hungertage haben sie jedenfalls mit der Muttermilch ohne Probleme überstanden. Wie eifrige Musterschüler reihen sie sich hinter dem Weibchen auf und spähen wichtig mit neugierig glänzenden, großen Augen in die Gegend. Ihre Gesichter sind von vorn noch kugelrund, die typischen »Tränenstreifen« zwischen Augenwinkel und Maul sind erst schwach ausgeprägt. Durch die scheinbar hängenden

Mundwinkel wirkt ihr Gesichtsausdruck immer leicht erstaunt, fast empört. Das Fell ist schon so lang wie bei erwachsenen Tieren. An den Jungen sieht das aus, als seien sie in einen zu großen, dichten Flaummantel gehüllt, der sie im Gegenlicht wie ein Heiligenschein umstrahlt. Der weiße Rückensaum, den sie in ihrer Versteckphase trugen, ist schon fast verschwunden. Wenn sie erregt sind, steht die flauschige Bürste zwar noch immer deutlich erkennbar in einem hellen Grau empor, aber längst haben sie die dunkle Kinderfärbung eingetauscht gegen die Flecken »richtiger« Geparde.

Ab einem Alter von etwa sechs bis acht Wochen beginnen junge Geparde, ihrer Mutter zu folgen. Bis dahin werden sie in verschiedenen Verstecken untergebracht, die von der Mutter sorgfältig ausgewählt sind – ganz im Gegensatz zu den abliegenden Kitzen, die sich ihr »Versteck«, das meist ein simples Grasbüschel ist, selbst aussuchen. In dieser Zeit ist das dunkle Kinderkleid der Geparde sicher hilfreich; eine überzeugende Erklärung für das in diesem Alter besonders auffällige, weiße Rückenfell gibt es allerdings noch nicht. Zur Zeit geht man davon aus, daß es sich dabei um eine Art Beschwichtigungssignal handelt, das an die helle Kehle und Unterseite von Erwachsenen erinnert. Unterlegene Tiere bieten diese empfindlichen Körperzonen als Unterwerfungsgeste dar.

Nun besitzen die Gepard-Babys aber einen Erstarrungsreflex, um möglichst wenig aufzufallen, wenn sie in Gefahr sind. Gegenüber Löwen oder Hyänen, die nach einer Studie aus der Serengeti einen Großteil des Gepard-Nachwuchses umbringen, mag dieser Reflex sinnvoll sein. Die kleinen Geparde erstarren jedoch auch vor Schreck, wenn ein aggressives Gepard-Männchen im Lager erscheint, und die übliche Unterwerfungsgeste bleibt aus. Die Männchen führen sich ziemlich rüde auf, wenn sie auf Weibchen mit Nachwuchs stoßen. Man hat sogar Fälle von Kindestötung bei Geparden beobachtet, wenn das auch vermutlich längst nicht so häufig vorkommt wie bei Löwen. So mag der helle Rücken der Kleinen in letzter Not signalisieren: »Tu mir nichts – ich unterwerfe mich!«

Schon dieses kleine Beispiel macht deutlich, wie kompliziert es sein kann, stichhaltige Erklärungen für scheinbar alltägliche Phänomene zu finden. Zu welchem Schluß man auch immer kommt, er ist kaum exakt beweisbar. Geparde lassen sich – von dem erforderlichen Aufwand einmal abgesehen – nicht so leicht mit Attrappenversuchen testen (und täuschen) wie, sagen wir, Stichlinge oder Silbermöwen. Dennoch sind solche Erklärungsansätze unter Freilandbiologen sehr beliebt, und manchmal tragen sie auch tatsächlich zum besseren Verständnis einer Art bei. Aber zurück zu unserer Gepard-Familie.

Die kleinen Wichtigtuer haben ihr konzentriertes Umherspähen natürlich längst aufgegeben und purzeln wieder tolpatschig umeinander. Hochaufgerichtet auf seinen Hinterläufen, steht einer über dem Rücken eines seiner Geschwister und versucht es umzuwerfen. Der dritte hängt seiner Mutter schon wieder am Hals, als wolle er in einem erbitterten Ringkampf einen Büffel niederzwingen. Aber sie ist nicht in der Stimmung, darauf einzugehen, ihre Augen sind auf die Kuppe vor ihr gerichtet. Wie eine Schlafwandelnde bewegt sie sich voran; das Junge baumelt völlig unbeachtet an ihrer Kehle und fällt ab wie eine reife Frucht. Die angespannte Haltung der Mutter läßt die Kleinen ebenfalls erstarren. Sie drücken sich in das spärliche, gelbe Gras.

Ich versuche, im Fernglas auf der flirrenden Kuppe den Grund für ihre Aufmerksamkeit zu entdecken. Nichts. Erst als wir ein Stück hochfahren, sehen wir, auf dem Plateau verstreut, einige Gazellen. Sie muß sie gehört haben, denn der Wind steht seitab. Vielleicht nähert sich ein hungriger Gepard aber auch grundsätzlich in dieser Weise einer Erhebung. Das Anpirschen über einen Hang scheint im offenen Grasland eine besonders beliebte Methode zu sein, um unbemerkt an Beute heranzukommen. Dieses Weibchen hatte uns das schon oft vorgeführt, aber hier war es wohl am Ende seines Lateins.

Ich kann ihren Kopf jetzt gerade noch über dem Gras ausmachen, minutenlang steht sie starr da. Mehrere hundert Meter freies Gelände, das Gras nur etwa 15 Zentimeter hoch. Wieder macht sie ein paar Schritte, dann legt sie sich hin. Für uns ist sie damit verschwunden. Die Minuten schleichen dahin, die bleierne Hitze lähmt uns. Ist sie schon längst wieder zurückgewandert, liegt sie mittlerweile vielleicht weitab unten im Tal zwischen den Büschen? Jetzt hektisch zwischen den Tieren herumzufahren, kann jeden Jagdansatz zunichte machen. Also nicht zu früh aufgeben – andererseits könnten wir sie da unten im Gewirr der *lugga* verlieren, und dann stünde uns wieder eine lange Suche mit ungewissem Ausgang bevor …

Schließlich taucht sie zu unserer Erleichterung doch wieder auf und schiebt sich ein weiteres Stück an die verstreuten Gazellen heran. Es ist keine Herde. Thomson-Gazellen bilden nur kurzfristig große Ansammlungen. Meist ziehen die Geißen in kleinen Gruppen umher und halten beim Grasen einige Meter Abstand zueinander. Auch die Böcke bilden lockere Verbände von manchmal einigen Dutzend Tieren: Junggesellen ohne feste Adresse. Die starken Männchen versuchen dagegen, Reviere zu erobern, in denen sie auf die durchziehenden Weibchen warten. Dort können sie dann wochenlang, manchmal sogar über Monate, regelmäßig angetroffen werden. Die Bindung an die Reviere ist natürlich in der Fortpflanzungssaison am größten. Da die Tommys jedoch zwei Paarungszeiten pro Jahr haben und auch dazwischen einige Weibchen immer wieder mal paarungsbereit sind, lohnt es sich für Böcke in guten Weidegebieten eigentlich immer, ein Revier, so lange es geht, zu halten.

Auch hier stehen jetzt im Juli die Revierhalter klar erkennbar zwischen den Weibchen. Morgens und abends sind sie besonders aktiv und laufen dann jeder Tommy-Dame hinterher, um ihr »Parfüm« zu prüfen und sich wenn möglich zu paaren – das ist ja schließlich der Zweck der ganzen Übung. In diesem Moment, unter der gnadenlosen Mittagssonne, sind aber alle annähernd so träge wie wir.

Ich sehe immer noch kein Jungtier unter den Gazellen, was hat die Gepardin vor?

In einer leichten Senke, vielleicht einen halben Meter unter dem Niveau der Ebene, steht ein einzelner Bock. Versonnen würgt er einen Ballen Gras nach dem anderen aus der Gärkammer seines Pansens, wo Bakterien und einzellige Tiere das harte Pflanzenmaterial schon teilweise aufgelöst haben. Genüßlich walken seine Zahnreihen den Brei zu immer kleineren Partikeln. Der Knoten des heruntergeschluckten Klumpens ist deutlich sichtbar, und schon würgt er den nächsten Ballen hoch, um auch ihn zu zermahlen. Eine zeitaufwendige Angelegenheit, aber Wiederkäuer machen auf diese Weise den besten Gebrauch von den Nährstoffen ihrer

Nahrung, besser als Zebras, Elefanten, Schweine oder Flußpferde, die alle nicht wiederkäuen. Ringsum geben sich die anderen Gazellen ebenfalls entspannt und geruhsam dieser für sie sicher genußreichen Tätigkeit hin.

Die Kamera ist längst auf 100 Bilder pro Sekunde eingestellt und auf dem Dachstativ drehbereit. Peter behält hinter dem Lenkrad die Katze im Auge, während ich fieberhaft von oben das Gelände mit dem Fernglas absuche. So manches Mal ist es mir passiert, daß ich, allein im Geländewagen, erst im letzten Augenblick das ausgesuchte Beutetier bemerkte – peinlich für den Dokumentaristen, denn mit sauberen Aufnahmen ist dann nicht mehr zu rechnen.

»Sie geht!« Ich lasse das Fernglas in seinen Riemen fallen.

SPRINTER UNTER SICH Völlig ohne Deckung setzt sie ruhig Pfote vor Pfote. Sobald eine der Gazellen in ihre Richtung zu blicken scheint, steht sie wie vom Blitz getroffen da, mitten in der Bewegung erstarrt. Immer noch sind wir nicht sicher, welches Opfer sie eigentlich im Visier hat. Sie beginnt zu laufen, ein federnder, zügiger Trab, der schließlich übergeht in einen lockeren Galopp. Es sieht leicht und mühelos aus und läßt ihre Reserven erahnen. Überall immer noch im Kauen versunkene Gazellen. Die Gepardin kommt endgültig über die Kuppe und ist jetzt in voller Größe frei sichtbar. Die ersten Warnschnauber tönen auf, ein gepreßtes Geräusch, das uns relativ leise vorkommt und entfernt an ein Pfeifen erinnert, schwer zu lokalisieren, aber weit tragend. Es verrät wenig über die Position des Warnenden – gefährdet ihn also nicht über Gebühr–, läßt aber sofort die Köpfe hochschnellen.

Es gibt viele Auslöser, um dieses Schnauben ertönen zu lassen. In Anbetracht der hartherzigen, egoistischen Gentheorien ist es gar nicht so einfach, sie schlüssig zu begründen. Man sorgt praktisch selbst dafür, daß man auffällt, und den Vorteil haben zunächst die anderen. Erst wenn sich möglichst alle an dieses Warnsystem halten, hat man die Chance, selbst einmal zu den Nutznießern zu gehören. Genau dies ist das theoretische Problem: »Schummler« könnten sich leicht Vorteile erschleichen, nicht anders als in menschlichen Gesellschaften.

Wie auch immer, die meisten Gazellen sind ganz versessen darauf, ihre Wachsamkeit unter Beweis zu stellen, und so können Schakale, Geier im Gras, vorbeiziehende Löwen – eben alles, was ungewöhnlich ist – zu den Alarmrufen führen. Nicht immer bedeuten diese Signale also unmittelbare Lebensgefahr!

So schauen sich die Gazellen erst einmal um und trippeln sogar, nachdem sie die Gepardin gesehen haben, neugierig ein paar Schritte in ihre Richtung. Auch der Bock in der Senke hat schon Hunderte von Fehlalarmen erlebt, und es dauert einige Sekunden, bis er aus dem wohligen Rhythmus des Kauens und Schluckens auftaucht. Sekunden, in denen die Gepardin schon die Hälfte der Distanz überwunden hat.

Der Bock startet. Die Katze ist noch mindestens vierzig Meter entfernt, und so wählt er sofort die entgegengesetzte Richtung. Jeder Winkel zur Laufrichtung der Gepardin würde sich nachteilig für ihn auswirken, da sie ihm den Weg abschneiden könnte. Vierzig Meter sind eine große Distanz, und Thomson-Gazellen sind wie »gemacht« für blitzschnelle Starts und rasante Beschleunigung. Dennoch benötigt er kostbare Sekunden, um auf Touren zu kommen, und in dieser Zeit legt die Katze den Turbo ein: Im Nu schießen beide nur noch ein Dutzend Meter voneinander getrennt dahin.

Geparde und Thomson-Gazellen sind Paradebeispiele für die Anpassung des Körperbaus an schnelles Laufen. Generell ist der Bauplan von Huftieren dafür besser geeignet als der einer Katze. Letztere muß, wenn sie das Opfer erreicht hat, immer noch in der Lage sein, es zu töten, ohne selbst in Gefahr zu geraten. Sie benötigt also Muskelpakete an den Beinen, um ihre Pranken einzusetzen, wobei ihre Extremitäten nicht beliebig lang werden dürfen, damit kraftvolle Hebelverhältnisse gesichert sind. Ihre Fangzähne müssen fest im Schädel verankert sein und brauchen deshalb massive Wurzeln, die zusammen mit den Muskeln des Kauapparates wenig Platz für weite Atemwege lassen. Gazellen dagegen sind ohnehin verloren, wenn sie eingeholt werden. Sie brauchen also auch keine weiteren Anpassungen, die ihre Chancen im Nahkampf verbessern. Die Anordnung von Muskelmasse und die Hebelverhältnisse des Knochen- und Sehnenapparates der Beine können deshalb so angeordnet sein, daß ihre Kraft optimal in Beschleunigung und Geschwindigkeit umgesetzt werden kann.

Im Vergleich zu den grazilen Beinen der meisten Antilopen und Gazellen, die fast nur noch aus Knochen und Sehnen bestehen, während die eigentlichen Muskeln kompakt nah am Rumpf angebracht sind, hat selbst ein Gepard relativ plumpe, kurze und schwere Läufe, die einen größeren Energieaufwand zur Bewegung erfordern.

Es ist deshalb auf den ersten Blick verwunderlich, daß sich die Sprintjäger am weitaus häufigsten ausgerechnet die Beute aussuchen, die ebenso schnell laufen kann wie sie. Bisweilen werden Geparde auf Jungtiere aufmerksam, die sie dann natürlich mit einem Minimum an Aufwand erlegen. Mit etwa neunzig Prozent stellen aber die besonders flinken Thomson-Gazellen in der Serengeti die mit Abstand wichtigsten Beutetiere für Geparde dar. Im südlichen Afrika, wo es keine Tommys gibt, konzentrieren sich die Katzen vor allem auf Impala-Antilopen oder Springböcke, die ebenfalls zu den schnellsten Läufern der Region gehören.

Dies ist aber nur scheinbar ein Widerspruch: Jäger und Gejagte sind vielmehr in einer Art gegenseitiger Abhängigkeit voneinander gefangen. Als frühe Vorläufer der Geparde anfingen, immer schneller zu laufen, konnten sie nach einiger Zeit kaum mehr kampfstarke Tiere reißen. Und indem sich die schnellen Huftiere auf die Flucht als einzige Gegenmaßnahme bei Angriffen einstellten, verloren sie ihrerseits an Wehrhaftigkeit. Bald jagten extrem schnelle Jäger – die aber kaum noch schwere Beute angehen durften, ohne ein hohes Risiko einzugehen –, vor allem leichten und ihrerseits immer schnelleren Beutetieren hinterher. Aber nicht nur Geparde und Thomson-Gazellen nehmen an diesem Evolutionsspiel teil, was eine Reihe von Konsequenzen hat, auf die ich weiter unten noch näher eingehen möchte.

Hier auf den Wiesen vor den Aitong-Bergen haben wir jedenfalls die Endergebnisse dieses abstrakten entwicklungsgeschichtlichen Wettlaufs in einem ganz konkreten Wettlauf unmittelbar vor Augen. Geparde (und mit ihnen übrigens im Prinzip alle anderen Katzen) machen den Nachteil ihrer relativ schweren und kurzen Beine mit einer extrem biegsamen Wirbelsäule wett. Sie krümmt sich im Galopp wie eine Feder weit ein und erlaubt den Tieren damit, die Hinterläufe deutlich weiter vorn aufzusetzen, während die Vorderläufe sich noch kraftvoll vom Boden abstoßen.

Dies wirkt, als machte die Katze je nach Bedarf ihren Körper länger oder kürzer: Man hat errechnet, daß ein Gepard pro Sprung bei mittlerer Geschwindigkeit auf diese Weise seine Schrittlänge um 76 Zentimeter verlängert! Die in der Wirbelsäule bei der Krümmung gespeicherte Energie wird – wie beim Zurückschnellen einer Feder – in jedem Sprung genutzt. Interessanterweise bildet das Zusammenspiel von Muskeln, Bändern und Knochen eine Art optimalen Rhythmus von etwa einer Drittelsekunde für eine Bewegungsabfolge, der unabhängig vom Tempo des Tieres beibehalten wird. Daraus ergibt sich, daß bei zunehmender Geschwindigkeit mit jeder aufgebrachten Energiemenge eine größere Strecke zurückgelegt wird.

Dieser Effekt brachte die Gepardin in den ersten Sekunden der Jagd immer näher an ihre Beute heran. Anschließend war der Lauf allerdings sehr ausgeglichen. Es ist viel über die Spitzenwerte der Laufgeschwindigkeit von Geparden geschrieben worden. Schaut man genauer nach, stößt man auf eine Quelle aus den sechziger Jahren, die offenbar immer wieder zitiert wird. Es wird aber nicht recht klar, wie es zu der so verblüffend exakten Zahl von 112 Stundenkilometer gekommen ist. In England hat man Geparde mit aller Kraft hinter einem bewegten Köder herlaufen lassen und als maximale Geschwindigkeit 98 Stundenkilometer gemessen. Ob man diesen Wert, der immerhin auf einer optimalen Rennstrecke erzielt wurde, auf die Verhältnisse im Freiland übertragen kann, sei dahingestellt. Völlig ausgehungerte Tiere mögen in Extremsituationen schneller sein, andererseits mag das nie ganz ebene Gelände absolute Höchstleistungen immer wieder einschränken. Professor Tim Caro, der lange mit seiner Arbeitsgruppe in der Serengeti gearbeitet und das bisher umfassendste Standardwerk über Geparde verfaßt hat, äußerte sich mir gegenüber zur Höchstgeschwindigkeit der Geparde denn auch ziemlich lakonisch: »Ich habe keine Ahnung, wie schnell sie eigentlich sind. Da gibt es mindestens so viele Unterschiede wie bei Menschen.« Im Grunde spielen Temporekorde hier auch keine Rolle. Viel entscheidender ist, daß Thomson-Gazellen unter optimalen Bedingungen ebenfalls mit rasanten 95 Stundenkilometern gestoppt wurden!

Bei einem derart geringen Unterschied in der Geschwindigkeit wird verständlich, warum jedes Rennen zwischen Gazellen und Geparden

76 Die typischen »Tränenstreifen« im Gesicht eines Geparden. Der relativ leichte, massearme Schädelbau der Sprinter ergibt sich aus den erforderlichen großen Atemwegen und einem Kiefer, der vor allem einen festen Tötungsbiß ermöglicht.

77 Das Gepard-Weibchen, das wir auf dem Masai-Land bei Aitong begleiteten. Ihre drei Jungen machten das Jagen für sie oft schwierig, weil sie sich zu auffällig benahmen.

78 Geparde, und vor allem Mütter mit so kleinen Jungen, gehören zu den beliebtesten Fotomotiven in afrikanischen Nationalparks. Dies macht sie zu perfekten »Botschaftern der Wildnis«.

79 (links oben) Schon sehr früh lassen Gepard-Mütter ihren Nachwuchs Erfahrung mit lebender Beute sammeln.
80 (links unten) Laufen und gegenseitiges Umreißen machen den größten Teil ihrer Spiele aus.

81 (oben) Gepard-Mütter sind sehr fürsorglich, dennoch erreicht in der Serengeti nur jedes zwanzigste Junge das Erwachsenenalter.

82 *(links oben) Das Verhältnis von Geparden und Masai ist angespannt: Als die Hirten näher kamen, gaben die Katzen den Riß auf.*

83 *(links unten) Masai-Siedlungen, sogenannte* manyattas, *am Talek-Fluß. Auch in der Regenzeit sind große Flächen ohne Pflanzendecke, da die Siedlungen nur noch selten verlegt werden.*

84 *(oben) Masai-Krieger lieben Schmuck und sehen auf jeden herab, der kein Vieh hält.*

85 *Die selbstbewußten Masai werden besonders oft zu »edlen Wilden« stilisiert, doch die Welt der Hirten hat sich in den letzten Jahrzehnten drastisch verändert.*

äußerst knapp ausgeht. Das Ergebnis hängt zu einem großen Teil davon ab, wie der Jäger seinen wichtigsten Trumpf ausspielt: Er hat das Überraschungsmoment auf seiner Seite, und er bestimmt Ort und Zeitpunkt des Angriffs! Alles hängt von der richtigen Taktik ab, denn beide haben nur ein sehr enges Zeitfenster für ihre Bemühungen.

Die Arbeit der Muskelpakete erfordert einen Riesenumsatz an Energie, von der über die Hälfte als »Verbrennungswärme« die Muskeln aufheizt. Das Blut verteilt diese Wärme bald über den ganzen Körper, und am schnellsten wirkt sich der Temperaturanstieg im besonders reich versorgten Gehirn aus. Dort arbeiten nun Milliarden von Neuronen, um die raffinierte Maschinerie aus Knochen, Sehnen und Muskeln in Rückkoppelung mit den vielfältigen Reizen aus optischen, taktilen und akustischen Sinnesorganen zu steuern. Auch dort wird jetzt besonders viel wärmeträchtige Energie von den Nervenzellen umgesetzt, und diese Zellen im besonderen brauchen möglichst exakt eingehaltene Arbeitsbereiche, um ihre komplexen Leistungen sicher zu erbringen. Steigt die Temperatur allzusehr an, gerät die Kommandozentrale ins Stottern.

Die beiden Sprinter ziehen in einem weiten Bogen durch eine Reihe interessiert zuschauender, aber sonst recht gelassener Antilopen ihre Bahn. Die Gepardin ist Meter um Meter herangekommen, aber immer noch ist nichts entschieden. Die brütende Mittagshitze setzt beiden gleichermaßen zu, und mit der Verfolgerin im Rücken stellt der Bock seine Taktik jetzt um: Wenn es ihm gelingt, sie mehrmals ins Leere laufen zu lassen, kann er die entscheidenden Meter herausholen, um sie zur Aufgabe zu zwingen, denn lange können beide dieses Tempo nicht mehr beibehalten.

Vielleicht beginnt er mit seinen Manövern einige Sekunden zu früh. Er verliert bei seinen ersten beiden Haken sogar leichte Vorteile, weil sie seine Bewegungen rechtzeitig erkennt und Kurs halten kann. Damit hat er seine letzten Karten falsch ausgespielt. Sein dritter Haken muß schon verzweifelt eng sein, und die Hufe finden bei der daraus folgenden Steilkurve nicht mehr den erforderlichen Griff im sandigen Boden, um der Gewalt der Fliehkraft standzuhalten. Er verliert den Halt, und sie ist sofort bei ihm. Ihre Afterklaue, die einzige scharfe Klaue, die Geparde an der Innenseite der Vorderläufe tragen, hakt sich ein und reißt ihn endgültig um. Sand spritzt, milchig weißer Staub quillt empor, der Bock schlittert darin Meter um Meter weiter – seine Bewegungsenergie trägt ihn dahin. Sie setzt dem wirbelnden Körper fast spielerisch nach. Kaum ist er halbwegs zur Ruhe gekommen, steht sie über ihm und greift in einer hundertfach geübten, lässigen Bewegung von hinten über seine Schulter nach der Kehle, säuberlich außerhalb des Gefahrenbereiches der strampelnden Beine. Es sieht aus, als könnte es gar nicht anders sein: Erst wenn man junge, unerfahrene Jäger in dieser entscheidenden Sekunde sieht, wird einem klar, wieviel Übung dieser scheinbar mühelose Ablauf erfordert – auch die Gepardin selbst ist jetzt vor Erschöpfung am Rande der Bewußtlosigkeit.

Der Bock macht keine Anstalten, sich zu wehren. Seine Lunge arbeitet im Grenzbereich, Muskeln und Gehirn gieren nach Sauerstoff. Der Druck auf Halsgefäße und Luftröhre raubt ihm innerhalb von Sekunden das Bewußtsein.

ATEMLOS Es hat mich immer wieder erstaunt, wie passiv die Opfer in diesem Würgegriff lagen. Aber woher sollten sie auch noch die Kraft nehmen, um sich zu wehren? Tatsächlich zielt die Tötungstechnik der Geparde darauf ab, daß das Opfer aus vollem Lauf zu Boden gebracht wird und dann total ausgepumpt ist. Wenn sie das Beutetier nicht nach einem erschöpfenden Lauf zu packen bekommen, weil es einfach nur dasteht und sie empfängt, sind sie verwirrt und wissen nicht recht, was sie tun sollen. Der Fotograf Karl Amman hat einmal eine solche Szene beobachtet: Ein Gepard stand eine Stunde lang unschlüssig neben einem verletzten Impala-Bock, der nicht mehr laufen konnte. Eine garantierte Mahlzeit – doch der Gepard traute sich nicht an den Bock heran und trottete schließlich erkennbar hungrig davon.

Der Jagdverlauf, an dessen Ende die Beute ausgepumpt und wehrlos daliegt, scheint für Geparde unbedingt erforderlich zu sein. Die Auseinandersetzung mit einer ausgewachsenen und verteidigungsbereiten Antilope bedeutet für sie ein kaum zu kalkulierendes Risiko. Wir haben einmal drei Geparde – eine Mutter mit zwei fast ausgewachsenen Jungen – beobachtet. Sie sprangen unvermittelt von ihrer Rast auf und griffen eine Leier-Antilope an, die die Katzen hinter unserem Wagen nicht sehen konnte und bis auf wenige Meter herangekommen war. Es kam nur zu einem kurzen Lauf, und es war dementsprechend schauerlich anzusehen, wie drei Geparde an der blökenden Antilope hingen und sie in einem minutenlangen unbeholfenen Kampf niederzwangen. Für einen einzelnen Gepard wäre dies ein äußerst gefährliches Unterfangen gewesen.

Das Weibchen, das jetzt gerade vor uns den Bock an der Kehle hält, ist nach dreißig Sekunden extremer Anstrengung selbst in schwerster Atemnot. In dieser, nach einer Jagd typischen Situation wird der Bau des so seltsam unproportioniert wirkenden Gepard-Schädels erklärlich: Die stark verkürzten Kiefer, die ihm ein geradezu kindliches Aussehen geben, sind notwendig, damit der Gepard mit möglichst geringem Kraftaufwand einen festen Biß halten kann, um die Beute zu strangulieren. Wenn man allerdings jemandem das Atemholen möglichst schwer machen will und dabei selbst nach Luft ringt, treten naheliegende Probleme auf. Das Gepard-Weibchen vor uns kann nun nicht gerade frei atmen, muß sich aber dringend erholen. Die Lösung liegt ebenfalls im Schädelbau des Gepards. Damit die Lunge auch bei »vollem Mund« genügend Sauerstoff erhält, haben Geparde extrem weite Nasengänge. Für den nötigen Platz mußte auf die katzenübliche feste Verankerung der Fangzähne mit mächtigen Wurzelgängen im Oberkiefer verzichtet werden. Das Ergebnis sind vergleichsweise kleine, schwache Eckzähne, die kaum die Haut der meisten Beutetiere durchdringen. Nur der schraubstockartige Druck der Kiefer bringt das Opfer schließlich ums Leben – und das quasi bei Vollnarkose.

KAPITEL 2

IM LAND DER MASAI

Der kleine Gepard kauert sich nieder. Angst spricht aus jeder Bewegung. Den Kopf tief zwischen die Schultern gezogen, die Beine flach angewinkelt, robbt er sich fast mit dem Bauch auf dem Boden davon. Seine beiden Geschwister wirken mutiger – vielleicht haben sie auch nur größeren Hunger. Immer noch tauchen sie ihre blutverschmierten Gesichter in den Kadaver, reißen Stücke aus der Keule der toten Gazelle. Zwischendurch werfen sie nervöse Blicke über die Schulter. Die Mutter richtet sich auf. Zwanzig Meter entfernt steht unschlüssig der fahlgelbe Hütehund. Er hechelt, und die Zunge hängt ihm halb aus dem Maul. Den Schwanz starr erhoben, schaut er sich ebenfalls ab und zu um, als wollte er sich vergewissern, daß er sein »Rudel« noch bei sich hat.

Das Rudel besteht aus sechs Masai-Jungen, die 200 Meter entfernt bei einer Rinderherde stehen und interessiert zu der Autoansammlung bei den Geparden herübersehen. Sie sind zwischen zehn und fünfzehn Jahren alt, Schulkinder. Bestimmt besuchen einige von ihnen regelmäßig die Schule in dem staubigen Straßendorf Aitong. Mit dem stolzen Bild der Masai, wie es uns meist vermittelt wird, haben sie wenig zu tun: Sie tragen abgerissene Alltagskleidung, Shorts, Turnhosen, löchrige Pullover, lange verwaschene T-Shirts. Ein paar haben sich zusätzlich gegen den kalten Morgenwind in die traditionellen *shukas* gehüllt, die meist knallroten Masai-Umhänge. Wie alle Kinder sind sie neugierig, und sie würden sicher gern zu uns kommen und uns nach Süßigkeiten oder Stiften fragen, wozu ihr Englisch vermutlich ausreicht. Aber sie kennen Geparde gut genug, um zu wissen, daß die Katzen dann sofort fliehen würden. Und es ist ihnen sehr wohl bewußt, daß fast alle Touristen hier nur eines im Kopf haben: Geparde zu beobachten. Es würde also nur Ärger geben, wenn sie näher kämen, und deshalb schauen sie uns in der Masai-eigenen Mischung von herablassender Belustigung und stolzer Gelassenheit aus der Entfernung zu.

Ihr Hund dagegen ist schlicht hungrig, und der Tommy-Kadaver lockt. Warum eilen die jungen Hirten diesmal nicht herbei, damit er seinen Teil abbekommt? Wenn auch nicht sich selbst, so versorgen doch die Masai gelegentlich ihre Hunde mit Fleisch von Gepard-Rissen, das sie sich völlig mühelos und ohne jedes Risiko nehmen können. Diesmal folgen die Hirtenjungen aber nicht nach, und so steht der Hund bald der Gepardin allein gegenüber. Inzwischen haben sich alle Jungtiere unter Anups Geländewagen verkrochen. Die Gepardin muß reagieren.

Den Kopf tief gesenkt, die Beine so steif durchgedrückt, daß ihre Schulterblätter weit über die Wirbelsäule ragen, trippelt sie halb seitwärts in starrer Anspannung auf den Hund zu. Ihr Maul ist zunächst geschlossen, aber als sie näher kommt und er nicht gleich ausweicht, bricht das explosive Fauchen hervor, das fast wie ein lautes Spucken klingt. Eigentlich ist dies ein Zeichen von zunehmender Unsicherheit. Das sieht der kleine Masai-Hund jedoch anders, denn selbst mit ihren knapp fünfzig Kilo ist sie ihm weit überlegen. So trollt er sich schließlich davon, zumal die gewohnte Unterstützung durch sein »Rudel« ausbleibt.

Auch die Gepard-Familie hat nun keinen Appetit mehr und zieht von dannen. Ein frustrierter Nachwuchsjäger lebt seine Enttäuschung in einer kurzen Attacke auf die mittlerweile zahlreich versammelten Geier aus, die lässig mit kraftvollen Schwingenschlägen kurz in die dritte Dimension ausweichen, um sich dann auf die tote Gazelle zu stürzen. Der größte Teil der von dem Weibchen hart erarbeiteten Beute bleibt den Totenvögeln. Ein ganz alltäglicher Vorgang, aber eben doch bezeichnend für das zwiespältige Verhältnis von Masai und Geparden hier am Fuß der Aitong-Berge.

VIEHHIRTEN ODER WILDHÜTER? Die schlanken, hochaufgeschossenen Masai, mit ihren feingliedrigen Gesichtern und ihrer allgemein zurückhaltenden, souveränen Art, eignen sich besonders zur Stilisierung zum »edlen Wilden«. Schon einer der ersten Forschungsreisenden in Ostafrika, der legendäre Joseph Thomson – nach dem die Gazellen benannt sind –, beschrieb sie 1885 in diesem Sinne. Auch ich empfinde durchweg Sympathie für sie, glaube aber, daß sie sich nicht unbedingt gern als »Wilde«, wie edel auch immer, bezeichnen lassen.

In den Masai-Ländern gab es besonders lange eine sehr artenreiche Fauna. Während es im Gebiet westlich der Serengeti, das von Ackerbauern und Jägern besiedelt ist, massive Probleme mit der Wilderei gibt, spielt sie in den östlich gelegenen Siedlungsgebieten der Masai, im Loliondo-Distrikt und im Ngorongoro-Schutzgebiet, kaum eine Rolle. Der Grund dafür sind die religiösen Vorstellungen der Masai: Nur Kühe, Ziegen und Schafe gelten als rein. Wild wird mit Ausnahme von Büffeln und Elen-Antilopen, die als wilde Rinder gelten, so gut wie nie verzehrt.

Die »Harmonie zwischen Hirten und Wildtieren« gehört zu den Standardklischees, wenn es um die Masai geht. Dabei liegt auf der Hand, daß auch die Masai zwangsläufig schon immer in Konflikt mit der so gepriesenen Natur geraten mußten. Löwen stellten nun einmal dem Vieh der Masai nach, und entsprechend gehen sie mit Löwen um. Abgesehen davon kommt es nicht nur in Zeiten von extremem Beutemangel zu Angriffen von Katzen auf Menschen, wie zu Anfang des Jahrhunderts, als die Rinderpest Wildbestände ausgelöscht hatte und Löwen anfingen, sich in einigen Gebieten »regelmäßig« von Menschen zu ernähren. Auch heute werden hin und wieder Masai durch Löwen verletzt oder getötet. 1987 zum Beispiel verschleppte eine Löwin eines Abends ein Kind aus einer mit Dornsträuchern gesicherten *manyatta*, einer Masai-Siedlung.

Geparde haben aus naheliegenden Gründen keinen Ruf als Menschenfresser. Leicht zu erlegende Ziegen oder Schafe stellen für sie allerdings eine große Verlockung dar, der sie bisweilen nachgeben. Im allgemeinen werden sie von den Hirten wenig beachtet – es sei denn zur bequemen Versorgung der Hunde. Aber es kommt leider eben doch ab und zu vor, daß erboste – und heutzutage oft genug gelangweilte – Krieger für verlorenes Kleinvieh mit dem Speer Rache nehmen. Verständlicherweise spricht niemand gern darüber, und es gibt keine konkreten Zahlen für das Aitong-Gebiet. Touristenfahrer sind jedoch mehrmals auf tote Geparde gestoßen, die, nach ihren Verletzungen zu urteilen, am spitzen Ende eines Speers gestorben waren. Uns kam einmal ein empörter, etwas klappriger älterer Masai hinterher, der zornig die beobachteten Geparde beschimpfte und bei besserer physischer Verfassung wohl am liebsten handgreiflich geworden wäre. Nur mit Mühe brachten wir ihn davon ab, weiter hinter den Katzen herzulaufen, obwohl wir dank seines Auftritts den Nachmittag für Filmaufnahmen ohnehin streichen konnten.

Vollkommen ungetrübt ist das Verhältnis zwischen Masai und Geparden also nicht. Dennoch gehört das Aitong-Gebiet zu den besten Regionen in der ganzen Serengeti, um die gefleckten Sprinter zu finden, denn hier sind sie besonders häufig. Auch das liegt keineswegs daran, daß die Masai in erster Linie die Harmonie mit der Natur suchten. Wie jede andere Kultur auch, bemühen sie sich schlicht, mit ihren Mitteln das Beste aus den Ressourcen ihres Landes herauszuholen, aber das eröffnet den Geparden hier erstaunlicherweise durchaus gute Möglichkeiten.

Die Masai haben ein jahrhundertealtes Weidesystem, mit dem sie bisher alle – wahrlich nicht geringen – Unwägbarkeiten des afrikanischen Klimas und entsprechender Notzeiten erfolgreich überstanden haben. Traditionell gab es unter ihnen keinen festgelegten Landbesitz. Das war auch nie nötig, da ihr Gott Enkai ihnen nach ihrem Glauben ohnehin alles Gras und alle Rinder der Erde vermacht hatte. Somit gehörte ihnen eben alles, was sie sich nehmen konnten. Dieses Bewußtsein war auch seit ihrer Einwanderung aus dem Norden vor etwa 500 Jahren die Basis ihrer enormen militärischen Durchsetzungskraft gegenüber den anderen Stämmen Ostafrikas.

Bei den – aus heutiger Sicht erstaunlich niedrigen – damaligen Bevölkerungszahlen spielte der etwaige Landbesitz des einzelnen kaum eine Rolle. Die Gesamtzahl der Masai betrug auf dem Gipfel ihrer Macht und mit dem größten Stammesgebiet im letzten Jahrhundert höchstens um 50 000 Menschen! Dabei beherrschten sie einen großen Teil der fruchtbaren, wasserreichen Hochländer Kenias – die sie als erstes an die weißen Siedler abgeben mußten –, so daß sie lange Zeit hervorragend zurechtkamen, ohne ihr Land überzustrapazieren. Von großer Bedeutung waren seit je die Zugangsrechte zu Wasserlöchern oder den verschiedenen jahreszeitlichen Weidegründen, die unter den Clans – politische Führerfiguren waren bei den Masai unbekannt – ausgehandelt wurden. Man achtete zwar darauf, Grasflächen in der Regenzeit zu schonen, die dann in der Trockenzeit allen zur Verfügung standen, aber generell hielt von jeher jede Familie so viele Rinder, Schafe und Ziegen, wie sie nur konnte. Als die Kopfzahlen der Herden nach der erfolgreichen Bekämpfung der Rinderpest wieder anstiegen, wurden auch die Masai – wie fast alle anderen Stämme – immer mehr. Heute leben allein im kenianischen – kleineren – Gebiet des Stammes etwa 350000 Masai. Es bedarf eigentlich keiner langen Erklärung, daß es mit dem harmonischen Verhältnis zur Natur unter solchen Voraussetzungen nicht mehr weit her ist.

Die Herden mähen nun jedes Jahr praktisch das gesamte verfügbare Futter ab. Die Beanspruchung durch Hufe, Regengüsse und Wind verwandelt die intensiv genutzten Flächen um die Wasserstellen mehr und mehr in gespenstische, tief zerklüftete Landschaften. Moderne Masai sind heute bisweilen bereit, entgegen allen Traditionen auch Felder zu bestellen, meist durch eingeheiratete Frauen von Ackerbau treibenden Stämmen. Aber dies ist vor allem ein Ausdruck der ökologischen Probleme, die durch die Übernutzung der Weiden entstanden sind.

Die Frage des zusätzlichen Ackerbaus bei den Masai ist heftig umstritten. So sehen Regierungen die Halbnomaden natürlich lieber als seßhafte Bauern, die verwaltungstechnisch leichter zu handhaben sind als ein paar verstreute Clans irgendwo im Busch. Die Anlage von Feldern auf Masai-Land bedeutet aber leider auch, daß die Herden, die bisher relativ große Gebiete durchstreiften, ständig in der Nähe dauerhafter Siedlungen und Ackerflächen bleiben, wo sich dann der Kern des Clans etabliert.

Nördlich des Masai-Mara-Reservats gibt es bereits solche Mischformen, und so manches Mal zogen die Zebras oder Gnus, die wir beobachteten, dicht an den Zäunen vorbei, die die neuen *shambas* mit üppig grünem Mais umgeben. Wie es die Ökologen vorausgesagt haben, werden die *manyattas* anscheinend immer seltener verlegt. Früher waren die Umzüge dieser Siedlungen eine wirksame Methode, um Feuerholzverbrauch, Ungezieferplagen, Erosion und Wasserverschmutzung in einer natürlichen Weise unter Kontrolle zu halten. Selten wurde eine Siedlung länger als fünf Jahre benutzt.

Heute dagegen stehen im Bogen des Talek-Flusses, direkt an der Grenze zum Reservat, dicht an dicht Siedlungen, die 1986 angelegt wurden, als das Schutzgebiet dort zugunsten neuer Weide- und Wasserplätze für die Masai verkleinert wurde. Neben den immer noch anzutreffenden, traditionellen flachen Dunghütten gibt es jetzt Steinhäuser mit Wellblechdächern, in denen Bars und *dukas*, kleine Krämerläden, untergebracht sind. Niemand wird hier je wieder fortziehen, auch wenn ringsum das Gras in der Trockenzeit völlig verschwunden ist und Staubteufel in einer baumlosen kargen Steppe tanzen, die früher als einer der nahrungsreichsten Plätze für einheimische Tiere galt.

Die Ländereien, die nördlich an das Masai-Mara-Reservat angrenzen, sind inzwischen in sogenannte *group ranches* umgewandelt worden, die sich mehrere der örtlichen Clans teilen. Davon erhofft man sich einen schonenderen Umgang mit dem Land, für das die Großfamilien jetzt direkt verantwortlich sind. Trotzdem hat sich der Viehbestand auf den Flächen bisher nicht verringert. Immer noch grasen Rinder die Flächen so kurz, wie es ihnen mit ihren großen Mäulern möglich ist. Dies hat aber durchaus nicht nur negative Folgen: Einige Wildtiere kommen nämlich mit der zurückbleibenden kurzen Schwarte sehr gut zurecht. Vor allem Thomson-Gazellen fühlen sich hier wohl, weil sie die kurzen, frisch austreibenden Blätter gut abweiden können und das Gras allgemein in einer recht produktiven Wachstumsphase gehalten wird, ganz ähnlich wie auf den Ebenen im Südosten der Serengeti durch die Gnu-Herden. Selbst in der Trockenzeit gibt es deshalb auf den Group Ranches erstaunlich hohe Bestände dieser kleinen Gazellen.

Geparde finden hier also einen besonders reichlich gedeckten Tisch. Zum Teil ist dies die Erklärung dafür, warum sie hier – nahe bei den Viehherden und *manyattas* – so häufig anzutreffen sind. Doch es gibt noch weitere Vorteile für sie im Land der Masai: Durch die ständigen Konfrontationen mit den Hirten jagen die Löwen hier fast nur noch nachts. Auch Hyänen sind deshalb selten tagsüber unterwegs. Daraus ergibt sich für die leichtgebauten Geparde, die für ihren extravaganten Jagdstil Tageslicht benötigen, eine insgesamt sehr erfreuliche Situation: Sie finden reichlich Beute in der passenden Größe, und sie stoßen dabei selten auf ihre Hauptkonkurrenten. Dafür lohnt es sich schon, gelegentliche Probleme mit den Hirten in Kauf zu nehmen.

In den letzten Jahren mehrten sich zudem die wissenschaftlichen Hinweise darauf, daß die wechselseitigen Beziehungen zwischen den verschiedenen Jägern für deren Bestand nicht weniger wichtig sind als das reine Nahrungsangebot. So bilden die großen afrikanischen Fleischfresser eine Art beruflicher Gilde – manchmal mit gnadenloser Konkurrenz, aber auch verblüffenden Vorteilen auf allen Seiten. Kurz: Sie versuchen einander bei jeder Gelegenheit umzubringen, sind aber auch voneinander abhängig.

Allerdings kommen in dieser Gilde einige besser zurecht als andere …

KAPITEL 3

DIE GILDE DER FLEISCHFRESSER

Die Hyäne läßt nicht locker. Ich war erst auf sie aufmerksam geworden, als wir eigentlich schon abbrechen und uns auf den langen Weg zurück in das Mara-River-Camp machen wollten. Sie folgt den Spuren der Mutter mit den drei Jung-Geparden nun schon seit fast einer halben Stunde, und tatsächlich, sie scheint das Versteck der Gruppe für die Nacht aufzuspüren. Wie so oft, hatte die Gepardin auch heute abend ein Flötendorndickicht ausgewählt.

Es ist hier ein anderer Flötendorn als auf den Schwemmlandflächen der westlichen Serengeti. Dort werden die silbrigen Bäume fast vier Meter hoch und sind übersät mit den schwarzen, tischtennisballgroßen Gallen, von denen Dornen an die zehn Zentimeter herausragen. Diese hohlen Wucherungen sind oft von Ameisenkolonien bewohnt, die den Baum vor allzu aufdringlichen Blattfressern schützen. Die Eingangslöcher zu den Bauten in den Gallen beginnen bei bestimmten Windgeschwindigkeiten zu singen, als blase man scharf über das Mundstück einer Querflöte. Ich selbst habe diesen Ton nie besonders laut und intensiv gehört, aber er hat schon viele Reisende in diesen Ländern beeindruckt und den volkstümlichen Namen der Acacia drepanolobium geprägt – Flötendorn klingt ja auch wirklich viel schöner. Hier im Masai-Land werden diese Akazien selten höher als ein bis zwei Meter, und sie stehen in dichten Gebüschgruppen, scharf abgegrenzt vom Grasland. So bieten die stachligen Verhaue mit dem hohen Gras dazwischen gute Verstecke für die Kleinen und geben der Mutter gleichzeitig Möglichkeiten, ungesehen das Umland zu beobachten. Wir hatten bei der gesamten Verfolgung dieses Weibchens den Eindruck, daß es vor allem der Flötendorn war, der sie so lange in dem Gebiet hielt, auch wenn sie allmählich fast einen ganzen Jahrgang der lokalen Tommy-Kitze ausgelöscht hatte, und es langsam nicht mehr viel zu holen gab.

Nun aber wird es für ihren eigenen Nachwuchs brenzlig. Die Hyäne steht vor der Stelle, an der sich die drei panisch, platt auf den Boden gedrängt, zwischen die Dornen und Gräser geschoben hatten. Natürlich wäre der Verlust der Jungen in dieser Phase für uns auch rein filmisch ein schwerer Schlag; viele Einstellungen fehlen noch. Aber inzwischen bringen wir den immer zu Streichen aufgelegten kleinen Pelzbündeln längst »ziehväterliche« Gefühle entgegen, nicht anders, als uns die neugeborenen Gnus in ihren Bann gezogen hatten. Sollen wir einfach dazwischenfahren und versuchen, die Hyäne abzudrängen? Zahlen drängen sich mir ins Bewußtsein: Nur etwa fünf Prozent aller neugeborenen Geparde in der Serengeti überleben bis zur Unabhängigkeit, und der weitaus überwiegende Teil der Verluste geht auf Raubtiere zurück. Aber wir können hier nicht einfach den lieben Gott spielen und Lebensrechte verteilen! Abgesehen davon wird es in wenigen Minuten dunkel sein, und dann können wir ohnehin nichts mehr tun.

Das Weibchen stand mit tief zwischen die Schultern gezogenem Kopf und leicht geöffnetem Maul drohend, aber auch ängstlich zwischen den ersten Sträuchern und fixierte den Knochenbrecher wenige Meter vor ihr. Jetzt kommt sie hervor. Noch nie hatte ich gesehen, daß ein Gepard »freiwillig« auf eine Hyäne zuging: Bei jedem Zusammentreffen in der Nähe gerissener Tiere hatten sich die grazilen Katzen sofort zurückgezogen. Eine Auseinandersetzung ist ein zu hohes Risiko: Wenn sie verletzt würden, könnten sie vielleicht lange nicht jagen. Schlimmstenfalls bedeutete es den Hungertod.

Die Schultern der Mutter ragen immer höher, ihr anfangs geschmeidiger Gang wird ruckartiger, bis sie in einem steifen Schaukeln entschlossen die letzten Meter zurücklegt. Die Hyäne wirkt überrascht, nimmt sie aber anscheinend nicht ganz ernst: Üblicherweise sind die Kräfte ja klar verteilt.

Für die Gepardin geht es jetzt um alles oder nichts. Sie ist in Reichweite der mörderischen Zähne und darf sich keinen Fehler erlauben. Ihr Angriff ist eine Mischung aus verzweifeltem Bluff und wütender Entschlossenheit.

Ohne stehenzubleiben, fährt sie aus der Bewegung vor, ihr schwacher Kiefer schnappt nach dem zotteligen Fell (ich konnte selbst mit dem gedrehten Material am Schneidetisch später nicht genau entscheiden, ob sie wirklich zugebissen hat oder nicht), das explosive Fauchen zischt auf, ihre Vorderläufe prallen wuchtig vor und versetzen der Hyäne einen heftigen Schlag.

Eigentümlicherweise drückt – wie bei vielen Tieren in Konfliktsituationen – der Vorderkörper früher die Tendenz aus, sich zurückzuziehen oder auszuweichen, während der Hinterkörper »noch entschlossen nachschiebt«. Während also Kopf und Vorderläufe der Gepardin nach dem Angriff auf die etwas überrumpelt wirkende Hyäne schon wieder in der Rückwärtsbewegung sind, drängt der Rumpf noch weiter, so daß sie sich in einem grotesken Handstand fast überschlägt und nicht gerade elegant mit furchtsam weit aufgerissenem Maul und völlig verzerrtem Gesicht zurückspringt. Sie hat offenkundig Angst, aber eine andere Botschaft wird ebenso deutlich: »Ich bin bereit, sehr weit zu gehen!«

Die Hyäne zögert. Hat sie die Jungen wirklich gesehen, oder wähnt sie sich nur dem Weibchen gegenüber? Sie entscheidet, daß die Sache den Aufwand nicht wert ist und dreht ab. Wir sind fast genauso erleichtert wie die Gepardin.

Die Kleinen haben in diesem Alter die gefährlichste Zeit bereits hinter sich: Die obengenannten Zahlen stammen aus einer Studie, nach der über 77 Prozent der Gepard-Jungen noch während der Versteckphase, und zwar zum weitaus größten Teil durch Löwen, getötet werden. Hyänen kommen erst nach dem Verlassen des Lagers für einige Wochen zum Zuge, vermutlich, weil sie die Kleinen im Prinzip jederzeit niederlaufen können, wenn sie sie überraschen. Danach sind die Getüpfelten eigentlich nur noch lästige Konkurrenten, die ihnen so manchen Kadaver vor der Nase wegschnappen, noch bevor sie einen Happen davon genommen haben.

RAUHES LEBEN AN DER SPITZE Wenn es um die Wechselwirkungen zwischen Raubtieren und ihrer Beute geht, müssen in populären Darstellungen immer Bilder wie das vom »Haushalt der Natur« und dem

»fein ausbalancierten Gleichgewicht unter den Arten« herhalten. Dies tröstet über das unleugbare tierische Blutvergießen hinweg und verleiht ihm scheinbar einen höheren Sinn. Es wird sogar gewissermaßen zu einem Gnadenakt für die Verfolgten, wenn sie umgebracht werden, denn sonst würde es ja zu viele Pflanzenfresser geben, die dann wieder kläglich verhungerten und so weiter ...

Auch in ökologischen Fachkreisen war man lange der Ansicht, daß eine langfristig stabile Artenvielfalt das typische Kennzeichen ungestörter Lebensgemeinschaften sei und damit das erstrebenswerte Ziel von Schutzgebieten darstelle. Sobald man das Zusammenleben von Arten allerdings länger als ein paar Jahre beobachtete, fand man kaum Beispiele für eine langfristige Stabilität – selbst wenn menschliche Einflüsse keine erkennbare Rolle spielten. (Anders stellt sich das nur in einem sehr großen entwicklungsgeschichtlichen Zeit- und Raummaßstab dar, wo es oft über Jahrmillionen stabile Tiergemeinschaften gab, die dann, manchmal völlig abrupt, in neue Tiergemeinschaften übergingen). Auf der Ebene der einzelnen Arten und erst recht auf der Ebene der Anzahl der einzelnen Tiere einer Art, hat es aber wohl nie eine Stabilität im Sinne eines lang andauernden Gleichgewichts gegeben. Das ist schließlich der Motor der Evolution!

Die Anzahl der pflanzenfressenden Tiere schwankt von Jahr zu Jahr, je nachdem, wieviel Futter und Wasser es gibt, welche Krankheiten auftreten oder ob es innerhalb der Tiergesellschaften soziale Veränderungen gibt. Von diesen Entwicklungen bei den Beutetieren sind die Bestandszahlen der Raubtiere abhängig und nicht umgekehrt. Unter bestimmten wiederkehrenden oder einzigartigen Einflüssen können diese Schwankungen – nach oben wie nach unten – sehr heftig ausfallen, wobei dann gelegentlich die eine oder andere Art auf der Strecke bleibt. Solche Entwicklungen gibt es überall in der Natur, bis hin zu schlichten Gemeinschaften von verschiedenen Gräsern. Wenn also Geparde oder Hyänen eine Beute reißen, tun sie dies nicht in »höherem Auftrag«, um irgendein anderes Individuum vor dem sicheren Hungertod zu bewahren, sondern ganz praktisch, um in diesem Moment selbst satt zu werden. Das bedarf keiner Entschuldigung, auch wenn dabei zwangsläufig Blut vergossen wird.

Die Raubtiere bilden die Spitze unterschiedlicher Nahrungspyramiden, denen jeweils bestimmte Merkmale des Lebensraums – zum Beispiel geologische Strukturen, Klima oder Bodenbeschaffenheit – zugrunde liegen. Daraus leiten sich wiederum spezielle Vegetationsformen und Tiergesellschaften ab. Der Einfluß der Raubtiere wurde lange von oben nach unten, das heißt von der Spitze zur Basis ihrer jeweiligen Pyramide, gesehen. Das trifft in sehr vielen Fällen auch zweifellos zu. In komplexen Lebensräumen – das heißt heutzutage: vor allem in Gebieten, in denen der Mensch weniger in das Artengefüge eingegriffen hat als beispielsweise bei uns in Europa – gibt es manchmal aber auch starke Wechselwirkungen der Raubtiere untereinander.

Lange galt es als Binsenweisheit, daß Räuber Beutetiere selten ganz ausrotten, weil die letzten Opfer nur mit unverhältnismäßig großem Aufwand erwischt werden können. Außerdem würde die Zahl der Räuber theoretisch bald zusammenbrechen, wenn sie die eigene Futterbasis stark reduzieren. Anders stellt sich das jedoch bei Tieren dar, die nicht die wesentliche Nahrungsbasis eines Räubers ausmachen, sondern sozusagen nebenher gejagt werden. Sie können, gewissermaßen nebenbei, in bestimmten Gebieten an den Rand des Aussterbens gedrängt werden. So wird die Anzahl der Swift-Füchse in Nordamerika vor allem durch Kojoten bestimmt, nicht etwa durch die Zahl der verfügbaren Mäuse. In den Waldgebieten Afrikas ist offenbar die Goldkatze in ihrem Bestand wesentlich vom Vorkommen der Leoparden abhängig. Löwen und Hyänen wiederum sind entscheidend für die Anzahl von Geparden in einem Gebiet.

Als die Herden der Gnus anwuchsen, brachten diese Zusammenhänge für die Geparde schlimme Zeiten mit sich. Das überreichliche Angebot an Gnus ließ – wenngleich mit einer gewissen Verzögerung – die Zahlen von Löwen und Hyänen auf das Doppelte ansteigen. Für die Geparde hieß das: Immer öfter tauchten ungebetene Gäste an den Versteckplätzen der Jungen auf, immer häufiger mußten sie Beutemahlzeiten an die Kollegen von der Gilde abtreten. Im Zuge dieser Entwicklungen sind die Bestände der Geparde, die in der Serengeti und in Masai Mara schon immer relativ niedrig waren, noch weiter zurückgegangen. Die geringeren Probleme mit Löwen und Hyänen sind wohl auch der Grund, warum die Geparde – wie schon gesagt – in den unübersichtlichen Buschgebieten häufiger anzutreffen sind.

Ähnliches gilt vermutlich für die afrikanischen Wildhunde. Sie gehören zwar zu den erfolgreichsten Jägern, haben aber ebenfalls Schwierigkeiten, ihre Jungen großzuziehen oder ihre Beute zu behaupten, wenn es reichlich Löwen oder Hyänen gibt. Besonders in der Serengeti hatten sie deshalb nicht viel zu bestellen. Krankheiten, wie beispielsweise die Tollwut, die vermutlich aus den umliegenden Siedlungen auf den Park übergriffen, trugen ein weiteres dazu bei und löschten die ohnehin schon geringen Bestände (vorläufig) völlig aus. Da die Wildhunde aber eingefleischte Nomaden sind, hofft man, daß sie wieder zuwandern und – dank ihrer enormen Fruchtbarkeit – rasch neue Bestände aufbauen werden. Ob es ihnen jedoch bei den heutigen hohen Hyänen- und Löwenzahlen gelingen wird, sich praktisch von null auf erneut zu etablieren, bleibt abzuwarten.

Zur Zeit untersucht eine Forschergruppe, auf welchen Wegen Krankheiten wie Staupe oder Tollwut aus den umliegenden Siedlungen in das Gebiet gelangen (auch die Blutproben, die Grant Hopcraft an den Löwen nehmen ließ, sind ein Teil dieser Arbeiten). Man hat die vielen halbwild lebenden Hunde aus den Dörfern im Verdacht, als Reservoir für diese Krankheiten zu dienen. Die Wissenschaftler versuchen zu klären, ob es möglich ist, durch Impfungen einen Schutzgürtel um den Park zu legen. Solche Arbeiten sind unspektakulär, aber sie können unter Umständen äußerst wichtig werden. Schließlich waren es die Impfungen der Viehbestände gegen die Rinderpest, die den größten Einfluß auf die Huftierzahlen hatten und zur Verzehnfachung der Gnu-Bestände führten.

Es ist alles andere als selbstverständlich, daß Löwen, Leoparden, Hyänen, Wildhunde und Geparde in der Serengeti sich zu einem derart großen Teil von den gleichen Beutetieren ernähren. Nach dem Ausschlußprinzip sollte jeder Jäger genau »eingenischt« sein, also seine ganz spezifische Pyramide besser als jeder andere kontrollieren. Im Prinzip ist dies auch der Fall, auch wenn der Augenschein in der Serengeti zunächst anders ist. Die Verhältnisse sind dort nicht unbedingt bezeichnend für den Rest Afrikas,

86–90 Der Mara-Fluß – die jährliche Prüfung der Herden:
(Seite 249) Die engen Ausstiege aus dem Flußbett werden zu tödlichen Fallen.
(vorhergehende Doppelseite) Gnu-Massen stauen sich vor dem Einstieg in den Fluß.
(diese Doppelseite) Die Herden queren den Fluß manchmal an sehr gefährlichen Stellen.

91 (vorhergehende Doppelseite) Die Mara-Schleifen im Westen Masai Maras, wo die Herden oft den Fluß queren: eine der touristisch am intensivsten genutzten Regionen Afrikas und doch immer noch eine unvergleichliche Landschaft.

92–93 Tierfilme bieten heute für Millionen ein Fenster zur Natur und regen nach wie vor den Tourismus an. Die Serengeti trug und trägt auch durch diese Wirkung wesentlich zum Schutz aller afrikanischer Lebensräume bei.

wo sich der größte Teil der evolutiven Auseinandersetzung unter den obigen Großraubtieren abspielte und damit deren Entwicklung bestimmte. Die offenen Grasländer sind nun mal nicht der typisch afrikanische Lebensraum, eher wäre dies ein lichter, meist ziemlich trockener Busch-Baum-Bestand.

Raubtiere müssen generell sehr flexibel sein – »Opportunisten«, die jede Gelegenheit nutzen. So reißen sie gelegentlich auch Beute, die von anderen Jägern genausogut oder sogar besser erlegt werden kann. Im ganzen gesehen, haben aber die Großraubtiere in Afrika durchaus spezifische Lebensräume, in denen sie den Konkurrenten in ihrer Jagdweise überlegen sind.

Erst seit einigen Jahren erkennt man immer deutlicher, daß es neben der erbitterten Konkurrenz aber auch positive Rückkoppelungen zwischen den Raubtieren gibt. (Man fühlt sich an die berühmte »Grase-Sukzession« erinnert, bei der verschiedene Grasfresser vom Weidestil der anderen profitieren.) Wenn sich Beutetiere nämlich mit verschiedenen Jagdstilen herumplagen müssen, fällt es ihnen eben auch schwerer, sich eine »allgemeingültige« Abwehrstrategie zurechtzulegen. Unter anderem aus diesen Gründen können sich Großkatzen, Hunde und Hyänen in Regionen wie der Serengeti durchaus nebeneinander halten, wenn auch in anderen Zahlenverhältnissen zueinander als in ihren jeweiligen angestammten Wohngebieten.

Sobald sich Raubtiere auf einen bestimmten Jagdstil spezialisieren, verlieren sie zwangsläufig andere Fähigkeiten, Beute zu überwältigen. Ich habe oben schon die ausgeklügelte Taktik von Hyänen beschrieben, die sich zeitweise von den Büffeln in meinem damaligen Studiengebiet ernährten. Die eigentlichen Büffeljäger sind aber die Löwen, gewissermaßen die Sumo-Ringer unter den Katzen. Wenn es um diese schwergewichtige Beute geht, dann ist tatsächlich eine koordinierte Gemeinschaftsjagd erforderlich, um zum Erfolg zu kommen.

SCHWERGEWICHTLER IM NAHKAMPF Ich bin nur zweimal in Löwen-Jagden auf Büffel gestoßen. Das erste Erlebnis hat sich mir besonders eingeprägt. Wie üblich nahm ich noch in der Dämmerung meine Position ein. An dem leichten Hang bei Milima Mbili, einer Anhöhe im Westen des Mara-Reservats, wartete ich darauf, daß meine Warzenschweine wie an jedem Morgen aus ihren Höhlen erschienen. Routinemäßig folgte ich mit dem Fernglas vorbeilaufenden Hyänen, und zu meiner Überraschung entdeckte ich dabei oben auf der Kuppe mehrere flache Gestalten, die sich um einen wuchtigen, schwarzen Körper drängten. Das lokale Löwen-Rudel hatte einen Büffel gestellt.

Als ich näher heranfuhr, erschien die Sonne gerade über dem Horizont. Grellrot leuchteten die Blutspuren am Maul und an den Hinterläufen der dampfenden Büffelkuh. Um sie herum sieben Löwinnen, mit blutverschmierten Gesichtern, ebenfalls schwer atmend. Die Sache schien sich schon eine Weile hinzuziehen, und auf beiden Seiten machte sich, allgemeine Erschöpfung breit. Die Büffelkuh hielt sich, halb in den Büschen, den Rücken frei, aber einzelne Löwinnen drängten durch die Zweige und brachten kurze Tatzenhiebe an. Solange sie in dem Busch blieb, war es zu gefährlich für eine der Katzen, sich an ihrem Hinterteil zu verbeißen – die Kuh hätte sie leicht abstreifen oder gar durch einen der dickeren Äste verletzen können. Nach vorn dräute das mächtige Gehörn mit den glänzenden, spitz auslaufenden Dolchen. Dieses Gehörn ist aber nicht in erster Linie dazu gedacht, Löwen aufzuspießen, sondern eher den tonnenschweren Stoß eines Artgenossen abzufangen. Dementsprechend massig ist der Schädel, und dementsprechend langsam kann ein Büffel nur seinen Kopf bewegen. So tanzten die Katzen vor dem gesenkten Kopf vor und zurück, brachten ihre Krallen zum Einsatz und versuchten, das Maul zu fassen zu bekommen, ohne dabei von den Hörnern erwischt zu werden.

Es war eine Szene urtümlicher Brachialgewalt, und ich starrte wie benommen auf das Geschehen. Schließlich tastete ich nach meinem Fotoapparat. Doch im Schatten der Büsche war an Fotografieren kaum zu denken, und meine Hand war im Moment auch nicht die ruhigste. Die Kuh kam schnaubend zum Wagen und benutzte den Bus als Deckung ihres schon arg geschundenen Hinterteils. Die unmittelbare Nähe der panischen Kuh war mir unangenehm; ihre weit aufgerissenen Augen flackerten, Atemwolken standen vor ihrem blasenwerfenden, keuchenden

Maul. Der Geruch von Blut, Dung und aufgewühlter Erde ließ Übelkeit in mir hochsteigen. Ich traute mich aber auch nicht, ihr den Schutz der Deckung zu nehmen und einfach wegzufahren. Sie hatte mich in ihr Leid einbezogen, und ich wußte nicht, wie ich damit umgehen sollte. Es war nur eine Frage der Zeit, bis mehrere Löwen gleichzeitig an ihr hängen würden, bis sie, geschwächt vom Blutverlust und ausgepumpt von stundenlanger Anstrengung, unter ihnen zusammenbrechen würde.

Inzwischen war nahezu der gesamte Hyänen-Clan meines Studiengebiets versammelt: an die fünfzig Getüpfelte schaukelten brummend und kichernd um Auto, Löwen und Kuh. Sie wurden anscheinend von meinem Bus auf Abstand gehalten, denn als der gepeinigte Büffel wieder zu den Büschen lief, mischten sie sich zu meiner Verblüffung unter die Löwinnen und bissen ebenfalls herzhaft von hinten zu. Allmählich hatte ich meine Beklommenheit abgeschüttelt und sehnte nun die verhangene Sonne höher, damit ich das Tohuwabohu endlich ohne verwackelte Tiere ablichten konnte – noch nie hatte ich etwas über einen gemeinsamen Angriff von Löwen und Hyänen auf eine Beute gehört!

Die rettende Kavallerie erschien schließlich in Gestalt von drei massigen Bullen. Die Kuh verließ endgültig die Deckung, einige Katzen versuchten ihr zu folgen – dabei schoß ich das einzige brauchbare Foto des Morgens –, aber die Bullen nahmen sie in die Mitte, und die Löwen, mittlerweile völlig erledigt, ließen sich frustriert und ausgepumpt dorthin fallen, wo sie gerade standen.

KONKURRENZ BELEBT DAS GESCHÄFT Kein anderes Raubtier würde es riskieren, sich auf lange Nahkämpfe einzulassen, die eine derart hohe Verletzungsgefahr bergen. Die ungeheure Kraft der Löwen ist aber wiederum ihr Problem, wenn es darum geht, flinkere Beute zu erlegen. Selbst Gnus, die nicht unbedingt zu den Hochleistungsläufern gehören, können ihnen relativ leicht entkommen – vorausgesetzt, sie bemerken sie rechtzeitig. Mit ihren schweren Muskelpaketen sind die Löwen als Sprinter denkbar ungeeignet. Gleichzeitig sind sie aber auch längst nicht so gewandt wie Leoparden, die schlangengleich auch die geringste

Deckung nutzen, um sich an ihre Opfer heranzuschieben. In den Buschländern von Masai Mara oder im Nakuru-Nationalpark in Zentralkenia, wo es besonders viele Leoparden gibt, habe ich Stunden atemloser Faszination genossen, in denen ich die Schleichkünste dieser unvergleichlich geschmeidigen Tiere beobachtete.

Owen Newman ist einer der bekanntesten britischen Tierfilmer. Im Feld hockt er meist in seinem uralten Landrover, als würde er sich gerade fürchterlich langweilen. Aber tief in seinem grauen Wuschelbart sitzt ein verschmitztes Schmunzeln, und aus seine Augen strahlt die Begeisterung, die Afrika in ihm weckt. Er hat in Sambia Leoparden mit speziellen Infrarot-Scheinwerfern gefilmt, um erstmalig ihre Jagdtaktik in stockfinsterer Nacht zu dokumentieren.

»Sie sehen wahrscheinlich nur wenig besser als ihre Beutetiere und orientieren sich genau wie die vor allem an den Geräuschen. Es dauert manchmal fast eine Viertelstunde, bis sie beim Anschleichen endlich die Pfote aufsetzen und sich um Zentimeter vorschieben«, erzählte er mir, als wir wieder einmal Wagen an Wagen im Ngorongoro-Krater darauf warteten, daß unsere jeweiligen Hauptdarsteller sich an ihr Skript erinnerten.

Hetzjäger wie Wildhunde oder Hyänen setzen auf ihre schiere Ausdauer, um die Beutetiere niederzulaufen, nicht etwa auf die Geschwindigkeit wie der Gepard. Am Beispiel dieser Hetzjäger wird deutlich, daß sich die Mitglieder der Fleischfressergilde durch ihre unterschiedlichen Jagdstile gegenseitig durchaus Vorteile verschaffen: Würde ein Beutetier ausschließlich »gehetzt«, müßte es – wie seine Verfolger – vor allem Ausdauer entwickeln und hätte aus diesem Grund bald eine äußerst leistungsfähige Lunge und ein kräftiges Herz. Wenn es allerdings daneben pfeilschnelle Räuber wie Geparde gibt, muß kurzfristige, explosive Schnelligkeit hinzukommen. Beides kann aber nicht gleichzeitig in optimaler Form vorhanden sein. Viele Antilopen und Gazellen stellen deshalb einen Kompromiß aus diesen beiden Fähigkeiten dar – was wiederum sowohl den Hyänen und Wildhunden als auch den Geparden zugute kommt. Die enorme Sprungkraft von Impala-Antilopen, die vor allem in Buschland leben, ermöglicht ihnen, in Sekundenbruchteilen aus der Reichweite eines Leoparden zu entkommen, der unvermittelt im Gestrüpp dicht neben ihnen auftauchen kann. Ein Gepard andererseits hat keine größeren Probleme, sie im Lauf einzuholen.

Diese Zusammenhänge ließen sich mit vielen weiteren Beispielen belegen. Grundsätzlich bleibt festzuhalten, daß die Welt der Geparde – bei allen Problemen, die sie mit Hyänen haben – nicht unbedingt einfacher wäre, wenn es diese Konkurrenten nicht gäbe. Viele ihrer Beutetiere wären dann nämlich mit Sicherheit ein paar Schritte schneller. Und um auf das Aitong-Gebiet zurückzukommen: Dort haben die Geparde zwar weniger Schwierigkeiten mit anderen Kollegen aus der Gilde. Dafür müssen sie sich aber mit den von Menschen geschaffenen Rahmenbedingungen herumschlagen.

KAPITEL 4

AM ENDE DES WEGES

Dicht an dicht ragen die schaukelnden, in der Sonne glitzernden Spitzen auf, ein Meer von Hörnern verliert sich im Schleier von Hitze und Staub, bis es weit hinten zu einer pulsierenden, grauen Masse verschmilzt. Ein dumpfer, vibrierender Laut aus Tausenden von Kehlen liegt in der Luft. Das Trommeln von Beinen, die in einem rasenden Flimmern das Auge in eine Art hypnotischen Bann ziehen, wirbelt unter dem Getümmel der dichtgedrängten Tiere immer neuen Staub auf. Die Herde wogt vor und zurück, die Erregung ist fast greifbar, als spürten die Gnus eine Gefahr vor sich, der sie nicht ausweichen können. Wie eine gewaltige Armee stehen sie da, Zehntausende von Soldaten, die sich ihrer Pflicht nicht entziehen werden.

DER MARA: DIE JÄHRLICHE PRÜFUNG Die ersten Gnus trotten bis zur Wasserlinie vor. Sie wirken nicht ängstlich, eher besonders aufmerksam. Durstige Lippen tauchen in das sanft strömende braune Wasser, bald stehen dicht an dicht Trinkende, weiße Halsmähnen wehen, Schwanzwedel peitschen. Weitere Tiere drängen von oben nach. Das Klangchaos schwillt an, ein Ruck geht durch die Massen oben am Steilufer. Die Vorhut hat das Flußbett wieder verlassen und bleibt unschlüssig stehen. Aber nun kommen immer mehr Tiere, die ihren Durst erst weit im Wasser stillen können, hineingeschoben von den Nachfolgenden. Der Druck von hinten nimmt zu.

Unvermittelt springt eine Kuh beherzt in das tiefere Wasser. Sie findet Halt, stößt sich wieder ab, noch ein Sprung, die Hufe bekommen keinen Grund mehr. Schwer sinkt sie in einer braunweißen Woge ein und beginnt zu schwimmen. Auf der Sandbank, nur zwanzig Meter entfernt, schiebt sich ein riesiges Krokodil gemächlich ins Wasser. Die Flottille der anderen Echsen, die schon seit Minuten wie beigedrehte U-Boote in der leichten Strömung in Ufernähe wartet, formiert sich. Bugwellen bilden sich um die runden Nasenhügel.

Wie auf einen Befehl folgen die Gnus, ohne zu zögern, der ersten Kuh. In Sekunden bricht Chaos im Flußbett aus. Das dumpfe Muhen und Blöken der erregten Tiere mischt sich mit dem Peitschen des Wassers um glänzende schwarze Körper, Gnus stoßen sich vom Ufer ab, schweben meterweit über die Wasseroberfläche, krachen in Kaskaden aufgewirbelten braunen Flußwassers, stoßen sich weiter. Hinter ihnen schäumt der Fluß unter den nächsten Körpern. Es ist, als könnten sie nicht schnell genug vom Land wegkommen. Im bleichen Licht der Staubfahnen rufen Kälber nach ihren Müttern, schlittern ankommende Kolonnen den sandigen Hang hinab und stürzen sich panisch in das ihnen fremde Element. Körper, Hunderte Kilos schwer, prallen aufeinander, taumeln, tauchen unter, kämpfen sich wieder an die Oberfläche.

Der Vortrupp hat das andere Ufer erreicht, glänzende Flanken tauchen auf, Hufe lassen Schlamm aufspritzen und stolpern über Steine, finden den Rhythmus wieder, der sie rasch aus der Gefahrenzone bringt. Schimmernde Tropfenvorhänge hüllen sie ein, die erste Gruppe zieht einen Schwall Wasser hinter sich her auf den Strand.

Auf der anderen Seite formieren die Kolonnen sich nach den besten Einstiegstellen. Wie hundertfach trainiert, folgt Tier auf Tier, kein Bruchteil einer Sekunde wird gezögert, in fließendem Takt springen schemenhaft dunkle Körper mit wehenden Mähnen. Beieinander bleiben, Anschluß halten, nicht abgehängt werden! Nach einer Minute ist der Fluß schwarz von Gnus, man sieht kaum noch die braune Wasseroberfläche, dicht an dicht zottelige, ruckende Köpfe, die Mäuler leicht angehoben – immer dem Vordermann nach!

Der Ausstieg verwandelt sich unter der Menge des mitgebrachten Wassers zusehends in eine Schlammhölle. Die ersten Tiere beginnen zu rutschen, Hufe knicken an spitzen Steinen weg, die unvermittelt im weichen Matsch auftauchen. Weiter oben am Steilufer, wo die Vorhut längst hinaus in das Grasland verschwunden ist, wird es eng. An einigen Stellen haben Flußpferde die hohe Kante zertreten und trichterförmige Hohlwege geschaffen, durch die sich die Herde nun zwängt. Aber der Anstieg ist steil, der Boden wird auch hier glitschig, und insgesamt gibt es nur schmale Durchlässe. Die Masse staut sich.

Weiter unten im Fluß schwillt der Strom noch immer an. Die Kolonne wird breiter. Kälber sind die ersten, die der Strömung nicht standhalten können und abgetrieben werden. Der Stau beim Ausstieg setzt immer mehr Tiere immer länger der Gewalt des Flusses aus, die engen Trupps werden auseinandergetrieben, auf breiter Front kämpfen sich Einzeltiere ans Ufer.

Die Zeit der Krokodile ist gekommen. Minutenlang sind sie scheinbar ohne jedes Interesse neben der Kolonne hergetrieben, die schiere Gewalt der tobenden Masse im Wasser schreckt selbst sie ab. Jetzt aber hat sich das dichte Getümmel gelichtet. Die Krokodile hier am Mara haben eine andere Jagdtaktik als die Echsen am Grumeti. Dort werden die Opfer vom Ufer aus ins Wasser gerissen – hier erfolgt die Attacke auf schwimmende Beutetiere im Fluß, im ureigensten Element der archaischen Jäger.

Der Keil des gepanzerten Kopfes taucht zwischen den Gnus ab, das ledrige Noppenmuster des Rückens schimmert kurz auf, die Gnus verschwenden keinen Blick auf das Ungetüm in ihrer Mitte. Der Kopf taucht wieder auf, unmittelbar neben dem glitzernden Rücken eines großen Gnus. Langsam, geradezu spielerisch, richtet er sich parallel zu ihm aus. Das Huftier bekommt wieder Boden unter die Füße, ein Schwall Wasser prasselt auf das Krokodil herab, als der schwere Leib sich über die Oberfläche hebt. Mit einem Schwanzschlag beschleunigt die Echse und schiebt sich aus dem Wasser. Die riesigen Kiefer klaffen, weiße, spitze Zahndolche glänzen und prallen in einem wuchtigen Schlag auf die glatte Flanke. Das Gnu verliert den Halt, sinkt zurück in die Fluten, der Kopf verschwindet kurz unter der schäumenden Oberfläche. Hinter ihm folgt der Rest des Trupps, scheinbar unerschrocken oder auch in blinder Panik stürzen sie ebenfalls auf den flacher werdenden Ufersaum zu, wo der Gnu-Bulle mit dem Krokodil kämpft. Ihre Hufe treffen den peitschenden Echsenschwanz, prallen auf die Hornplatten des Saurierrückens, Hunderte von Kilo pressen den Angreifer in den Sand des Flußbettes, während die Gnus völlig unbeeindruckt über das Hindernis steigen. Der Bulle befreit sich endgültig von der überraschten Echse, kommt wieder auf die Beine, seine Artgenossen reißen ihn mit. Ohne einen sichtbaren Kratzer im schimmernden, seidig glatten Grauschwarz seines Fells gewinnt er das Ufer.

In ihrer saurierhaften Roheit mögen uns die langen Kiefer eines ausgewachsenen Krokodils wie aus einem Alptraum vorkommen – im Vergleich zu den »modernen« Schlachtwerkzeugen in den Kiefern von Löwen oder Hyänen ist ihre Wirkung aber eher gering. Das liegt schon allein an den ungünstigen Hebelverhältnissen ihres altertümlichen Kopfes, die keine großen Bißkräfte an der Schnauzenspitze zulassen – von den eher simplen Zahnformen, die nur zum Halten und Reißen taugen, einmal abgesehen.

Bei allen Verlusten, welche die Krokodile den Gnus beim Durchqueren der Flüsse beibringen – die eigentliche Bewährung für die Herdentiere ist eine andere. Die meisten Opfer fordern die engen, von den Flußpferden getretenen Ausstiege am Steilufer, die sich mehr und mehr in Todeszonen verwandeln. Panische Tiere drängen sich hier atemlos zusammen, schreckgeweitete Augen blitzen, Hörner fahren rücksichtslos nieder, um sich Platz zu verschaffen. Hufe schlittern über Schlamm, Tiere sinken erschöpft zusammen, werden niedergedrückt von nachfolgenden, Leiber zucken unter schweren Huftritten, Schlamm saugt sich um Körper, die sich nicht mehr befreien können, ersticktes Blöken aus Mäulern, die gerade noch aus der schmierigen, braunen Masse ragen.

Als ich zum erstenmal eine Massenüberquerung am Mara-Fluß sah, schnürte mir das Entsetzen die Kehle zu. Die Unausweichlichkeit des Schicksals, dem die Tiere sich stellten, war erschütternd. Erinnerungen an Kriegsschilderungen kamen in mir hoch. Wenn man den mörderischen Umgang von Menschen miteinander überhaupt mit irgendeinem Vorgang im Tierreich vergleichen kann, dann vielleicht mit dieser Orgie von Urgewalten, die die Gnus seit Jahrmillionen bei ihrer Wanderung durch dieses Land zu bestehen haben.

An einigen besonders tückischen Steiluferausstiegen kamen bei jeder Massendurchquerung Dutzende von Tieren um. In manchen Jahren lagen nach den Wochen der Wanderung Tausende von Kadavern in den kritischen Flußabschnitten (wenn auch ganz bestimmt nicht »ganze Jahrgänge«, wie ich in einem offensichtlich um Wirkung bemühten Bericht einmal las). Es gibt jedenfalls jede Menge Nahrung für Geier und Krokodile. Selbst Löwen und Hyänen kommen dann ins Flußbett, um sich ihren Teil zu holen. In solchen Zeiten dürfte es übrigens entlang der Flüsse zahlreiche Lager von Frühmenschen gegeben haben, die dort über Monate hinweg ein Festmahl nach dem anderen verspeisen konnten.

Schon wenige hundert Meter vom Ufer entfernt beruhigen sich die Tiere, Kälber finden ihre Mütter, gelassen zieht die Herde weiter. Aus dem nervösen Schaukelgalopp gehen sie über in das ruhige, kopfwerfende, langsame Schreiten, bei dem sie sich von den überstandenen Strapazen ausruhen. Sie haben die Ebenen zu Füßen des Isuria-Steilabbruchs erreicht, der wie eine Wand das nordwestliche Ende der Ebenen markiert. Hier gibt es für sie auch jetzt in der Trockenzeit noch ausreichend Futter, hier regnet es auch im September genügend, um Wasser zu finden. Sie sind am Ende ihres Weges angekommen, soweit man bei einem Rundkurs überhaupt von einem Ende oder Anfang sprechen kann.

DIE LETZTE GRENZE Mitte der siebziger Jahre waren die Gnus so zahlreich geworden, daß sie in der Trockenzeit regelmäßig auf die Weiden im Mara-Reservat angewiesen waren, um über die dürren Monate zu kommen. Seither ziehen jedes Jahr von Ende Juli bis Mitte August 200 000 bis 600 000 Gnus aus der nördlichen Serengeti hierher. Einige kommen direkt aus dem Süden und durchqueren dabei sogar zweimal den Bogen des Mara. Die meisten Tiere ziehen aber im Osten des Reservats nach Norden, wo sie über den seichten Sand River wesentlich bequemer vorankommen.

Das sanft gewellte Land am Mara-Fluß ist durchsetzt mit Buschinseln. Daher stammt auch der Name *mara*, der in Maa, der Masai-Sprache, soviel wie »getüpfelt« bedeutet. Viele Tierarten finden hier das ganze Jahr über Nahrung und Verstecke. Gegen den enormen Graswuchs kommen sie aber längst nicht an. Im August steht auf den Ebenen das Rothafergras von Horizont zu Horizont fast meterhoch: unerschöpfliches Futter für die Zebras, von denen auch ein ganzer Teil aus Tansania hierher wandert. Gnus fressen dieses Gras zwar nicht besonders gern, aber sie kommen damit zurecht.

Die Herden kümmern sich nicht um die Abgrenzungen von Schutzgebieten. Jenseits des Talek-Flusses locken weitere Weiden, mit kurzem Gras und guten Wasserstellen: das Land der Masai. Hier stoßen die wandernden Herden auf die letzte Grenze, die sie niemals überwinden werden. Rund 150 000 Rinder sowie 80 000 Schafe und Ziegen haben hier als erste Anrecht auf das Gras, und hinter diesen Weiden dehnen sich auf den besten Böden schier endlose goldene Weizen- und Gerstenfelder aus. Diese Grenze beschränkt die Zahl der Gnus auf etwa anderthalb Millionen. Noch mehr Tiere würden ein noch größeres Gebiet benötigen als die rund 25 000 Quadratkilometer, die sie schon jetzt durchstreifen.

Die Zahl der in den Loita-Ebenen lebenden Gnus schrumpft – ebenso wie die anderen Wildbestände, die nördlich des Mara-Gebiets vorkommen. Auf ganz Kenia bezogen, hat man geschätzt, daß etwa siebzig Prozent der Wildtiere außerhalb der Schutzgebiete leben. Seit 1977 hat Kenia 44 Prozent seines Tierbestandes verloren, den größten Teil erwartungsgemäß außerhalb der Parks.

Für das Mara-Gebiet bedeuten diese Zahlen, daß circa 50 000 Tiere ständig im Reservat leben – aber an die 100 000 auf den Flächen der Masai! Letztere Zahl ging in den vergangenen Jahrzehnten drastisch zurück, während sie im Reservat mehr oder weniger stabil blieb. Die Masai-Länder sind also für die Ökologie der Region von großer Bedeutung. Man geht davon aus, daß bis zu dreißig Prozent des Gnu-Bestandes in der Serengeti von den Weiden auf den Aitong- und den Loita-Ebenen abhängen.

Die Entwicklung und die Probleme auf diesen Flächen ähneln denen in anderen Schutzgebieten. Doch aufgrund der Bedeutung für das gesamte Ökosystem ist diese Region besonders in den Blickpunkt gerückt. Es fragt sich zum Beispiel, ob die Bewahrung traditioneller Lebensformen der Hirten nicht – unabhängig von irgendeiner »Harmonie« – gleichzeitig den Interessen des Naturschutzes dienen könnte.

Wie bereits erwähnt, sind die Gebiete nördlich von Masai Mara in Group Ranches aufgeteilt und gehören Großfamilien. Als es in den Siebzigern gelang, spezielle Weizensorten zu züchten, die auch in diesem – für normale Landwirtschaft – relativ trockenen Land gediehen, öffnete sich das Tor zu einer völlig anderen Wirtschaftsform. Plötzlich waren Gewinne möglich, die das Einkommen aus der traditionellen Viehhaltung um das Fünfzehnfache überstiegen! Natürlich besaß kein Masai das Kapital und das Fachwissen, um von einem Tag zum anderen Weizenfarmer zu werden. Aber die neuen Besitztitel ermöglichten es ihnen, die fruchtbarsten und regenreichsten Flächen zu verpachten. Das hat eine Entwicklung in Gang gesetzt, deren Ende noch nicht abzusehen ist.

Besorgte Ökologen machten sich auf den für sie ungewohnten Feldern der Volkswirtschaft kundig. Politiker und Spendenorganisationen begannen über Modelle nachzudenken, wie Wirtschaftsformen erhalten und unterstützt werden könnten, die sowohl den Masai als auch den Wildtieren gerecht werden. Glücklicherweise ist eine der ökologisch bedeutendsten Group Ranches, die Koyaki-Ranch (auf der wir übrigens auch unsere Gepard-Aufnahmen gedreht haben), von Niederschlag nicht besonders begünstigt, so daß dort nur kleine Flächen für moderne Formen von Landwirtschaft geeignet wären. Langfristig wird aber wohl kaum ein Weg daran vorbeiführen, daß der Großteil der anderen Ranches nicht mehr von hageren, stolzen Gestalten in wallenden *shukas* geprägt wird, sondern von Mähdreschern und Traktoren. Für Gnus, Thomson-Gazellen und Geparde bleibt dann natürlich wenig Platz.

Als steuergeplagter Europäer mag man kaum daran denken, welche Summen über EU-Fonds in der hiesigen Überschußagrarwirtschaft zur ökologisch begründeten Flächenstillegung aufgebracht werden (größenordnungsmäßig an die 450 D-Mark pro Hektar und Jahr). Im Vergleich dazu geht es geradezu um Peanuts, wenn man darüber grübelt, ob ähnliche Werkzeuge nicht auch in Ländereien angewandt werden sollten, die, anders als unsere geradezu lächerlichen Naturüberreste, eine überquellende Vitalität und atemberaubende Artenvielfalt aufweisen.

Anfang der neunziger Jahre hat man einmal eine Rechnung aufgemacht: Für die gesamte Fläche von 4566 Quadratkilometer aller Group Ranches in der Nähe des Reservats lagen die Einkünfte aus »modernen« Wirtschaftsformen um 18 Millionen US-Dollar höher als die Erträge aus der traditionellen Lebensweise – ein bißchen Tourismus inklusive. Das ist gewiß ein stolzer Betrag, auch wenn Brüsseler Politiker dazu vermutlich die Achseln zucken würden.

Zur Zeit geht niemand davon aus, daß derartige Summen tatsächlich als Ausgleich aufgebracht werden können. Andererseits wäre es fatal, sich darauf zu verlassen, daß die Hirten auf Dauer nicht den wahren Wert ihrer Gebiete erkennen und nutzen wollen, wie es jeder von uns in seinem Lebensumfeld für selbstverständlich halten würde. Der Schutz zumindest der ökologischen Kernzonen ist dringend notwendig, und man sollte derartige Überlegungen nicht ohne weiteres von sich weisen. Schon seit längerem wird die Möglichkeit erwogen, ob nicht der Tourismus diese Kosten erbringen könnte.

KAPITEL 5

BOTSCHAFTER DER WILDNIS

Das Gepard-Weibchen starrt schon minutenlang angestrengt aus dem Gewirr der Dornen hervor. Vierhundert Meter entfernt grast eine Gruppe Tommys. Schließlich macht sie die ersten vorsichtigen Schritte aus der Deckung. Es gibt einige Grasbüschel vor ihr, hinter denen sie sich ducken kann, und wenn alles gutgeht, kommt sie vielleicht heran.

Doch diesmal läuft es anders. Kaum wird deutlich, daß sie zur Jagd ansetzt, brummen ringsum Motoren auf – durchaus in guter Absicht: Die Geländewagen und Minibusse hatten bis jetzt dicht bei dem Weibchen mit den herzallerliebsten Kleinen gestanden. Kameraverschlüsse klickten, Fotoblitze zuckten, begeisterte Besucher murmelten ihre Kommentare auf die Tonspuren ihrer Videokameras.

Nun will man ihr einerseits Platz machen, andererseits aber auch zuschauen, was passiert. Niemand möchte der möglichen Jagd im Weg stehen, aber einen guten Platz wünscht man sich schon. Die Tommys sind an Autos auf ihren Weiden gewöhnt. Sie hätten viel zu laufen, wenn sie jedem Jeep ausweichen wollten. Die plötzliche Aktivität bringt sie deshalb nicht sonderlich aus der Ruhe. Dennoch blicken alle für eine kurze Weile noch aufmerksamer um sich als sonst, besonders natürlich in die Richtung der Wagenansammlung. Die Gepardin kommt nur langsam vorwärts, und die Autos, die nun näher an die Gazellen herangefahren sind, drängen diese allmählich ab. Ohne von der Jägerin etwas bemerkt zu haben, driften sie davon – außer Reichweite für das hungrige Weibchen mit den Jungen.

BESUCHER UND BESUCHTE Ich habe zugegebenermaßen so manches Mal vor mich hin geflucht, wenn der Autoring um die Gepardin erneut den Verlust eines Arbeitstages bedeutete, denn Drehtage kosten, wie gesagt, eine Menge Geld. Und wenn vielversprechende Situationen immer wieder unterbrochen werden, wird man auch schon einmal nervös. Mir ist natürlich bewußt, daß wir mit unserem Geländewagen ebenfalls zu dem Autokordon gehören. Zumindest im Prinzip, denn in der Praxis befindet man sich gerade beim Filmen von Katzen nach einigen Naheinstellungen meist ziemlich weit entfernt von den »Darstellern«. Zum einen will man ihren Kontakt mit anderen Tieren nicht stören (auf den kommt es beim Filmen ja schließlich an), zum anderen braucht man Abstand, um aus einer geeigneten Perspektive beobachten und drehen zu können, ohne ständig zu neuen Fahrmanövern gezwungen zu sein, sobald sie sich bewegen. Wie dem auch sei, sicher hat unsere Anwesenheit daran mitgewirkt, das eine oder andere Fahrzeug überhaupt erst auf die Gepardin aufmerksam zu machen, und damit an so manchem Morgen und Abend dazu beigetragen, den Ring zu bilden.

Trotz gelegentlichen Ärgers steht außer Frage, daß die weitaus meisten Busfahrer recht genau wissen, wie sie sich bei Jagdsituationen zu verhalten haben. Und natürlich kommen die Gäste vor allem deshalb in die Naturparks, um den Anblick der großen Katzen zu genießen. Da man sich diesen im Auto meist bis auf wenige Meter nähern kann, ohne daß sie besondere Reaktionen zeigen, gelingt es auch dem technisch nicht perfekt ausgerüsteten Touristen, brauchbare Schnappschüsse von der begehrtesten Fotobeute mit nach Hause zu nehmen. All das bildet nun einmal die Grundlage des Geschäfts mit den afrikanischen Naturparks, und man sollte sich mit Wertungen zurückhalten. Jeder Gast ist fest davon überzeugt, daß sein Besuch keine nachteiligen Folgen für auch nur ein einziges Tier hatte.

Das Problem ist altbekannt: Ein oder zwei Autos sind kein Problem, aber bei zehn oder gar zwanzig wird es kritisch. Sarah Durant, die seit vielen Jahren in der Serengeti über Geparde arbeitet, ist da ganz strikt: »Wir haben eindeutige Daten, wonach schon vom ersten Auto an der Jagderfolg von Geparden zurückgeht.« Natürlich fordert sie nicht, daß Besucher nicht mehr in die Nähe von Geparden kommen dürfen – dafür ist sie zu realistisch. Außerdem sind solche Daten schwer zu interpretieren. Zum einen spielt es sicher eine Rolle, in welcher Entfernung von den Geparden sich die Gäste aufhalten, ganz abgesehen von dem eher spitzfindigen Problem, in welcher Weise der Wagen desjenigen, der die Autozahlen kontrollierte, berücksichtigt wurde. Zum anderen kommen einige dieser Tiere offenbar besser mit Autos zurecht als andere.

Das Weibchen, das wir verfolgten, hatte sogar gelernt, die Fahrzeuge für ihre Zwecke zu nutzen: Sie dienten ihr als Deckung beim Anschleichen. Das war uns zunächst gar nicht recht, weil ich jedesmal Schwierigkeiten mit dem Schwenkbereich meiner Kamera bekam, wenn ihr unser Wagen wieder einmal als Sichtblende diente.

Sobald die Gepardin eine Beute niedergestreckt hatte, war sie meist ruck, zuck von einem dichten Pulk von Autos umgeben. Anfangs regte ich mich darüber auf und ließ mich zu einigen heftigen Bemerkungen hinreißen. Bald merkte ich aber, daß dieses Weibchen mit dem ganzen Zauber nicht die geringsten Probleme hatte. Im Gegenteil: Sie packte sich rasch ihre jeweilige Beute und zerrte sie unter den nächsten Wagen – erstaunlicherweise oft genau unter das Fahrzeug, unter dem bereits ihre Jungen lagen. Die Fahrer sehen das gar nicht gern, weil die Tiere dadurch fast völlig aus dem Blickfeld der eigenen Passagiere verschwinden und auch für die anderen Gäste dort alles andere als fotogen sind. Jedenfalls schaffte die Gepardin es immer wieder, sich auf diese Weise den Blicken der Geier zu entziehen, die mit ihren Sturzflügen im offenen Grasland sonst leicht Hyänen oder Löwen anlocken. Bestimmt war sie manchmal nicht gerade glücklich über den lärmenden und stinkenden Pulk, aber sie machte einfach das Beste daraus.

Es gibt herbe Kritik an der Touristenflut in den afrikanischen Parks, vor allem im Masai-Mara-Reservat. Zugegeben, auch ich bin lieber allein mit mir und der Wildnis als in Gesellschaft eines Dutzends von Minibussen. Dennoch finde ich die Äußerungen einiger Afrika-Besucher, gelinde gesagt, gedankenlos. Manche Leute kommen mit einem romantisch verklärten Bild an, verlieren angesichts der Realität ihre Illusionen und beschweren sich dann zu Hause darüber, daß es ein paar andere Besucher tatsächlich gewagt haben, ebenfalls dorthin zu fahren, wodurch das gesuchte Naturbild »entweiht« wurde.

Es ist heute fast zu einer Mode geworden, den weltweiten Niedergang der Schutzgebiete zu beklagen. Tatsächlich gibt es besorgniserregende Entwicklungen, die auch in diesem Buch gelegentlich zur Sprache gekommen sind. Nach meiner persönlichen Erfahrung in ostafrikanischen Nationalparks, die bescheidene zwanzig Jahre umfaßt, stimmt es dennoch nicht, daß aus der touristischen Perspektive »alles schlimmer geworden« wäre. Eigentlich haben mich damals, als ich 1978 zum erstenmal nach Afrika kam, Autos im Gelände viel mehr gestört als in den letzten zehn Jahren. Ich schreibe dies in vollem Bewußtsein des stark expandierenden Tourismusgewerbes, der zurückgegangenen Wildbestände und der reduzierten Parkflächen. Der unbefangene Besucher, der zum erstenmal auf den ausgefahrenen Routen der Standardrundkurse durch kenianische Parks nach Masai Mara kommt, wird heute, wenn er will, genau die gleichen Eindrücke sammeln können, die mich seinerzeit so überwältigt haben. Niemand ist gezwungen, sich nur im Pulk mit anderen Fahrzeugen zu bewegen.

In einer Zeit, in der reale oder angebliche Katastrophenmeldungen mit einer gewissen Lust konsumiert werden, halte ich eine solche positive Feststellung für wichtig. So sahen viele in den frühen achtziger Jahren für Nashörner keine Überlebenschancen mehr. Dennoch haben sie in Masai Mara überlebt, und zwar nicht trotz, sondern gerade wegen des großen Besucherstroms: Immer wieder stießen Touristenbusse auf die enthornten Kadaver, berichteten empörte Besucher darüber in allen Teilen der Welt. Da die Trophäenwilderei eigentlich immer von gut organisierten Banden mit hervorragenden Beziehungen bis in die Parkverwaltungen betrieben wird, konnte man durch diese Öffentlichkeit und dem daraus folgenden politischen Druck der Schlachterei relativ rasch ein Ende bereiten. Mitte der achtziger Jahre wurden einige Posten neu besetzt, und man hatte bislang Ruhe. In den riesigen Gebieten der Serengeti dagegen, die zeitweise regelrecht aus dem öffentlichen Bewußtsein verschwunden waren und in denen es von 1977 bis 1986 wegen der Grenzschließung nach Kenia nur wenige Besucher gab, haben kein Nashorn und kaum ein Elefant überlebt.

Das soll aber nicht heißen, daß alles in schönster Ordnung wäre und wir dem Treiben künftig gelassen zuschauen könnten. Naturschutz vor Ort ist überall auf der Welt, nicht nur in Afrika, eine ständige und harte Arbeit, bei der es viele Rückschläge gibt, ab und zu einen kleinen Erfolg und immer neue Herausforderungen, denen Politiker, Wildhüter und Biologen sich täglich aufs neue stellen müssen. Niemand glaubt daran, daß sich alle Probleme der Weltwirtschaft auf einen Schlag lösen lassen oder daß die festgefahrenen Beziehungen zwischen einigen Völkern mit einem Handstreich ins Positive gewendet werden können. Ebensowenig wird es *den* Durchbruch und *die* Lösung für die Frage nach der Zukunft unseres biologischen Erbes geben, das für künftige Generationen zu verwalten wir die Pflicht haben.

Zwar gibt es tatsächlich immer wieder einmal herausragende Entscheidungen, wie beispielsweise die Beschlußfindung zum weltweiten Bann des Elfenbeinhandels, aber es ermüdet selbst das gutwilligste Publikum, wenn fast täglich neue Aufgeregtheiten im Rauschen der Medien verbreitet werden. Dies ist ein Grunddilemma des Informationszeitalters – wer will entscheiden, was denn nun mitteilenswert ist? Natürlich wird jeder sein Anliegen als das unbedingt wichtigste ansehen und verbreiten (abgesehen von der rein wirtschaftlichen Betrachtung der Auslastungsoptimierung vorhandener Kommunikationsmaschinerien und der alltäglichen Konkurrenz um die beste Schlagzeile). Insgesamt kommt man in die mittlerweile sattsam bekannte Situation, daß immer mehr Informationen von immer weniger wirklich Interessierten noch zur Kenntnis genommen und verarbeitet werden. Ich wage zu behaupten, daß selbst eine Persönlichkeit wie Bernhard Grzimek heute niemals die Wirkung erzielen könnte, die er im Jahr 1959 hatte.

Nun gut, schließlich verdiene ich meine Brötchen mit Medienarbeit, wenden wir uns deshalb besser den Aspekten zu, die einem auf diesem Gebiet doch immer noch gelegentliche sinnstiftende Bestätigung geben.

DAS FENSTER ZUR SCHÖPFUNG Das Weltbild der meisten Menschen in den Industrieländern stammt weitgehend aus dem Fernseher. Es wird niemanden überraschen, daß dies natürlich auch für das Bild von der belebten Natur gilt. Für mich ist das zugleich Verpflichtung und

Ansporn (ja doch, selbstverständlich auch Brötchen!), und ich rede mir gerne ein, daß ich mit meiner Arbeit auch etwas zur Erhaltung von Gebieten wie der Serengeti beitrage. Man kann auch das Auftreten einiger immer wieder auf dem Bildschirm anzutreffenden »Stars« des afrikanischen Tierlebens so deuten, daß sie dort, stellvertretend für andere, das Lebensrecht der ganzen Tiergemeinschaft »einspielen«.

Alastair Fothergill, ehemaliger Chef der Natural History Unit in der BBC, prägte für solche Tiere, die eine ungewöhnlich starke Ausstrahlungskraft besitzen, den Begriff »Botschafterarten«. David Western, der eine Zeitlang Direktor des Kenya Wildlife Service war, hatte dafür schon früher den Ausdruck »Flaggschiffspezies« gefunden. Beide Begriffe meinen Tierarten wie Großkatzen, Elefanten, Nashörner, Bären oder Wale, die eine Öffentlichkeit erreichen, die anderen Arten immer verschlossen bleiben wird. Ich könnte mir die Finger wundschreiben, und doch würde sich kaum jemand für ein Gnu so begeistern wie für einen Gepard oder einen Löwen (was vermutlich auch am einzelgängerischen Wesen dieser Katzen liegt, das eine persönliche Beziehung entstehen läßt, die man zu irgendeinem Mitglied immens großer Tierherden eben nicht entwickeln kann).

Als hartgesottener und völlig »naturtrunkener« Freilandbiologe erkenne ich in lichten Momenten der Selbstreflexion schon, daß meine Wahrnehmung der Welt nicht unbedingt der Sicht und den Lebensschwerpunkten eines gestreßten Büromenschen entspricht. Schon lange habe ich es mir abgewöhnt, Freunde und Nachbarn mit Erlebnissen und Eindrücken bei meinen Drehreisen über Gebühr zu langweilen – eine Ausnahme bilden meine ebenfalls Afrika-infizierte Frau und unser Sohn. Noch weniger würde ich es wagen, einen knapp dreiviertelstündigen Monolog über die Anpassungen und Probleme meiner Warzigen (Sie wissen schon!) zu halten.

So ist es für mich nach wie vor ein Phänomen, daß sich über vier Millionen Menschen allein in Deutschland meinen Filmbericht über genau diese warzigen Schweine (beim besten Willen selbst nach meinen Maßstäben keine Botschafterart) angesehen und sich dabei, wie man den Einschaltkurven entnehmen kann, offensichtlich nicht gelangweilt haben, denn es schalteten laufend mehr Zuschauer zu als ab. (Nachdem die Sendeverantwortlichen durchgeatmet hatten, mußte man sich allerdings auch nicht lange um Wiederholungstermine Gedanken machen.)

Kein Wissenschaftler könnte davon träumen, daß seine Erkenntnisse, fein säuberlich aufgearbeitet und von raffinierten Statistiken felsenfest abgesichert, jemals ein derartiges Publikum erreichten. Und hier liegt für mich eine weitere Bedeutung des Mediums Fernsehen, für das ich tätig bin, seit sich die hehre Feldwissenschaft in der rauhen Wirklichkeit deutscher Universitäten Ende der Achtziger als brotlose Kunst erwiesen hatte.

Beides, sowohl die Vermittlung von Fakten und einem besseren ökologischen Verständnis, als auch der schwelgerische Genuß »schöner« Natur sind meiner Meinung nach heute am besten über das bewegte Bild auf der Mattscheibe zu erreichen. Und beides, Wissen und Emotionen, brauchen wir, damit unsere gesellschaftlichen Anstrengungen, die »letzten Paradiese« zu erhalten, nicht nachlassen.

Man hat mich oft gefragt, ob einem als Tierfilmer in Afrika nicht langsam der Stoff ausginge, wo doch nun schon alle großen Tiere tausendmal abgelichtet seien. Diese Frage habe ich mir nie gestellt. Eigentlich ist sie ein Grundirrtum, was die Möglichkeiten und die Aussage von Tierfilmen betrifft. Niemand würde einen Spielfilmproduzenten danach fragen, ob er noch genügend Filmstoff zu finden hofft, weil er doch nur eine Art darstellen könne: den Homo sapiens.

Es kommt im Tierfilm nicht mehr darauf an, dem Publikum das eine oder andere »neue« Tier zur allgemeinen Erbauung zu präsentieren. Seit langem ist man dazu übergegangen, bekannte, vielfach gezeigte Tiere in ihren ganz individuellen Nöten und Triumphen darzustellen, ganz ähnlich wie in den immer neuen Sozial-, Kriminal- und Liebesdramen, mit denen uns die Unterhaltungsindustrie überschwemmt.

Nur wenigen Künstlern unter den Tierfilmern gelingt es überzeugend, den Zuschauer mit den vom Spielfilm gewohnten Mitteln mitzunehmen in die ureigene Welt eines Tieres, ihn an seinen Konflikten, seinen Gefahren, Erfolgen und Niederlagen teilhaben zu lassen. Diese »Königsdisziplin« des Tierfilms wurde lange beherrscht durch Alan Root. Später kamen Könner wie Mark Deeble und Victoria Stone dazu. Owen Newman setzte kürzlich die letzten überzeugenden Akzente auf diesem Gebiet, und inzwischen machen auch Neulinge aus dem südlichen Afrika auf sich aufmerksam.

So fasziniert, wie ich vom afrikanischen Tierleben nun einmal bin, kann man von mir keine Objektivität erwarten. Aber es ist bestimmt kein Zufall, daß die meisten der erfolgreichsten, stilbildenden Tierfilme in Afrika spielen. Dort gibt es weltweit die meisten Arten von Großtieren, und dort findet man noch am ehesten den Stoff, aus dem die uralten Dramen sind, und daran haben sich seit eh und je die besten Talente entfaltet.

In diesen Lebensräumen finden sich äußerst vielschichtige Wechselwirkungen zwischen verschiedenen Tierarten, und diese Verknüpfungen lassen sich darüber hinaus auch anschaulich darstellen. Mark Deeble und Victoria Stones Film »Tides of Kirawira« über die Lebensgemeinschaft am Grumeti-Fluß im Western Corridor der Serengeti ist in seiner biologischen Aussage überzeugend und künstlerisch harmonisch in sich geschlossen – man vergißt völlig, daß man es mit wilden, unberechenbaren Darstellern zu tun hat. Für mich mit Abstand das Meisterwerk des Tierfilms in den letzten zehn Jahren. Der Film entstand in 24 Monaten mühsamer Puzzlearbeit, mit einem Budget, das Spielfilmproduzenten nicht einmal ein müdes Lächeln entlocken würde. Und doch fand er weltweit ein Publikum, das zahlenmäßig an so manche Hollywood-Produktion heranreicht.

Solche Kunstwerke entstehen unter strapaziösen körperlichen Bedingungen. Großes kameratechnisches Improvisationstalent ist nötig, um in den Sekunden der entscheidenden Action bereit zu sein. Bei allen unvermeidlichen kleinen Änderungen, die sich durch unvorhersagbare Entwicklungen beim Drehen ergeben und die nicht durch Proben und Wiederholungen ausgebügelt werden können, muß der Kameramann zu jedem Zeitpunkt den szenischen Überblick behalten. Für jemanden, der all dies ansatzweise nachvollziehen kann, ist es immer wieder verblüffend, mit welcher Gleichgültigkeit die meisten hauptberuflichen Kultursachverständigen über solche Beiträge zur zeitgenössischen Kultur hinwegsehen.

Darüber hinaus ermöglicht es der Tierfilm, ökologische Verknüpfungen in den Zusammenhang des menschlichen Verhaltens zu stellen und dabei die Aussagen in einer Weise zuzuspitzen, daß sie »unter die Haut gehen«.

Ein Schutzgebiet bleibt so lange eine abstrakte ferne Fläche, wie man sich nicht mit seinen Bewohnern »bekannt gemacht« hat. Sorgfältig recherchierte Reportagen mit ungeheuer vielen Informationen sind oft weniger wirkungsvoll, um die Auswirkungen menschlicher Aktivitäten auf diesen Lebensraum darzustellen, als ein scheinbar langatmiger Bericht über die dort heimischen Tiere. Eines der bekanntesten Beispiele dafür ist Grzimeks Film »Serengeti darf nicht sterben«, der übrigens weitgehend von dem damals noch jungen Alan Root gedreht und seinerzeit für einen »Oscar« gut genug befunden wurde.

Es soll nicht verschwiegen werden, daß das glänzende gesellschaftliche Image der Tierfilmer – die sich meist selbst ebenfalls gern als Botschafter sehen – Schaden genommen hat, als die allgegenwärtige Kommerzialisierung des Fernsehens auch im Tierfilm um sich griff. Die vielen Sendeplätze des neuen Medienzeitalters brauchten Material, und es traf sich gut, daß der Zeitgeist gerade nach Natur dürstete. Zweifellos gab es also auch den gewinnorientierten Zugang zur wunderbaren Fernsehwelt der Tiere, tobte sich so manches Mal die Kamera in optisch raffiniert angelegten Gehegen an ein paar Käfigtieren aus.

Mit dem typischen afrikanischen Tierfilm hatte das allerdings wenig zu tun. Ich kenne einige Artikel, in denen von angebundenen Zebras und dressierten Löwen die Rede ist. Dies ist – mit Verlaub – nicht mehr ganz aktuell. Es hat sich einiges geändert seit den dreißiger Jahren, als man Löwen zebrafleischgefüllte Tropenanzüge aus Zelten holen ließ oder sie daran gewöhnte, auf der Ladefläche von Kleinlastern Fleisch zu finden, um dann höchst erschröckliche Angriffe auf Autofahrer daraus zu schneiden (die Geduld und das Know-how, um auf echte Löwen-Jagden zu warten, hatte man damals offenbar nicht).

Das hat sich bis auf wenige Ausnahmen gründlich geändert. Mit viel Geduld und filmtechnischem Können wurden inzwischen Dokumentationen über Sozialverhalten und ökologische Wechselwirkungen geschaffen, die selbst Fachwissenschaftler bis vor wenigen Jahren noch verblüfften. Zwar kommt kaum ein anspruchsvoll gestalteter Film ohne ein paar zusätzliche Einstellungen aus, die unter den berüchtigten »kontrollierten Bedingungen« gedreht wurden, aber dies hat mehr mit gesundem

Menschenverstand und der Beherrschung des cinematographischen Handwerks zu tun als mit »Manipulation«. Wenn Mark Deeble und Victoria Stone einem maulbrütenden Buntbarsch mit der Kamera bis in seinen Rachenraum folgen, um dort einen Brutparasiten zu filmen, der sich an den Jungen des Barsches in dessen eigenem Maul vergreift, entstanden diese Aufnahmen selbstverständlich nicht am Grund des Tanganyika-Sees, sondern in einem eigens dafür angelegten Becken. Und ich hätte es zum Beispiel bei den Dreharbeiten zu meinem letzten Krokodil-Film ziemlich albern gefunden, einem ausgewachsenen Nil-Krokodil im trüben Wasser eines Flusses nachschwimmen zu wollen – abgesehen davon, daß man die Genehmigung dafür von einem verantwortungsbewußten Warden nicht bekäme. Schließlich konnte ich die gleichen optischen Eindrücke auch in einem entsprechend gestalteten Wasserbecken ohne Gefahr für meine eigene Gesundheit (und die des Krokodils) zustande bringen; schließlich springt ja auch kein Stuntman mal eben so ins lodernde Feuer. Meiner Ansicht nach werden die meisten der unter solchen Umständen entstandenen Bilder ohnehin eher dafür genutzt, einen Filmbeitrag gefälliger zu gestalten, als seine bildliche und inhaltliche Hauptaussage darzustellen. Die nötige Fachkenntnis (und ein gutes finanzielles Polster) vorausgesetzt, ist die Beobachtung der Tiere »draußen« in jedem Fall lohnender als die – allerdings oft bequemere – konstruierte Auseinandersetzung der Arten.

Hin und wieder höre ich den Einwand, man könne Tiere doch kaum in freier Natur in wirklich ungewöhnlichen, sehr privaten Momenten darstellen. Aus eigener Erfahrung weiß ich jedoch, daß die genaue Kenntnis der Tiere und ihrer Besonderheiten gerade »draußen« bisweilen ungeahnte Möglichkeiten eröffnet. So machte ich einige Filmaufnahmen, die mir, als einem der weltweit wenigen Warzenschwein-Spezialisten (das ist doch was!?), während meiner wissenschaftlichen Arbeit unmöglich erschienen wären: Bilder von freilebenden Warzenschweinfamilien in ihren natürlichen Bauten, völlig ungestört von einer winzigen Kamera und vom Filmschaffenden. Nachdem die Aufnahmen schnittechnisch in einen leicht abgeänderten Zusammenhang gestellt worden waren, ließ sich damit die Not von warzigen Ferkeln in den nassen Höhlen während der Regenzeit schildern. Unter rein dokumentarischen Gesichtspunkten mag man diesen Eingriff »bedenklich« finden. Viele Zuschauer waren jedenfalls zu Tränen gerührt, und die generelle Aussage stimmte: Ein großer Teil der Jungen fällt nicht irgendwelchen reißzahnbewehrten Bösewichten zum Opfer, sondern dem Wetter.

Wenn die suggestiven Bilder im Wohnzimmer den einen oder anderen dazu ermuntern, in diese fremden Länder zu reisen, um so besser. Alle Nationalparks sind auch dazu da, einer interessierten Öffentlichkeit zu zeigen, was auf der Welt an Schützenswertem existiert. Die Parks brauchen die Besucher nicht an sich, aber die Unterstützung, die diese ihnen zukommen lassen können, indem sie die Schönheiten und Probleme dieser Ökosysteme bekannt machen, die brauchen sie schon.

LEBENSRECHT NACH MARKTWERT? Kaum ein Naturschutzthema wurde in den letzten Jahren so ausführlich diskutiert wie das der »nachhaltigen Nutzung von Naturressourcen«. Schließlich ging die Begeisterung für den Ökotourismus so weit, daß einige Politiker und Verbände anfingen, die Parks als langfristig stabile Wirtschaftsunternehmen zu betrachten, die sich selbst finanzieren müssen, um auch in Zeiten wachsender Bevölkerung ihre Existenzberechtigung zu sichern. Zunächst klingt das ganz logisch, und entsprechend eifrig machte man sich vor allem im südlichen Afrika daran, Integrierte Naturschutz- und Entwicklungsprojekte (ICDPs) ins Leben zu rufen. Diese Projekt zielen darauf ab, über Einnahmen aus Tourismus, Jagdlizenzen, Quoten für eine legale Fleischjagd einerseits und traditionellen Wirtschaftsformen andererseits das Optimum aus den Parks und den angrenzenden Siedlungsgebieten herauszuholen.

Das Problem mit allen ICDPs ist, daß sie die Erhaltung von Schutzgebieten den Zufällen eines Marktgeschehens und den Zwangsläufigkeiten einer Bevölkerungsentwicklung ausliefern. Deshalb hat auch noch kein einziges Projekt im Sinne des Naturschutzes langfristig tatsächlich einen Nutzen erbracht. Die Funktionäre argumentieren, daß Nationalparks bei der afrikanischen Bevölkerung nur durchzusetzen seien, wenn sie für die

Anwohner Profite abwerfen würden. Eigentlich ist das eine Beleidigung der afrikanischen Völker als Gesamtgesellschaft, der man höhere Einsichten anscheinend nicht zutraut. Arme Bauern, die am Rande eines Schutzgebietes leben, lehnen Nationalparks vielleicht ab. Aber dürfen solche eingeschränkten Sichtweisen einzelner Gesellschaftsgruppen zur Grundlage politischer Urteilsfindung werden? Wenn es danach ginge, sähe selbst unsere Gesellschaft bald anders aus. Es ist kurzsichtig und unredlich, die Argumente einer Gruppe von Einheimischen zu übernehmen und daraus eine allgemeine »Ablehnung« abzuleiten.

Außerdem gibt es weltweit unzählige Beispiele dafür, daß Kulturschätze – ungeachtet jedweden Profits – wegen ihrer Bedeutung für die Menschheit erhalten werden. Wenn bei diesen Kulturdenkmälern marktwirtschaftliche Aspekte eine Rolle spielten, wäre die Akropolis möglicherweise bald ein Einkaufszentrum.

Der Erhalt der uralten Bauwerke verschlingt häufig mehr Geld, als die einheimische Bevölkerung jemals aufzubringen in der Lage ist und das auch durch den Verkauf von Eintrittskarten für Besucher längst nicht hereingeholt werden kann. Das gleiche gilt für die Nationalparks. Auch sie gehören zu unserem kulturellen Erbe – warum also sollten ausgerechnet hier nur wirtschaftliche Argumente zählen? Diese Gebiete sind weltweit einmalig, hier setzt sich die Evolution noch vor unseren Augen fort, hier können wir grundlegende Erkenntnisse über Gesetze gewinnen, denen auch wir als biologische Wesen unterworfen sind.

Natürlich sollte auch die Bevölkerung von den Schutzgebieten profitieren. Die Idee, den Anwohnern einen fairen Anteil aus den Gewinnen der Parks zukommen zu lassen, ist nicht neu. Im Umfeld der Serengeti und anderer Parks mit hohem Besucheraufkommen klappt das aber mehr schlecht als recht, denn wer bestimmt, was ein »fairer Anteil« ist? Nördlich von Masai Mara bekommen die Landbesitzer zur Zeit 1,6 Prozent der jährlichen Touristeneinnahmen, was pro Familie etwa zweimal im Jahr 100 Dollar bedeutet. Unter reinen Profitaspekten ist das entschieden zu wenig. Würden die Hirten die traditionelle Viehhaltung zugunsten modernerer Wirtschaftsformen aufgeben, könnten sie weitaus höhere Gewinne erzielen. Wenn man ihnen nun, damit sie bei ihrer althergebrachten Lebensweise bleiben, die Differenz erstatten wollte, müßte jeder Parkbesucher pro Tag 56 US-Dollar mehr bezahlen.

Das würde der Tourismusmarkt kaum verkraften, der ja von weltweiten Vermarktungstrends und gesellschaftlichen Moden abhängig ist. In Tansania, wo man einen großen Nachholbedarf hat und gleichzeitig auch relativ unberührte, wenig besuchte Ziele anbieten kann, will man von dem Stand 1990, mit damals nur 153 000 Touristen, im Jahr 2000 auf mindestens eine halbe Million Besucher kommen. Es ist zu wünschen, daß man damit Erfolg hat, aber die Dinge lassen sich nicht immer am grünen Tisch planen. In Kenia beispielsweise geht zur Zeit der Touristenstrom deutlich zurück. Auf dem Höhepunkt der Ökowelle in den achtziger und frühen neunziger Jahren hatte das Land als vergleichsweise preiswertes und sicheres Reisegebiet noch Millionen von Menschen angezogen. Durch politische Unruhen und vielleicht auch eine Überexpansion des Gewerbes sanken die Zahlen 1996 auf nur noch 667 000 Gäste, die rund 840 Millionen D-Mark im Land ließen. Für 1998 schätzte man schon nur noch 680 Millionen D-Mark Einnahmen, und vor allem an der Küste standen ganze Hotelkomplexe leer.

Damit sinken natürlich die zu verteilenden Gewinne, während die Zahl der offenen Hände zugenommen hat. Müßte man dann aber nicht nach den Gesetzen der Marktwirtschaft die Preise eben ermäßigen, also kurzfristig vielleicht noch geringere Einnahmen riskieren, oder sollte man das nicht lohnende Geschäft einfach aufgeben und die Alternativen zum Zug kommen lassen? Wenn in den lokalen Gemeinschaften nicht von vornherein der Stolz auf das eigene Naturerbe als wesentlicher Grund, es zu bewahren, verankert ist, wenn von Anfang an eher die wirtschaftlichen Komponenten in den Mittelpunkt gestellt werden, dann werden die Menschen vor Ort vielleicht gar nicht bemerken, was sie aufs Spiel setzen, indem sie schlachten und schießen lassen.

Jede Einkommensquelle für die heimische Bevölkerung ist willkommen, aber Parks dürfen nicht zu wirtschaftlichen Magneten werden, wenn sie nicht in einem Meer von Menschen ertrinken sollen. Es ist eine heikle und äußerst schwierige politische Aufgabe, einerseits mit unbeliebten polizeilichen Maßnahmen kurzfristig das Schlimmste zu verhindern, langfristig aber eine generell positive Grundeinstellung der Menschen den Naturparks gegenüber zu erzeugen. Dabei spielt es eine entscheidende Rolle, ob es gelingt, die wirtschaftlichen Vorteile angemessen auf die Bevölkerung zu verteilen – auf diejenigen, die direkt Verzicht leisten, und jene, die weiter entfernt leben. Nur dann wird ein gesellschaftlicher Konsens erreicht, der nicht bei der nächsten Wirtschaftskrise wieder ins Wanken gerät.

Wie man es auch dreht und wendet: Sobald man die Schutzgebiete den Marktgesetzen überläßt, sind sie in akuter Gefahr. Man mag darüber spekulieren, ob der ästhetische Wert naturbelassener Regionen künftig nicht extrem ansteigen könnte, ähnlich wie Gemälde von Rembrandt oder van Gogh einen besonders hohen ideellen Wert bekamen, weil sie nicht vermehrbar sind und es weit mehr Kaufinteressenten als Exemplare solcher Gemälde gibt. Die Sichtweisen von Hirten oder Bauern auf der einen und die von Entspannung suchenden Touristen auf der anderen Seite kann man allerdings nicht kurzfristig immer wieder neu versteigern. Wenn man sich einmal dafür entschieden hat, Weizenfelder anzulegen und Siedlungen und Straßen zu bauen, wenn man Elefanten und Nashörner ausgerottet, Löwen und Geparde vertrieben hat, kann man nicht ein paar Jahre später, wenn der Naturtourismus vielleicht erneut boomt, wieder Hotels eröffnen. Maisfeldern könnten die Urlauber vermutlich wenig abgewinnen.

Um den unmittelbaren Druck auf die Reservate zu mildern, werden wir langfristig nicht anders können, als neben den Einnahmen aus dem Tourismus auch Mittel aus den reichen Industrieländern in die schutzwürdigen Zonen einfließen zu lassen – über welche Fonds, Stiftungen oder UN-Körperschaften auch immer. Im Prinzip geschieht das bereits durch viele nichtstaatliche Organisationen, aber eben ohne Gesamtüberblick und nach den speziellen Auswahlkriterien der jeweiligen Vereine und Gesellschaften. Vermutlich begeistert die Aussicht auf weitere Dollarströme zur dauerhaften Sicherung international anerkannter Schutzgebiete kaum jemanden. Deshalb wird eine der größten Herausforderungen für alle Beteiligten darin bestehen, diesen Geldfluß gerecht und kostentransparent zu gestalten, damit es nicht zum Überdruß in den Geber- und zu Frustrationen in den Nehmerländern kommt.

Glücklicherweise gehen einem solche Gedanken, wenn man unmittelbar draußen ist, selten durch den Kopf. Der Blick schweift frei von Horizont zu Horizont über unverbautes, ungezähmtes Land, man hört die Geräusche freier Natur und spürt den Wind und den Duft der Wildnis um sich herum. Besucher finden dort heute zehnmal so viele Gnus und genauso viele Tigerpferde wie seinerzeit, als Bernhard Grzimek seinen leidenschaftlichen Appell an die Welt richtete. Noch immer treten Löwen in das rote Licht der Dämmerung, und noch immer halten Menschen bei diesem Anblick den Atem an, wird ihnen das Herz weit, wenn das mächtige Brüllen über die endlose Steppe rollt.

DANK

Die Idee zu dem Filmprojekt und diesem Buch reifte in den langen Jahren meiner Tätigkeit in Afrika – als Zoologe und als Filmemacher. Immer wieder in dieser Zeit habe ich anregende Gespräche mit Wissenschaftlern, Kollegen und Freunden geführt, aus denen mancher Gedanke in diesem Buch stammt.

Wenn man über Jahre hinweg an einem Projekt arbeitet, trifft man auf viele hilfreiche Menschen, die sich bei den unendlichen Widrigkeiten eines technisch aufwendigen und – was die Arbeitsbedingungen angeht – oft genug rauhen Vorhabens uneigennützig engagieren. Ich danke allen: den vielen Wissenschaftlern, Wildhütern und Touristenfahrern, die mir Tips gaben; den Mechanikern, die Überstunden bis spät in die Nacht schoben, um unseren Geländewagen immer wieder rechtzeitig fit zu bekommen; dem Personal diverser Camps und Hotelanlagen und vor allem den vielen Kollegen in einer großen Fernsehanstalt, die den einen oder anderen Schritt zusätzlich taten, um mir einen reibungslosen Projektablauf zu ermöglichen. Sie alle haben mir geholfen, und ich hoffe, daß ich mich einmal – auf welcher Ebene auch immer – revanchieren kann.

Dieses Buch wäre nicht möglich gewesen ohne Anup und Manoj Shah. Gleich bei unserem ersten Zusammentreffen in Masai Mara zeigte sich eine derart beeindruckende Übereinstimmung in der Wahrnehmung und dem Ausdruck unserer jeweiligen Arbeit, daß die Idee eines gemeinsamen Projekts wie von allein im Raum stand. Die künstlerischen Fähigkeiten der Brüder haben mich tief beeindruckt, fast mehr noch aber ihre unendliche Geduld, auf den richtigen Augenblick zu warten, sei es die Hundertstel Sekunde in der entscheidenden Auseinandersetzung um Leben und Tod oder der richtige Moment in einer grandiosen Stimmung. Viele hundert Stunden haben wir, auf unsere jeweiligen Aufgaben konzentriert, nebeneinander im »Busch« verbracht, viele Stunden intensiven Austauschs gepflegt, und jede Stunde war ein Gewinn.

Peter Glaub, der viele meiner letzten Filmprojekte in der undankbaren Funktion des Assistenten begleitet hat, war mir während all der Monate im Feld mehr als nur ein technischer Helfer. Es gehört nicht nur Sitzfleisch dazu, wochenlang in dem engen Kasten eines Geländewagens bei Tätigkeiten nebeneinander zu sitzen, die zu neunzig Prozent absolut langweilig sind. Neben den Freuden kargsten Dosenfutters, hinreißend bequemen Nächten auf Holzplanken, wenig erbaulichen Schlammschlachten, wenn der Wagen mal wieder festhing, nervenzerfetzenden Transporten von Ausrüstung und reparaturbedürftigem Fahrgerät quer über afrikanische Grenzen durfte er nebenbei den seelischen Mülleimer für so manchen Frust eines Tierfilmers spielen, wenn die Dinge wieder einmal nicht so liefen, wie sie sollten.

In der Redaktion wurden natürlich während meiner monatelangen Abwesenheit die Papierstapel auf den Schreibtischen der Kollegen durch mein Fehlen nicht kleiner. Ich weiß es dankbar zu schätzen, daß so mancher Mitarbeiter seinen Teil dazu beitrug, mir an der »Heimatfront« den Rücken freizuhalten.

In Afrika gab es verständnisvolle Wildschutzbeamte, die immer ein Ohr für die vielen Sonderwünsche eines Filmemachers hatten und die großzügig die erforderlichen Genehmigungen erteilten. In Tansania waren dies der TANAPA-Direktor Gerald Bigurube, der inzwischen verstorbene Bernhard Maregesie und Justine Hando; in Kenia mein alter Weggefährte James Syndio, den ich schon seit meinen ersten Jahren in Masai Mara kenne. In der Serengeti war es mir ein besonderes Vergnügen, für die Film- und Fotoarbeiten über die Bekämpfung der Wilderei mit den Rangern von Seronera im Busch zu sein. Peter, Jeff Bell (der mir damals mit einigen Kameraeinstellungen half), Anup und Manoj erfreuten sich mit mir an einer ungewöhnlich kooperativen und freundschaftlichen Atmosphäre in einer Angelegenheit, die eigentlich alles andere als erfreulich war. Grant Hopcraft nahm sich immer wieder die Zeit, mir Informationen und Hinweise zu geben, ohne die meine Löwen-Darstellungen sicher kläglicher ausgefallen wären. Jean Hartley in Nairobi war wie immer der verläßliche Kommunikationsknotenpunkt und die geschickte Organisatorin in allen logistischen Fragen.

Dr. Richard Faust, der Präsident der Frankfurter Zoologischen Gesellschaft, half großzügig bei der Vorbereitung und Durchführung der Arbeiten. Sein Projektleiter in der Serengeti, Markus Borner, war mit Rat und Tat zur Stelle, wenn man ihn brauchte. Er und sein technischer Leiter Sebastian Thamm brachten meine Kamera mit ihren Flugzeugen in jede Position über der Serengeti, die ich aus – für ihn sicher manchmal unerfindlichen – Gründen für erforderlich hielt, abgesehen von erquickenden lukullischen Erholungen von unserer Feldkost, die er mitten in der Serengeti auf den Tisch zauberte.

Helmut Feller vom Gustav Lübbe Verlag gewährte mir eine ruhige, sichere Betreuung, um immer wieder den Kurs mitzubestimmen. Ulrike Brandt-Schwarze fand sich bei der Textredaktion souverän in den Manuskript-Dickichten eines Afrika-Fanatikers zurecht.

Meine Frau und mein Sohn verzichteten für viele Monate auf mein familiäres Mitwirken bei den vielen anstehenden Problemen eines beruflich engagierten Haushalts und boten mir die unverzichtbare sichere »Heimbasis«, obwohl sie doch sicher lieber selbst mit auf die Reise gegangen wären.

Ihnen allen sei herzlich gedankt.

LITERATURHINWEISE

Die Fachbücher, die sich mit dem Tierleben und der Region der Serengeti befassen, ließen sich problemlos zu mehreren meterhohen Stapeln aufschichten, ganz zu schweigen von Tausenden von Fachartikeln, auf die ich in diesem Rahmen gar nicht eingehen will. Für jeden, der sich mit wissenschaftlichen Details auseinandersetzen möchte, sind zwei Bücher Pflichtlektüre. Neben einer Zusammenstellung von Fachaufsätzen, in denen der aktuelle Wissensstand über das Ökosystem in konzentrierter Form geboten wird, enthalten sie auch Hinweise auf weiterführende Literatur:

Sinclair, A.R.E. und M. Norton-Griffiths (Hg.): Serengeti: Dynamics of an Ecosystem. Chicago und London: University of Chicago Press 1979.
Sinclair, A.R.E. und P. Arcese (Hg.): Serengeti II: Dynamics, management, and conservation of an ecosystem. Chicago und London: University of Chicago Press 1995.

Vertiefende Darstellungen zu einzelnen Arten sind vor allem in den folgenden Klassikern zu finden:

Caro, T.M.: Cheetahs of the Serengeti Plains: Group Living in an Asocial Species. Chicago und London: University of Chicago Press 1994.
Kruuk, H.: The Spotted Hyena: A Study of Predation and Social Behavior. Chicago und London: University of Chicago Press 1972.
Schaller, G.B.: The Serengeti Lion: A Study in Predator-Prey Relations. Chicago und London: University of Chicago Press 1972.

An ein breiteres Publikum wenden sich folgende Bücher:

Bertram. B.: Pride of Lions. London: Dent & Sons 1978.
Lindblad, L. und S.O. Lindblad: The Serengeti. Land of Endless Space. New York: Rizzoli International Publications 1989.
Scott, J. P.: The Great Migration. London: Elm Tree Books 1988.

Den besten Überblick über Verhalten und Ökologie afrikanischer Tiere findet man bei:

Estes, R. D.: The Behavior Guide to African Mammals. Berkeley, Los Angeles und London: University of California Press 1991.

Mit großem Gewinn zu lesen, vor allem über die frühen Jahre der Serengeti, sind nach wie vor:

Grzimek, B. und M. Grzimek: Serengeti darf nicht sterben. Berlin, Frankfurt a.M. und Wien: Ullstein 1959.
Turner, M. und B.J. Jackman: My Serengeti Years. London: Elm Tree Books 1987.

AFRIKA
SERENGETI
KENIA
TANSANIA
Mara
Mara Serena Lodge
MASAI MARA N.R.
Keekorok Lodge
Mara
Bologonja
Sand River
Bologonja Springs
KUKA HILLS
IKORONGO HILLS
Grumeti
Lobo Lodge
LOLIONDO
IKORONGO G.R.
GRUMETI G.R.
NDABAKA PLAIN
RUWANA PLAIN
Grumeti Tented Camp
Grumeti
NYAKOROMO HILLS
SIMITI HILLS
Orangi
DATWA PLAIN
MUSABI PLAIN
NYARASWIGA HILL
Nyabogati
NYAMUMA HILLS
Serena Lodge
Seronera Lodge
Ngare Nanyuki
Seronera
Mbalageti
RONGAI
NDOHA PLAIN
Sopa Lodge
Duma
BARAFU KOPJES
NYAROBORO HILLS
LAKE MAGADI
SIMBA KOPJES
MORU KOPJES
ITONJO HILLS
GOL KOPJES
SERENGETI PLAIN
GOL MOUNTAINS
LAKE NDUTU
OLDUVAI GORGE
Simiyu
MASWA G.R.
NGORONGORO C.A.
N
0
25 km

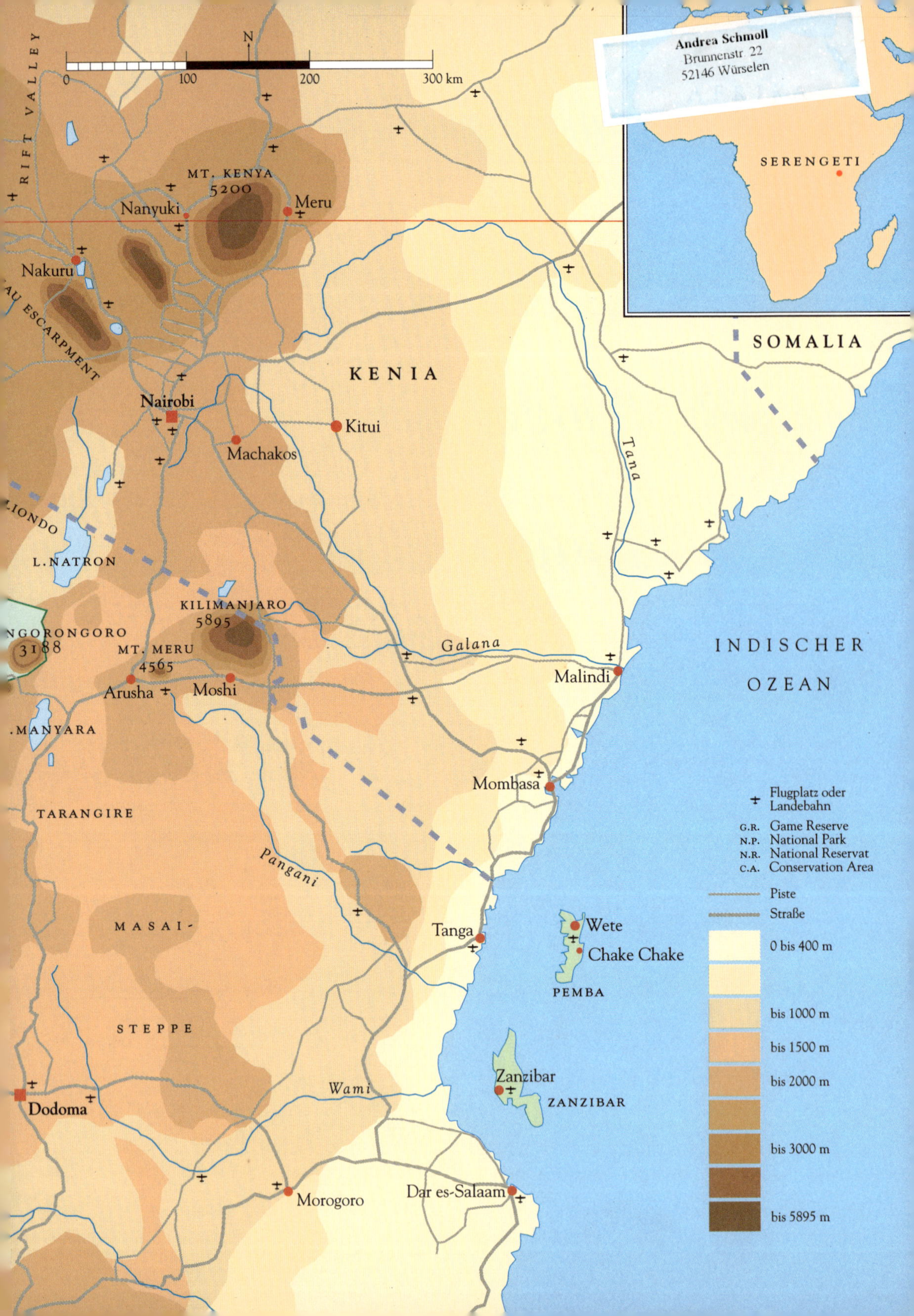
0
100
200
300 km
N
RIFT VALLEY
MT. KENYA
5200
Nanyuki
Meru
Nakuru
AU ESCARPMENT
Nairobi
KENIA
Kitui
Machakos
Tana
SOMALIA
SERENGETI
LIONDO
L. NATRON
KILIMANJARO
5895
NGORONGORO
3188
MT. MERU
4565
Arusha
Moshi
Galana
Malindi
INDISCHER
OZEAN
MANYARA
Mombasa
TARANGIRE
Pangani
Tanga
Wete
Chake Chake
PEMBA
MASAI-
STEPPE
Zanzibar
ZANZIBAR
Wami
Dodoma
Morogoro
Dar es-Salaam
Flugplatz oder Landebahn
G.R. Game Reserve
N.P. National Park
N.R. National Reservat
C.A. Conservation Area
Piste
Straße
0 bis 400 m
bis 1000 m
bis 1500 m
bis 2000 m
bis 3000 m
bis 5895 m